PETER DYCKHOFF

Das Ruhegebet einüben

PETER DYCKHOFF

Das Ruhegebet einüben

HERDER

FREIBURG · BASEL · WIEN

Die in diesem Buch als Schmuckvignette verwendete «C»-Initiale stammt aus dem Kodex des «Albani-Psalters» aus dem 12. Jahrhundert. Sie zeigt Christina von Markyate und hinter ihr den Stifter des Kodex, Abt Geoffrey de Gorham, in der Begegnung mit Christus. Die Priorin des ersten Benediktinerinnenklosters in Markyate war von dem Einsiedler Roger in das «Ruhegebet» eingeweiht worden (Peter Dyckhoff, Kreuzgang der Liebe. Das Leben der Christina von Markyate, Kiel 2011). Im vorliegenden Buch soll die «C»-Initiale auf Cassian als Lehrer des Ruhegebetes verweisen, vor allem aber auf die bräutliche Begegnung der Seele mit Christus im Ruhegebet.

Widmung

 Das Ruhegebet, die alte christliche Ge- betsweise des Mönchsvaters *Johannes Cassian* (360–435), war vielen Suchenden unbekannt, bis es vor einigen Jahrzehn- ten eine Belebung erfuhr. Mein Spiritual *Johannes Bours* (1913–1988) machte mich auf Cassian und seine Gebetsweise aufmerksam, die von da an zum Schwer- punkt meines Lebens und meiner theologischen Arbeit wurde.

Da ich den Wünschen vieler Menschen, sie mit dem Ruhegebet vertraut zu machen und dann als persönlicher geistlicher Begleiter für sie da zu sein, nicht mehr allein nachkommen konnte, entschloss ich mich, Lehrende für das Ruhegebet auszubilden.

Dieses Buch ist den Lehrerinnen und Lehrern gewidmet, die bereit sind, mit großem religiösen Engagement, Liebe und Zeitaufwand Kurse zur Einübung in das Ruhegebet durchzuführen oder Menschen einzeln zu begleiten:

Thomas Dadder
Barbara Dietrich-Bier
Diakon Günter Fichte
Dr. Katja Ganter
Marie Christine Hartlieb
Christiane Heil
Pfarrer Jens R. Heil
Friedemann Höhfeld
Anna Keller
Torsten Kirsch

P. Heribert Kötter OSB
Gerhard Mahlknecht
Pastor Hansjürgen Meynig
Angelika Oehlke
Josef Oehmen
Johanna Pick
Inge Plötz
Sr. Angeline Schürholz
Sr. Theresia Winkelhöfer
Annette Zittel

Inhalt

II. Hinführung zur Praxis des Ruhegebetes

III. Anleitung zum Ruhegebet

IV. Anzeichen für die rechte Praxis

V. Sinn und Ziel des Ruhegebetes

VI. Umgang mit Gedanken

Vorwort

Entgrenzung erfahren

 Das Ruhegebet hat seinen Ursprung im Neuen Testament und basiert zudem auf den Erfahrungen der frühchristlichen Mönchsväter. Diese Gebetsweise wurde erstmals von *Johannes Cassian* (360–435) im 4. Jahrhundert aufgezeichnet und somit für alle zugänglich gemacht. Gerade in der Ruhelosigkeit unserer Zeit bietet dieses Gebet – auf heutige Erfordernisse hin aktualisiert – einen bewährten Weg zu innerer Ruhe und tieferer Erfahrung des Glaubens.

Bei der enormen Reizüberflutung, der wir ständig ausgesetzt sind, muss zur Ruhe der Nacht eine weitere, geistige Erfahrung der Stille kommen, damit wir nicht krank werden. Es muss Zeiten der Stille und des Schweigens geben, in denen wir uns von allem Sichtbaren und Hörbaren lösen und uns dem «Unsichtbaren» zuwenden. Wenn wir unser Leben entsprechend einrichten, werden wir von dem Zuviel und der damit verbundenen Dunkelheit befreit, so dass uns das Licht, Christus, einleuchten kann.

Möchten wir, dass unsere Innerlichkeit schneller zur Entfaltung kommt und wir mehr aus unserer Mitte leben, so ist es ratsam, sich wiederholt in die Stille zurückzuziehen. Dies kann durch das Ruhegebet geschehen. Wenn Jesus immer wieder in die Einsamkeit ging, um im Gebet mit seinem himmlischen Vater allein zu sein, um wie viel mehr haben wir es nötig, das Eine, die Stille, immer wieder dem Vielen vorzuziehen?

Doch wo bleibt in unserem Leben Raum und Zeit für das Gebet, für das Schweigen und die Ruhe, von der Gott am siebten Schöpfungstag spricht und auch uns bittet, diesen Tag durch Ruhe zu heiligen? Um in ein gesundes Gleichgewicht zu kommen oder in ihm zu bleiben, ist es neben unseren Aufgaben notwendig, etwa ein Siebtel unserer Zeit in der von Gott geheiligten Stille und Ruhe zu verbringen. Die tiefe Ruhe für Körper, Geist und Seele, die sich dem Betenden im Ruhegebet schenkt, befreit uns von schmerzhaften, im Wege stehenden Eindrücken und bringt uns dem Urgrund der Schöpfung, Gott, näher.

Wir dürfen und müssen uns in der Begrenztheit unseres menschlichen Wesens immer wieder in die Stille zurückziehen, um nicht leer und krank zu werden. Es darf nicht sein, dass wir in Spannungen hinein geraten, die uns dem wahren Leben mehr und mehr entfremden.

So wie ein lebendiger Organismus die Möglichkeit bietet, von jedem Teil seiner Oberfläche zu der ihn durchflutenden Lebensenergie zu gelangen (wie bei der Pflanze der Saft), so ist für Cassian das Ruhegebet ein umfassendes Gebet, das ständig – immer und überall – einen Zugang zu Gott ermöglicht. Das tiefste Anliegen Cassians ist es, dass der Betende in allem und durch alles in seinem Leben eine Begegnung mit dem Schöpfer erfährt, dem Urgrund allen Seins, mit Gott, der die Liebe ist. Cassian möchte seine Schüler in eine solche Weite des Bewusstseins führen, in der jede Wahrnehmung zu einer Gottesbegegnung wird. Wie Cassian in seiner Zeit durch seine gelebte Spiritualität und seine Werke, die Wissen und Erfahrung verbinden, für viele ein großer Anstoß war, so dürfte auch heute sein

Ruhegebet eine Herausforderung sein, aus der Grauzone, der Routine des Alltags und der Mittelmäßigkeit des Glaubens herauszutreten, um Entgrenzung zu erfahren.

Im Sinne von Cassian bedeutet Beten, alles aufzugeben: Gedanken, Gottesbilder, Vorstellungen, den eigenen Willen … *Evagrius Pontikus* (345–399) lehrte Cassian das Ruhegebet, ein rein geistliches Gebet, frei aller Bildlichkeit. Gott darf nicht irgendwie vorgestellt oder vor Augen geführt werden. Es geht um ein völlig bildloses Anschauen – «mit den reinen Blicken der Seele». Cassian beschreibt genau die Methode des Gebetes. Ein einziger kurzer Satz wird als Mittel benutzt, die nötige Stille zu erlangen. Die Fülle der Gedanken wird durch die strenge Armut eines einzigen Verses mehr und mehr reduziert. Dieser Prozess tiefer Ruhe für Körper, Geist und Seele reinigt das Nervensystem und die Psyche. Er führt somit letztlich zur Reinheit des Herzens. Durch die Übung des Ruhegebetes wird die Reinheit des Herzens zu einem andauernden Zustand, der einen entscheidenden Wendepunkt auf dem spirituellen Weg des Christen darstellt. Das Ruhegebet vermittelt intuitive Erkenntnis der Einfachheit und führt letztlich zu einem erfahrungsmäßigen Wissen um Gott.

Freude am Einfach-Dasein wird im Gebet erlebt. Wenn aller «Besitz» aufgegeben und alles losgelassen wird, dann steht der Betende in absoluter Einfachheit vor Gott. Der Geist kann ganz einfach und leicht in der strengen Armut einer kurzen Anrufung schwingen, bis jener Glückszustand erreicht ist, den das Evangelium «selig» nennt. So ist auch die erste Seligpreisung zu verstehen: *Selig sind die Armen im Geiste, denn ihrer ist das Himmelreich* (Matthäus 5,3). Im Ruhegebet leben, ja, atmen wir die Armut immer mehr. Es ist die einfache, in sich selbst schwingende Ruhe, die den Reichtum der ganzen Schöpfung in sich enthält.

Das Ruhegebet trägt wesentlich dazu bei, das Leben in tieferen Dimensionen des Seins zu erfahren und eine Beständigkeit des Herzens zu erlangen. Das Ruhegebet kommt der Sehnsucht nach Ganzheit entgegen, nach Integration von Geist, Seele und Körper, nach Erkenntnis und Bewältigung des dunklen Schattens im Menschen. Er wird frei von unnötigem Ballast, durchlässig für den Geist Christi, so dass er seinen eigenen Weg erkennen, gehen und bejahen kann.

Das Ruhegebet ist ein Mittel, die Reinheit des Herzens und der Seele zu erlangen. Durch die Praxis, die ständige schweigende Wiederholung der Gebetsformel, richtet sich der Geist ganz auf Gott aus, damit Er sich uns schenken kann. Das Ruhegebet bereitet den Boden, um sowohl in tieferen Gebeten mit Gott Gemeinschaft zu erfahren als auch generell Leben besser zu bestehen. Es ergibt sich ein Wechsel zwischen Ruhe und Aktivität, wie wir ihn als zugrunde liegende Ordnung in der gesamten Schöpfung erleben.

Die aus dem Ruhegebet gewonnene Ruhe kann nicht nur helfen, den Alltag kraftvoller und sicherer zu bestehen, sondern sie schenkt auch das Gefühl der letzten Geborgenheit in Gott und somit Mut zum Loslassen. Durch den geistlichen Schulungsweg erfährt der Übende innerhalb seiner menschlichen Begrenzungen mehr und mehr eine unbewegliche Ruhe des Geistes und gleichzeitig eine Reinigung des Nervensystems und Bewusstseins (Reinheit des Herzens). Wie in einem inneren Reinigungsvorgang wird er von allem befreit, was nicht zu ihm gehört und seinem Entwicklungsweg nicht entspricht. Das Gebet wird mehr und mehr im Fortschreiten auf Gott zu einem unaussprechlichen Schwingen, und es entgrenzt den Betenden auf Gottes liebendes Entgegenkommen und seine unendliche Barmherzigkeit.

Die Grundhaltung in diesem Gebet ist die eines Empfangenden, der sich vertrauend und «willenlos» auf Gott verlässt. Die Hingabe des eigenen Willens an Gott wird eingeübt, damit – gestärkt durch seine Gabe – mit neuer Willenskraft unsere Aufgaben wieder angegangen werden können. Folgen wir den Anweisungen Cassians, breitet sich eine große und innere Ruhe aus. Diese Ruhe wird zum Schutz gegen neue Störfaktoren, leitet eine Entgrenzung auf Gott ein und stabilisiert Geist und Körper.

Auf den weiteren Stufen dieses Gebetsweges erfährt der Betende einen geistigen Fortschritt. Sein Verstehen größerer Zusammenhänge und seine aus Intuition erworbene Klugheit lassen die eigenen Grenzen transparent werden und erweitern langsam sein Bewusstsein.

Es ist heilsam, von der Begrenztheit des «eigenen Hauses», das heißt von den Pflichten, Sorgen, Gewohnheiten wie auch dem Glücklichsein durch kreative Pausen Abstand zu nehmen, indem Distanz und damit Überblick gewonnen wird, um erfrischt mit neuen Ideen und neuem Schwung zurückzukehren. Durch das Ruhegebet verlassen wir uns nicht auf ein grenzenloses Nichts, sondern es ist ein Sich-Verlassen auf Jesus Christus. Aus dieser Hingabe schöpfen wir neue Energie, Mut und auch die Freude, unseren Lebensauftrag neu durch Ihn und mit Ihm und in Ihm zu erfüllen.

Die Einübung in das Ruhegebet möchte helfen, unser Leben tragfähiger zu gestalten, eine umfassendere Einsicht zu gewinnen und Jesus Christus als das wegweisende Licht bewusst zu erleben. Auf der Ebene unseres Bewusstseins, das sich ins Grenzenlose entfalten möchte, wird uns die Botschaft Jesu neu einleuchten. Wenn wir mit ihm diesen Weg gehen, werden unser Herz und unser Verstand von seiner Wahrheit durchdrungen sein.

Diesem Buch «Das Ruhegebet einüben» liegen Texte von *Johannes Cassian* aus seinem Gesamtwerk zugrunde: «De Institutis Coenobiorum» (Von den Einrichtungen der Klöster), «Collationes Patrum» (24 Unterredungen mit den Vätern) und «De Incarnatione Domini» (Über die Menschwerdung des Herrn). Um ein besseres Verstehen und eine praxisnahe Einübung in das Ruhegebet zu erreichen, wurden grundlegende Anweisungen und wesentliche Elemente diesen Texten entnommen, neu zusammengestellt und gestrafft formuliert. Da Johannes Cassian wesentliche Schritte nicht nur einmal, sondern mehrmals wiederholt und immer wieder in seine Texte einflechtet, damit sie dem Leser und vor allem den das Ruhegebet Übenden einleuchten, wurde diese pädagogische Vorgehensweise übernommen. Somit finden sich wichtige Anweisungen zum Ruhegebet mehrmals im Text, und zwar an verschiedenen Stellen.

Denjenigen, die mit dem Ruhegebet beginnen möchten, wird empfohlen, das Buch kontinuierlich zu lesen. Sie werden in einigen vorausgehenden Schritten langsam zur Praxis des Ruhegebetes geführt und darüber hinaus weiter auf dem Gebetsweg begleitet. Alle, die das Ruhegebet bereits beten, können sich die Themen im Buch aussuchen, die ihrem augenblicklichen Erfahrungsstand entsprechen, die sie interessieren oder die ihnen bei auftretenden Schwierigkeiten und Fragen helfen können.

Außerdem stehen ausgebildete und erfahrene Lehrerinnen und Lehrer zur Verfügung, die Kurse zur Einübung in das Ruhegebet anbieten, aber auch gern bereit sind, Gespräche zu führen. Die Anschriften sind im Internet zu finden unter www.PeterDyckhoff.de

Geistlicher Begleiter zum Ruhegebet

Cassians Wort zuvor ...

 Wenn ich beginne, aufzuschreiben, was ich – nein, was wir – in der ägyptischen Wüste gehört, erlernt und geübt haben, so möchte ich vorausschicken, dass dieses Wissen und diese Weisheit nicht durch bloßes Nachdenken oder durch Worte eingesehen werden kann, sondern dass einzig und allein alles auf Erfahrung beruht. Das Nachvollziehen des Gehörten und das Üben des Ruhegebetes stehen an erster Stelle. Dann folgen die Erklärungen, die Hintergründe und Zusammenhänge. Beides, die persönlichen Erfahrungen und das Wissen um das Ruhegebet, bilden dann ein Ganzes.

Das durch Erfahrung und Wissen Gewonnene ist so tief in die Seele graviert, dass es niemals mehr verloren gehen kann. Nur derjenige, der selbst im Ruhegebet ein immer tiefer werdendes Schweigen vor Gott erfahren hat, kann dieses wunderbare Gebet auch glaubwürdig an diejenigen weitergeben, die sich sowohl geistlich als auch praktisch auf diesen Weg begeben möchten. Alle, die sich aufmachen, um das Ruhegebet zu erlernen, bedürfen vorerst einer geistlichen Begleitung. Da dies nicht immer durch einen menschlichen Begleiter möglich ist, habe ich versucht, dieses Buch als geistlichen Begleiter zum Ruhegebet zu verfassen. Es möchte die Aufgabe übernehmen, immer wieder das Ziel allen geistlichen Lebens vor Augen zu führen, den rechten Umgang mit dem Ruhegebet zu bestätigen und, wenn nötig, Fehler aufzudecken, die sich immer wieder einschleichen. Dies geschieht in den meisten Fällen unbemerkt, so dass der Betende der festen Überzeugung ist, alles richtig zu machen.

In diesem «Geistlichen Begleiter» zum Ruhegebet möchte ich den größten Wert auf die praktische Umsetzbarkeit legen und nicht so sehr auf die Schönheit des Ausdrucks. Weiß ich doch um die Verantwortung, die ich übernehme, wenn ich einigen nach Wahrheit suchenden Menschen den Weg des Ruhegebetes weise, den mir wiederum die weisen Väter der ägyptischen Wüste, Makarius der Große und Evagrius Pontikus, gewiesen haben. Daher möchte ich nicht hier und dort Erlebtes erzählen, von Wundern und Zeichen reden, die wir durchaus erlebt haben, sondern vornehmlich mit Gottes Hilfe zur rechten Praxis des Ruhegebetes beitragen. Ich möchte allen, die sich für diesen so einfachen und schlichten geistlichen Weg interessieren, Mut machen, ihn auch konsequent zu gehen und sie so lange begleiten, bis sie auf eigenen Füßen stehen. Das Wunderbare am Ruhegebet besteht darin – neben vielen anderen guten Auswirkungen –, dass es in keiner Weise abhängig macht von irgendeinem Menschen, sondern den Betenden von allen unguten Abhängigkeiten befreit und auf Gott hin entgrenzt.

Ich habe in diesem «Geistlichen Begleiter» nicht vor, theologische Erörterungen anzustellen oder exegetisch vorzugehen, sondern auf einfache und für jeden nachvollziehbare Weise den Menschen einen gangbaren Weg zu weisen, deren Sehnsucht es ist, sich zu ihrem Schöpfer zu erheben. Das Ruhegebet ist eine Gebetsweise, die unmittelbar in die Nähe Gottes führt, wenn der Betende lernt, vor

Gott einmal nichts zu tun, sondern sich ihm ganz hinzugeben.

Ich beziehe mich in der geistlichen Begleitung einzig und allein auf das, was uns die Altväter der Wüste gelehrt haben. An ihre Weisungen möchte ich mich strikt halten, ohne von mir aus etwas hinzuzufügen oder gar fortzulassen. Eigentlich hatte ich vor, zu schweigen und all das, was ich einerseits von den Altvätern erlernt und andererseits durch sie an reichen inneren Erfahrungen machen durfte, nur an diejenigen weiterzugeben, die mich im Gespräch darum bitten würden. Jetzt erlebe ich jedoch vor dem Hafen meines Stillschweigens ein unermesslich weites Meer, das sich mir öffnet und mich auffordert, mich hinauszuwagen.

Vielleicht kann der «Geistliche Begleiter» all den Menschen Weggeleit sein, die damit begonnen haben, das Ruhegebet zu üben – Weggeleit bei ihrer Suche nach Wahrheit und Gotteserfahrung. Wenn ich an die damit verbundene Verantwortung denke, bekomme ich Zweifel und frage mich, ob der schwache Kahn meines Geistes und meines Ausdrucksvermögens überhaupt in der Lage ist, sich auf das unergründliche Meer hinauszuwagen. Kann er tosenden Stürmen und Wogen standhalten ohne unterzugehen? Habe ich den Mut, bei Gefahren fortzufahren ohne umzukehren und im schützenden Hafen vor Anker zu gehen?

Wenn jedoch der Herr mir den Auftrag ins Herz gelegt haben sollte, eine geistliche Begleitung zum Ruhegebet zu schreiben, bin ich sicher, dass er mich bis zum Ziel meiner Reise geleiten wird, ohne dass der Inhalt Schaden nimmt oder gar in den Abgründen, die sich bei jedem Aufstieg zeigen, zugrunde geht. Bevor ich beginne, bete ich inständig zum Herrn, der mich für würdig hielt, den herausragendsten geistlichen Vätern der ägyptischen Wüste zu begegnen und ihr Schüler zu sein. Ich bete und bitte darum, dass ich mich an all ihre Lehren und redegewandten Darstellungen erinnere, um sie wahrhaft und vollständig wiederzugeben.

Es ist möglich, dass Erfahrungen zur Sprache kommen, die einem im Ruhegebet Unerfahrenen als unmöglich erscheinen. So erging es mir anfangs, da ich noch zu stark aus religiösen Vorstellungen lebte, die weder in der alltäglichen Lebenswirklichkeit noch im wahren Seinsgrund verankert waren. Recht beurteilen, abwägen und wertschätzen lassen sich die Wahrheiten der Wüstenväter erst dann, wenn man den von ihnen gewiesenen geistlichen Weg ein Stück weit mitgegangen ist. Dann wird – und das darf ich aus persönlicher Erfahrung und ehrlicher Überzeugung sagen – all das, was anfangs die menschlichen Vorstellungen und Kräfte zu übersteigen schien, nicht nur möglich, sondern auch sinngebend, erfreulich und erfüllend.

Bevor ich jedoch mit meinen unterstützenden Ausführungen zum Ruhegebet beginne, möchte ich mich kurz vorstellen und von meinem Weg nach Ägypten berichten. Ich lege keinen großen Wert darauf, meinen Lebensweg zeitlich oder geografisch im Einzelnen aufzuzeigen, sondern möchte nur das Notwendigste sagen, um zum besseren Verständnis beizutragen.

Mein Name ist Johannes Cassian, und ich wurde im Jahr 360 in der nördlichen Dobrudscha geboren, nordwestlich des Schwarzmeerhafens Constanza. Meine christlichen Eltern ermöglichten es mir, eine ausgezeichnete und anspruchsvolle Schule zu besuchen. Hier erwarb ich meine Griechischkenntnisse. Meine Muttersprache ist Latein, denn die Landschaft, in der ich geboren wurde, war von ihren Kolonisatoren her lateinisch-römisch geprägt. Der griechische Einfluss jedoch war mitbestimmend, so dass ich praktisch zweisprachig aufwuchs. Beim Aufnehmen der Weisheit der Wüstenväter und beim Erlernen des Ruhegebetes war mir die griechische Sprache eine große Hilfe.

Besonders faszinierte mich in meiner Jugend die Literatur der klassischen Dichter. Die Texte haben mich derart geprägt, dass mir sogar heute noch im Ruhegebet Sätze und Bilder ins Gedächtnis und vor Augen geführt werden. Für ihre tiefe Religiosität bin ich meinen Eltern sehr dankbar, denn auch in mir haben sie einen solchen Grund gelegt, aus dem heraus ich jetzt diesen geistlichen Begleiter in Erinnerung an die Wüstenväter leichter und eindeutiger schreiben kann. Sehr gern hätten es meine Eltern gesehen, wenn ich von Ägypten aus nach Hause zurückgekehrt wäre, eine Familie gegründet und das Erbe meines Vaters übernommen hätte.

Eine große Sehnsucht nach tieferer Glaubenserfahrung drängte mich, als ich ungefähr zwanzig Jahre alt war, zusammen mit meinem etwas älteren Freund Germanus eine Pilgerreise zu den heiligen Stätten Palästinas zu unternehmen. Viele Menschen, besonders jüngere, machten sich aus allen Teilen des Landes auf den Weg, um ihren Glauben pilgernd zu vertiefen. Hätten unsere Eltern jedoch geahnt, dass wir aus Betlehem nicht mehr zurückkehren würden, hätten sie uns niemals ziehen lassen. In einer Klostergemeinschaft an einem frühchristlichen Ort eine Zeit lang zu leben, war zunächst unser Wunsch und Ziel. Hier traten wir also unsere Lehrzeit an. In allen weltlichen, besonders aber in allen geistlichen Auseinandersetzungen sowohl im Kloster als auch später in der Wüste verband mich mit Germanus eine untrennbare Freundschaft.

Nach einer sehr sinnerfüllten und glücklichen Zeit des Noviziates legten wir die Ordensgelübde ab. Doch nach ungefähr vier Jahren in diesem Kloster – wir schrieben das Jahr 385 – mussten Germanus und ich uns eingestehen, dass wir hier zwar eine wunderbare mönchische Gemeinschaft gefunden hatten, doch nicht das geistliche Leben, nach dem wir so sehnlichst suchten. Wir erkannten, dass wir aufbrechen mussten, solange noch eine Sehnsucht nach Heil und Heiligung in uns lebendig war.

Von pilgernden Mönchen, die in unserem Kloster Station machten, hörten wir von dem hohen asketischen Ideal, das die ägyptischen Wüstenväter auszeichnete. Es war für uns nicht einfach, das Kloster zu verlassen und nach Ägypten zu ziehen. Unser Verlangen, von den Wüstenvätern das zu erlernen und zu erfahren, was uns an Erkenntnissen über den «Weg der Reinigung» und über den «Weg der Erleuchtung und Vollkommenheit» noch fehlte, war so groß, dass wir sofort aufbrachen.

Wir besuchten verschiedene geistliche Väter in der Sketis, in der Kellia und in der thebaischen Wüste, dem früheren Aufenthaltsort des heiligen Antonios, um von ihnen das wahre geistliche Leben zu erlernen. Von den wunderbaren inneren Erlebnissen und den Erfahrungen mit dem Ruhegebet als Weg zur göttlichen Quelle werde ich im «Geistlichen Begleiter» berichten. Was ich in den Gesprächen mit den Mönchsvätern erfuhr und an Lebensgewohnheiten und Bräuchen beobachtete, was ich in den Klöstern und bei den Altvätern an Leben und Lebensweisheiten in mich aufnahm und praktisch umsetzen konnte, schrieb ich später – nach 25 Jahren – als Abt des Klosters Saint-Victor in Marseille nieder. Ich benutzte dazu die lateinische Sprache, um die wunderbaren Weisheiten und Gebetserfahrungen der ägyptischen Mönchsväter auch der abendländischen Welt zugänglich zu machen.

Ein großer Teil der ägyptischen Mönche wurde im Jahr 401 vertrieben. Somit war für Germanus und mich eine weiterführende praktisch-geistliche Ausbildung nicht mehr gegeben. Auch wir verließen Ägypten und nahmen beim Patriarchen Johannes Chrysostomus in Konstantinopel Zuflucht. Konstantinopel wurde für mich zu einer Stadt, die ich sehr liebte. Chrysostomus, der zu meinem verehrten Lehrer und zum Garanten für ein am Evangelium orientiertes Leben wurde, weihte mich zum Diakon. Er scheute sich nicht, einen ausufernden Glauben zu kritisieren und gleichzeitig die Kaiserin Eudoxia, die Frau des Kaisers Arkadius, wegen der Prunksucht am Kaiserhof und der dort vorkommenden Exzesse öffentlich anzuklagen. Chrysostomus verkaufte die sich angesammelten Luxusgüter des Bischofspalastes in Konstantinopel und gab den Erlös den Armen. Die Kaiserin Eudoxia rächte sich, indem sie den Patriarchen als Vertreter der Lehren des verurteilten Origenes darstellte. Auch mir wurde, als wir noch in der Wüste weilten, vom Patriarchen Theophilus von Alexandrien und seinen Anhängern vorgeworfen, ich sei Origenist und vertrete die Präexistenz der menschlichen Seele.

Drei Jahre später wurde Johannes Chrysostomus gestürzt und durch den Kaiser ins Exil geschickt. Der Klerus von Konstantinopel betraute Germanus und mich mit einer Mission an Papst Innozenz I., um den päpstlichen Schutz für ihn zu erbitten. 405 reisten wir also nach Rom und es gelang uns, die Verleumdungen zu widerlegen. Während der fünf Jahre, die ich in Rom weilte, wurde ich zum Priester geweiht. Ich kann ab jetzt lediglich von mir sprechen, denn im Jahr 410 habe ich ohne Germanus die Stadt Rom verlassen. Es war kurz vor der Eroberung Roms durch den Westgotenkönig Alerich. Germanus wollte unbedingt in der Stadt bleiben. Leider hörte ich wegen der Wirren und Kriege später nichts mehr von ihm.

In Marseille fand ich durch den Bischof Lazarus von Aix-en-Provence eine neue Heimat. Hier konnte ich endlich wieder das religiöse Leben und das Ruhegebet konsequent praktizieren, wie ich es in der thebaischen Wüste von Makarius dem Großen und Evagrius Pontikus erlernt hatte. Dass ich über eine besondere, dem Evangelium ganz nahe stehende Gebetsweise verfügte, sprach sich herum und es kamen viele geistlich interessierte Menschen zu mir, denen ich den Weg in die Stille und das Schweigen weisen durfte. Nachdem ich bereits fünf Jahre in Marseille lebte, gründete ich im Jahr 415 das Mönchskloster Saint-Victor und das Nonnenkloster Saint-Saviour.

Nun bin ich selbst schon über 65 Jahre alt und möchte mit den Aufzeichnungen zur rechten Anwendung des Ruhegebetes nicht länger warten. Die Quellen sind nicht nur meine Tagebücher und meine lebendigen Erinnerungen an die Jahre in der ägyptischen Wüste – es war die geisterfüllteste Zeit meines Lebens –, sondern auch meine eigenen Erfahrungen, die ich mit dieser wunderbaren Gebetsweise, dem Ruhegebet, machte.

Mein Hauptanliegen ist es – das möchte ich am Schluss meiner Hinführung noch unbedingt sagen –, der westlichen Welt das Ruhegebet zu vermitteln. Durch die Vertreibung der ägyptischen Mönche besteht die Gefahr, dass es schnell in Vergessenheit gerät. Deshalb schreibe ich zur Unterstützung dieser alten Gebetsweise einen «Geistlichen Begleiter», an dem man sich immer wieder neu orientieren kann. Ich schreibe dieses Buch als Mönch, doch keineswegs nur für Mönche und die Menschen, die beabsichtigen, ein klösterliches Leben zu führen, sondern für alle, die eine Sehnsucht in sich spüren, dem Schöpfer näher zu kommen und in das Geheimnis seiner Liebe einzutauchen, um sinnerfüllter, tiefer im Glauben gegründet und glücklicher zu leben.

Dieses Buch, das aus der Weisheit der Wüstenväter und ihrer Erfahrung entstanden ist, möchte zu einem geistlichen Gastmahl einladen, wie es die Weisheit im Buch der Sprichwörter tut. *Wer unerfahren ist, kehre hier ein. Zum Unwissenden sagt sie: Kommt, esst von meinem Mahl und trinkt vom Wein, den ich mischte. Lasst ab von der Torheit, dann bleibt ihr am Leben und geht auf dem Weg der Einsicht!* (Sprichwörter 9,4–6)

Dieses Buch möchte auffordern, das sich in uns befindliche Reich Gottes und den im Acker unseres Herzens verborgenen Schatz zu finden, der ja Jesus Christus selbst ist. Es möchte uns durch das Ruhegebet einen einfachen Weg aufzeigen, uns mit unserem wahren Wesen zu vereinen und dadurch auch mit Gott.

I.
Hinführung zum Ruhegebet

1. Aller Anfang ist leicht

Gott, der barmherzige Vater, der Schöpfer des Himmels und der Erde, hat durch sein Gnadenwirken alle Keime des Guten in unsere Seele gepflanzt, ja, und noch weitaus mehr: Er selbst ist mit seinem göttlichen Wesen in uns anwesend. Unsere Aufgabe besteht darin, mit der Gnade Gottes mitzuwirken, die Keime des Guten zu erwecken und uns der Gegenwart Gottes in uns bewusst zu werden. Gott schenkt uns dazu die Kraft des Wachstums zur Vollkommenheit. Unser Pflegen und Begießen der Keime des Guten ist allerdings umsonst, wenn der Herr es nicht wachsen lässt. Durch freien Willensentscheid können wir das in uns eingepflanzte Gute und das uns von Gott eingestiftete Ebenbild gar vernachlässigen oder fördern und belichten.

Einladung

Unser Glaube lehrt uns wunderbare Wege zur Erweckung der Gnade und zur Verwirklichung dessen, was Gott für uns ausersehen und bestimmt hat.

Einer dieser Wege ist das Ruhegebet, das uns disponiert, das liebende Entgegenkommen Gottes wahr- und anzunehmen. *Früh am Morgen tritt mein Gebet vor dich hin* (Psalm 88,14). Wenn wir uns im Ruhegebet bereiten, den Schöpfer des Himmels und der Erde zu empfangen, so kommt dies einer Einladung gleich, indem wir vor Gott unser Herz und unsere Seele ausbreiten, damit er sie erfüllen möge.

Darum wartet der Herr darauf, euch seine Gnade zu zeigen, darum erhebt er sich, um euch sein Erbarmen zu schenken (Jesaja 30,18). Aber auch Jesus Christus lädt uns ein, zu ihm zu kommen und am Geheimnis der Liebe Gottes teilzunehmen. *Wer Durst hat, komme zu mir und trinke* (Johannes 7,37). Auf dem Weg zur Quelle ewigen Lebens überschreiten wir alle äußere Wahrnehmung, jegliches Denk- und Vorstellungsvermögen und bereiten uns innerlich hingebend darauf vor, im Wasser ewigen Lebens Jesus Christus selbst zu empfangen. Was kann es Größeres und Höheres geben?

Entstehung des Ruhegebetes

Als heilendes Mittel, um allen dunklen und versucherischen Kräften entgegenzutreten, praktizierten und lehrten die frühen Wüstenväter das Ruhegebet, eine Gebetsweise, die sie aus dem Verhalten Jesu dem Versucher in der Wüste gegenüber entwickelten. Dieses Gebet besteht im einfachen Wiederholen bestimmter Verse aus der Heiligen Schrift. Es ist eine Art Stoßgebet, das oftmals rezitiert und dann langsam verinnerlicht wird.

Am Ende seines Aufenthaltes in der Wüste begegnet Jesus dem Widersacher, der ihn in Versuchung führen wollte. Jesus lässt sich jedoch nicht auf Diskussionen mit ihm ein, sondern antwortet ihm jeweils mit einem Wort Gottes, das für den Widersacher eine Absage bedeutet.

Die Väter wussten um die Gefährlichkeit einer Versuchung und die verheerenden Folgen, wenn sie einer Versuchung erlagen. Jede Versuchung wird für sie zur Verführung und führt damit zum Abfall von Gott. Um nicht zu erliegen, nahmen sie das Verhalten Jesu zu ihrem Vorbild, indem sie jeder versucherischen Situation mit einem Wort Gottes begegneten, das sie oftmals wiederholten. Das Verhalten Jesu, die wiederholte Absage an das Böse und die mit dem Schriftwort verbundene Ausrichtung auf Gott, wurde von den Vätern zu einem allgemeinen Prinzip erhoben.

Diese Gebetsweise, die sich zuerst «Widerspruch» oder «Widerrede» nannte, bildete die Grundlage für das spätere Ruhegebet, das dann regelmäßig gebetet wurde und nicht nur in einer versucherischen Situation. Es sind nur wenige, aber oft wiederholte Worte, die zum Ruhegebet werden. Dadurch werden negative, zerstörerische und ungute Kräfte abgebaut und ein Schutzwall gebildet, dass sie den Menschen nicht mehr zerstörerisch überfallen und keinen Einlass in sein Inneres finden. Auf diesem Weg findet der Betende die der Seele innewohnende Ruhe und kann sie mehr und mehr stabilisieren. Durch dieses so einfache Gebet wird die Seele frei von allen Dunkelheiten und zum Licht in die Nähe Gottes geführt; der ständig fließende Gedankenstrom wird durch die Wiederholung ein und desselben Verses aus der Heiligen Schrift unterbrochen, so dass sich Frieden und Ruhe in der Seele ausbreiten können.

Tradition

Das genaue Maß des Betens ist von den Vätern seit alters her festgesetzt. Daher sollten wir ihre Anweisungen beachten und nicht versucht werden, etwas hinzuzufügen oder wegzulassen. Wenn wir zu dauerhaften Fortschritten gelangen möchten, das heißt unser Tun stärker in Gott verankern und die allem zugrunde liegende Wahrheit tiefer erkennen, müssen wir uns an jene Lehrer halten, die nicht nur großsprecherisch davon reden, sondern den Weg dorthin aus eigener Erfahrung kennen.

Ein wahrer Lehrer gewinnt nicht nur aus dem eigenen Gebet eine tiefgreifende Kraft und eine unendliche Demut, sondern auch aus dem Gebet derer, die er/sie in der Seligkeit des Himmels weiß.

Wir müssen in den Fußstapfen der Altväter bleiben und dürfen uns nicht herausnehmen, mit dem Ruhegebet ungewöhnliche Wege zu gehen und Unterscheidungen vorzunehmen, die nur auf unser eigenes Urteil gestützt sind. Was uns die Väter überliefert haben, sowohl durch ihre Lehre als auch durch das Beispiel ihres Lebens – danach sollten wir uns richten.

Aufnahmebedingungen

Die Strenge der Wüstenväter ist bekannt und, dass sie viele Ratsuchende abwiesen, wenn ihr Anliegen ihnen nicht wahrhaftig genug erschien. Den Wüstenvätern war das Ruhegebet so überaus wichtig und lieb geworden, dass sie es unter keinen Umständen denen anvertrauen wollten, die nicht aus reinem Herzen danach verlangten oder es nur nebenbei erlernen wollten. Hätten sie jedoch gegenteilig gehandelt, wären sie sich als Verräter eines lang gehüteten

Geheimnisses vorgekommen. Sie wollten auch nicht im Zuhörer eine Art Langeweile hervorrufen, wenn sie über den Weg in eine tiefe innerlich erfüllende Ruhe sprachen, den ihr Gegenüber ohnehin nicht fassen konnte.

Einstieg

Für diejenigen, die sich zu diesem geistlichen Weg entschlossen haben, ihn aber nur unregelmäßig und «lau» beschreiten, gilt das Wort des Kohelet: *Es ist besser, wenn du nichts gelobst, als wenn du etwas gelobst und nicht erfüllst* (5,4). Jeremia äußerst sich dazu in noch schärferer Weise: *Verflucht, wer den Auftrag des Herrn lässig betreibt* (48,19). Nach diesem Wort wiesen die Wüstenväter viele ab, die in die Geheimnisse des Gebetes der Ruhe eingewiesen werden wollten. Damit erreichten sie, dass sich die Suchenden noch eindeutiger und tiefer mit dem beschäftigten, wonach sie sich sehnten. Mit ihrem Zögern in der Aufnahme wollten die Wüstenväter nur verhindern, dass sie sich vor Gott des Leichtsinns schuldig machten, wenn sie zu früh und leichthin jemanden aufnahmen. Der Fragende sollte zunächst den Schritt, den er tun wollte, richtig erkennen und geistig-geistlich durchdringen. Auf Grund von Einsicht und eines klareren Entschlusses war es für die Lehrer des Gebetes dann wesentlich leichter, die Schüler einzuführen.

Zurückhaltung

Die Wüstenväter wussten sehr wohl, wem sie die verborgene Tür zum Geheimnis des Ruhegebetes öffneten und wem nicht. Sie verweigerten allen, die Tür zu öffnen, die sich nicht in Wahrheit nach der Offenbarung dieses Geheimnisses sehnten. Wenn sie diese geistlichen Dinge jemandem enthüllen sollten, dem es gar nicht um sie zu tun war und der nur nebenbei nach ihnen verlangte, kam es ihnen so vor, als ob sie einen Verrat begingen. Nur diejenigen nahmen sie auf und weihten sie ein, die zutiefst nach erfüllender Gebetserfahrung suchten.

Auswahl treffen

Der Lehrer des Ruhegebetes hat in seinen Gesprächen und Vorträgen ein Ziel vor Augen, das er ständig mit einfließen lässt. Da für diejenigen, die noch keine Erfahrung mit dem Ruhegebet gemacht haben, dieses Ziel schwer zu verstehen ist, glauben sie, es niemals zu erreichen. Damit trafen die Wüstenväter bei ihren Zuhörern eine Auswahl, die von den Schülern kaum wahrgenommen wurde. Sie waren es selbst, die den Unterricht abbrachen, da sie Weiteres gedanklich nicht mehr mit- und nachvollziehen konnten.

Doch gerade darum ging es den Altvätern: mit dem Ruhegebet einen Gebetsweg zu lehren, der erst jenseits allen Denkens seinen Anfang nimmt. Dies war und ist für viele Menschen unvorstellbar, und da sie alles verstandesmäßig zu erfassen suchen, weisen sie diese Gebetslehre als unwirklich von sich. Die Lehrer waren glücklich darüber, wenn auf diese Weise der Zuhörerkreis kleiner wurde, denn mehr als zehn Schüler wollten sie nicht annehmen.

Jetzt verließ der Lehrer aus Menschenkenntnis, aus Weitsicht, in Güte und aus Nächstenliebe die höhere Ebene seiner Rede und begab sich auf den Verstehenshorizont seiner Schüler. Im Grunde seines Herzens wusste er nur allzu gut, dass hier die Erfahrung eines durch das Gebet sich entgrenzenden Bewusstseins fehlt, eine Erfahrung, die der Betende nur jenseits seines Denkens, Wollens und aller

Sinneswahrnehmung machen kann. Der Lehrer fuhr jetzt mit nachvollziehbaren Worten mit der Gebetslehre fort und gab damit Sicherheit, Selbstvertrauen und Zuversicht.

Teilnehmerzahl

Nahm ein Wüstenvater eine neue Gruppe von Schülern auf, um sie in die Geheimnisse des schweigenden Betens einzuführen, waren es niemals mehr als zehn. Er hielt sich damit an die von Mose im Buch Exodus (18,25) gegebene Anweisung.

Ein himmlisches Gegengift: das Ruhegebet

Die weisesten der Wüstenväter verstanden es wie geschickte Ärzte, nicht nur die gegenwärtigen Krankheiten und seelischen Belastungen zu heilen, sondern auch den künftigen zu begegnen und ihnen mit dem Ruhegebet zuvor zu kommen. Als wahre Seelenärzte hatten sie Einblick in die Krankheiten des Herzens und verschrieben das Ruhegebet und die dazu gehörenden geistlichen Vorträge als himmlisches Gegengift. Zusätzlich zu diesem wunderbaren Heilungsweg offenbarten sie auch wirksame Mittel zur Erhaltung der Gesundheit.

Keine Erwartungen an das Ruhegebet haben

Wie generell beim Beten, so erleben wir auch beim Ruhegebet, dass nicht jedes Gebet in gleicher Weise erfahren wird. Je nach unserer augenblicklichen Befindlichkeit kommt uns einmal mehr und einmal weniger Ruhe entgegen und entsprechend spüren wir auch Gottes Wirklichkeit und seine Nähe. Wenn auch unsere subjektive Erfahrung

uns über einen längeren Zeitraum an den guten Auswirkungen des Ruhegebetes zweifeln lässt, so dürfen wir doch
sicher sein, dass durch unser Gebet etwas Wesentliches
geschieht.

Eines Tages kommt die Summe vieler guten kleinen
Teile in unser Bewusstsein und offenbart sich als Ganzes,
was mehr ist als die Summe der Teile. Das Wort «Haus»
sagt mehr aus als wenn ich die einzelnen Zimmer auf-
zähle; eine «Familie» besagt wesentlich mehr als die Auf-
zählung der einzelnen Personen, die zu ihr gehören; das
Wort «Wald» hat eine viel umfangreichere Qualität als die
Summe der aufgezählten Bäume. Ehe ein Haus als Haus
bezeichnet werden kann, eine Familie als Familie auftritt
und ein Wald zu einem Wald geworden ist, bedarf es einer mehr oder weniger langen Zeit der Werdung und des
Wachstums.

Auf ähnliche Weise wird auch durch das Ruhegebet in
unserem Inneren gereinigt, aufgeräumt und geordnet, so
dass auf diesem Grund, der Reinheit des Herzens, etwas
Neues entstehen kann. Das Neue ist gleichzeitig etwas sehr
altes, das Gott unserer Seele seit Anbeginn ihrer Schöpfung eingestiftet hat und jetzt zum Vorschein und Tragen
kommt. Daher ist es wichtig, behutsam mit dem Ruhegebet umzugehen, sich an die Weisungen der Altväter zu
halten, weder zu drängen noch bestimmte Erwartungen
zu haben.

Erfahrungen

Das Ruhegebet sollte nur ein im Gebet erfahrener Lehrer
weitergeben. Begriffen und von seinem eigentlichen Wesen
her kann dieses Gebet nur von dem erkannt werden, der
diesen Weg auch konsequent geht. Der neu in das Ruhe-

gebet Eingeführte sollte im Gespräch seine Erfahrungen besprechen und vertiefen können, denn sonst entschwinden sie wiederum allzu rasch dem sorglosen Geist.

Ungezwungen

Wir sind nicht gezwungen, das Ruhegebet zu beten und es übt auch keinen Zwang auf uns aus. Es wird freiwillig verrichtet und ist daher wohlgefälliger und attraktiver als jene Dienste und Pflichten, zu denen uns unsere Lebensumstände zwingen. Viele Menschen, die es beten, berichten von großer Dankbarkeit, dass sie zum Ruhegebet gefunden haben und es täglich neu mit wachsender Freude beten dürfen.

Freudig bringe ich dir mein Opfer dar und lobe deinen Namen, Herr; denn du bist gütig (Psalm 54,8).

Wer sollte noch nicht mit dem Ruhegebet beginnen?

Das Ruhegebet kann im Grunde von allen Menschen bedenkenlos gebetet werden. Dieser frühchristliche Gebetsweg ist unabhängig vom Alter, Beruf, dem persönlichen Lebensweg und theologischem Wissen.

Es gibt allerdings einige Ausnahmen, die zur Vorsicht mahnen. Wer unter extrem hohem Blutdruck leidet, unter Herzbeschwerden und Atemproblemen, wer sich gerade von einer Operation erholt oder unter einer chronischen Krankheit leidet, sollte unbedingt einen Arzt fragen, bevor er mit dem Ruhegebet beginnt. Da zuerst körperliche Veränderungen zum Heil des Menschen auftreten, muss der Arzt wissen, woher diese kommen, um richtig zu diagnostizieren und zu therapieren.

Psychisch labile und schwer kranke Menschen sollten diesen Gebetsweg nur in Abstimmung mit ihrem Arzt und in Begleitung eines im Ruhegebet erfahrenen Lehrers gehen. Dasselbe gilt für Alkoholiker und diejenigen, die von Drogen abhängig sind oder waren.

Auf psychisch labile oder gar kranke Menschen muss in ganz besonderer Weise Rücksicht genommen werden. Selbst wenn der behandelnde Arzt seinem Patienten zum Ruhegebet rät, sollte bei jedem Schritt zur Einübung ein geistlicher Begleiter zur Seite stehen. Dieser wird die Gebetszeit anfangs nur auf einige Minuten festsetzen und mit dem Kranken zusammen beten.

Dies gilt auch für Depressionen, die weit verbreitet sind. Oft lösen Angriffe von außen oder irgendwelche Zufälligkeiten die Depression aus. Das Niedergedrückt-Sein besetzt unseren Geist und lässt Glaubenserfahrungen schwerlich zu. Menschen, die diesen Zustand kennen und jene, die sich in ihm befinden, sollten nicht ohne Weiteres mit dem Ruhegebet beginnen. Sowohl ein Facharzt als auch ein geistlicher Begleiter sollten gefragt werden und wenn möglich sollten beide auch diesen geistlichen Weg begleiten.

Die Depression lässt es nicht zu, dass die Seele durch das Ruhegebet befreit und heiter gestimmt wird. Im Gegenteil: Anstatt Ruhe breitet sich umso intensiver Unruhe und Ungeduld aus. Die Depression untergräbt die innere Standfestigkeit und das Verwurzeltsein in Gott; sie macht den Geist zwiespältig und trübt jegliche Stimmung. Allzu oft nur wird Verzweiflung zur Grundstimmung der Seele. Der so an Geist und Seele Leidende darf unter keinen Umständen allein gelassen werden. Er benötigt sowohl ärztliche als auch seelische Unterstützung und Begleitung. Davon, in einer Depression mit dem Ruhegebet zu beginnen, ist abzuraten.

Leidet jemand unter Depressionen, sollte alles versucht werden, diese Krankheit zu heilen. *Wie die Motte am Kleid, der Wurm im Holz, so nagt die Traurigkeit am Herzen des Menschen* (Sprichwörter 25,20). Während der Behandlung und Begleitung sollte der von Traurigkeit Kranke oft und intensiv zum Heiligen Geist beten und ihn um Heil und Heilung bitten.

Der Depressive hat das unbändige Gefühl, von den gefräßigen Bissen des Niedergedrücktseins zernagt zu werden. Ohne eine nennbare Ursache überfällt den Menschen häufig ein solcher Kummer, dass ihm jegliche Freundlichkeit abhanden kommt – selbst wenn geliebte Menschen um ihn sind. Jegliches Wohlwollen wird als schmerzhafter Angriff erfahren und entsprechend abgewehrt. Es ist ein teuflischer Zustand, wenn die Galle der Bitterkeit alle Winkel des Herzens erfüllt.

Gott allein weiß, wie sein Geschöpf zu heilen ist. Nichts ist ihm verborgen und er kennt unsere Not, unsere seelische Not. Wenn auch Wüstenväter davon abraten, bei andauernder Betrübnis das Ruhegebet zu üben, so sollte der Depressive jedoch im allgemeinen Gebet immer wieder den Kontakt zu Gott im Heiligen Geist aufnehmen und um Heilung von seiner seelischen Bedrängnis bitten. Er sollte darüber hinaus menschliche Gemeinschaft nicht fliehen, sondern sie suchen. Dazu gehört auch, den Menschen zu vergeben, die uns verletzt oder beleidigt haben. In nur seltenen Fällen wird Heilung durch Trennung von Menschen geschehen. Ärztliche Betreuung ist unbedingt angesagt.

Der Depressive darf hoffen, dass er in jedem Augenblick von seiner Krankheit geheilt werden kann. Es wird eine Zeit kommen, in der er wieder mit sich selbst und allen Menschen in Harmonie lebt. Ja, selbst die wilden Tiere vertragen sich mit ihm. *Mit den Steinen des Feldes bist du verbündet, die Tiere des Feldes werden Frieden mit dir halten* (Ijob 5,23).

Von außen kommende Beleidigungen wird er nicht mehr fürchten, und er wird sich nicht mehr gekränkt zurückziehen. Jetzt ist die Zeit gekommen, in der er sich auch bedenkenlos dem Ruhegebet nähern kann. Unter allen Umständen jedoch sollte ihn eine geistliche Begleitung unterstützen und führen.

Christus, der Lehrer

Auch ohne Wegweisung durch die Wüstenväter ist der Gott Suchende letztlich allein in der Lage, einen Weg zu finden, der ihn zu Gott führt. Der Wegweisende selbst ist Christus, der uns durch sein Leben, seine Botschaft, seinen Tod und seine Auferstehung im Neuen und Ewigen Bund die Tore zum Vater für immer geöffnet hat. Es ist jedoch hilfreich, wenn uns ein erfahrener geistlicher Begleiter zur Seite steht, um die aufkommenden Fragen zu beantworten und uns vor Irr- und Umwegen zu bewahren.

Das Ruhegebet fordert eine einfühlsame Einführung und weiterhin Anweisungen, die aus der Geschichte des Ruhegebetes und aus den Erfahrungen des Begleiters kommen. Die von den frühen Mönchsvätern tradierte Gebetsweise darf unter keinen Umständen verwässert oder gar besserwisserisch verändert werden. Der Begleiter muss davon überzeugt sein, dass sein Schüler mit der so kostbar gehüteten Gebetsweise des Ruhegebetes verantwortungsvoll umgehen wird.

Auf etwas Wunderbares dürfen alle, die mit dem Ruhegebet beginnen, hoffen: Dass der Kern dieser Gebetslehre auch ohne viele Worte des geistlichen Begleiters ihnen allein durch die Gnade Gottes erschlossen wird.

2. Gegner des Gebetes sind «geschickt»

Frage: *Ich kann mir vorstellen, dass die Gedankentätigkeit während des Ruhegebetes im Laufe vieler Jahre abnimmt, weil mehr und mehr innere ungelöste Eindrücke und Spannungen durch die tiefe Ruhe aufgelöst werden. Durch gewonnene Stabilität setzen sich keine neuen Eindrücke mehr fest und belasten uns. Und doch gibt es Kräfte – ich möchte sie Dämonen nennen –, die unseren Geist umringen und mich fast unaufhörlich anstacheln, etwas zu denken und zu tun, was wir gar nicht wollen. Gibt es wirklich Dämonen und wie gehe ich mit ihnen um?*

Brandstifter des Bösen

Antwort: Wer in den Kämpfen des inneren Menschen erfahren ist, kann nicht daran zweifeln, dass wir Widersacher haben, die uns immer wieder angreifen. So sehr sie auch jeden unserer geistlichen Fortschritte verhindern möchten, können sie uns doch nicht zwangsweise festhalten. Sie sind gewissermaßen Brandstifter des Bösen, doch mit Gewalt können sie dieses Feuer, das alles Gute vernichten möchte, im Herzen des Menschen nicht entzünden. Dazu müssen wir diesen zerstörerischen Kräften erst Einlass geben.

Durch das Ruhegebet, das die Wahrnehmung schärft und gleichzeitig das Unterscheidungsvermögen profiliert, laufen wir weniger Gefahr, diesen Elementen zu erliegen. Wenn auch der Widersacher immer neu die Macht entfaltet, uns anzugreifen und zu versuchen, so wächst bei uns die Einsicht und die Kraft, ihm zu widerstehen. Was bedeutet schon die Macht der widergöttlichen Angriffe im Vergleich zu Gottes Macht und Herrlichkeit? Und Gott ist es, den wir im Ruhegebet immer wieder anrufen und um sein Erbarmen bitten. Sollten wir dann nicht gestärkt aus diesem Gebet hervorgehen?

Er, der in euch ist, ist größer als jener, der in der Welt ist (1. Johannesbrief 4,4). Wenn wir uns auf Gott hin öffnen und ihn zulassen, wird er uns in jeder Lebenssituation helfen und uns machtvoll zur Seite stehen, so dass eine noch so große Schar von Dämonen uns nicht schaden kann. Gott inspiriert uns nicht nur zum Guten, sondern er wirkt das Gute in uns. Daher ist es zu erklären, dass er uns manchmal zum Heil führt, bevor wir es überhaupt erkannt haben.

Zweifel

Bei Fortschritten durch das Ruhegebet treten leicht Zweifel auf, ob durch eine so einfache Gebetsweise überhaupt Wesentliches erreicht werden kann oder ob wir uns nicht selbst etwas vormachen. Diese Kräfte bringen uns aus der Ruhe und zerren unseren nach Stille suchenden Geist wieder an die Oberfläche. Das soll aber nicht unser Vertrauen in das Ruhegebet erschüttern und schwächen, denn in unserem Beten wenden wir uns ja immer wieder Gott zu.

Leben muss kein Kampf sein

Mit jedem Kampf, den wir kämpfen, ist Unruhe verbunden und ebenso die Gefahr, verwundet zu werden. Selbst wenn jemand im Kampf geübt ist, so wird er trotzdem zuweilen vom Gegner geschlagen und verletzt. Und wie viele Verletzungen tragen auch die sogenannten Starken mit sich herum, ohne es nach außen zuzugeben. Ist der Schiedsrichter für all unsere Handlungen und Gedanken einzig unser Gewissen, laufen wir Gefahr, Macht an uns zu ziehen, die die Tendenz hat, uns zu Fall zu bringen.

Wie anders, gefahrloser und unaufwendiger jedoch kann sich unser Leben entfalten, wenn es tiefer gegründet ist und aus diesem Grund, der göttlich ist, seine Lebensenergie bezieht. Kämpfe und die damit verbundene Verletzbarkeit sind nicht mehr angesagt, da einer ein für alle Mal den Feind überwunden hat und Sieger in Ewigkeit ist – Jesus Christus. Wenn wir uns ihm anschließen, steht er uns in allem zur Seite und ist sogar bereit, für uns zu kämpfen, wenn Gefahren und Versuchungen unsere Verbundenheit mit Christus stören und zerstören wollen.

Das Ruhegebet beantwortet all die Fragen, wie das geschieht. Verstehen wird dies jedoch nur derjenige, der sich darin übt, sein Ego immer wieder Gott aufzuopfern, das heißt, sich selbst zu sterben, um mit Jesus Christus wieder aufzuerstehen. In diesem leibhaftig vollzogenen Geheimnis des Glaubens liegt der Schlüssel zur inneren Kraftquelle, ja, zu Jesus Christus selbst.

Ist er nicht nur in unserem Wissen um ihn, sondern auch permanent in unserem Bewusstsein lebendig und verankert, werden keine Macht der vergänglichen Welt, keine Macht der Finsternis und auch nicht der Tod jemals in der Lage sein, uns bis zum Äußersten herauszufordern. Wir sind und bleiben in einer anderen Wirklichkeit beheimatet, die für immer den dunklen Kräften, der Sünde und dem Tod eine Absage erteilt hat. Von dieser Ebene aus – man kann sie auch als Christusbewusstsein bezeichnen – werden uns die Schatten und die Macht des Todes nicht mehr überwältigen. Wir stehen auf der Seite des Siegers, der uns mit dem Feuer seiner Liebe durchglüht und an sich zieht.

Damit sich jedoch niemand spaltend und zerstörend zwischen ihn und uns drängen kann, müssen wir diese Christusliebe immer neu entdecken, pflegen und kultivieren, so dass sie und Er uns zum ständigen Begleiter werden. Jetzt wagt es niemand mehr, uns zum Kampf herauszufordern oder uns gar zu verletzen.

Gespräch mit dem Widersacher

Im Ruhegebet, in dem der Beter alles zulässt, was von selbst kommt und geht, wird die göttliche Pädagogik transparent. Gott Entgegengesetztes wird mit Entgegengesetztem geheilt. Das, was in uns durch Überheblichkeit gefallen ist, kann sich durch die im Gebet geübte Demut wieder aufrichten. Der Widersacher, der uns vorspielt, alles selbst zu verwirklichen, ist immer am Werk. In den meisten Fällen nehmen wir seine hinterlistige Schlauheit nicht einmal wahr.

Widersacher: *Ich ersteige den Himmel; dort oben stelle ich meinen Thron auf, über den Sternen Gottes* (Jesaja 14,13).
Heiland: *Meine Seele ist zur Erde gebeugt* (Psalm 44,26).
Widersacher: *Ich steige weit über die Wolken hinauf, um dem Höchsten zu gleichen* (Jesaja 14,14).
Heiland: *Ich erniedrigte mich und war gehorsam bis zum Tod, bis zum Tod am Kreuz* (vgl. Philipperbrief 2,8).

Widersacher: *Über den Sternen Gottes will ich meinen Thron errichten* (vgl. Jesaja 14,13).

Heiland: *Lernt von mir; denn ich bin gütig und von Herzen demütig; so werdet ihr Ruhe finden für eure Seele* (Matthäus 11,29).

Widersacher: *Wer ist der* HERR, *dass ich auf ihn hören sollte? Ich kenne den* HERRN *nicht* (Exodus 5,2).

Heiland: *Ich aber kenne ihn, und wenn ich sagen würde: Ich kenne ihn nicht, so wäre ich ein Lügner wie ihr. Aber ich kenne ihn und halte an seinem Wort fest* (Johannes 8,55).

Widersacher: *Mir gehören die Arme des Nils; ich habe sie selber geschaffen* (Ezechiel 29,9b).

Heiland: *Von mir selbst aus kann ich nichts tun …, weil es mir nicht um meinen Willen geht, sondern um den Willen dessen, der mich gesandt hat* (Johannes 5,30).

Widersacher: *All die Macht und Herrlichkeit dieser Reiche will ich dir geben; denn sie sind mir überlassen und ich gebe sie, wem ich will* (Lukas 4,6).

Heiland: *Ich bin arm geworden, obwohl ich reich war, damit ihr durch meine Armut den wahren Reichtum erkennt.*

Wenn wir mit dem Ruhegebet begonnen haben, werden sich sowohl äußerlich als auch innerlich diese oder ähnliche Dialoge abspielen. Unsere Antwort während des Ruhegebetes ist immer das sich in uns wiederholende Gebetswort. Auch außerhalb des Ruhegebetes sollten wir uns nicht auf das Niveau des Widersachers einlassen, sondern ihm mit einem Wort Gottes eine Absage erteilen.

Gestärkt durch Gottes Kraft

Wenn wir einen Weg gehen, der ein geistlicher ist, lauert uns der Widersacher umso mehr auf, um uns zu stürzen. Viele gleiten aus und kommen zu Fall. Gott jedoch lässt uns niemals ganz fallen. Er ist immer bereit, uns seine Hände zu reichen, wenn er sieht, dass wir wanken. Eine dieser wunderbaren Handreichungen ist das Ruhegebet, das die Hilfe Gottes mit unserer eigenen Schwäche verbindet. Dies geschieht nicht durch unser Wollen und Tun, sondern durch die Barmherzigkeit Gottes. Außerhalb des Gebetes stellen wir fest, dass unsere Schritte nicht mehr wanken und wir gestärkt durch Gottes Kraft unsere Wege gehen, die mehr und mehr zu Gottes Wegen werden. *Er stellte meine Füße auf den Fels, machte fest meine Schritte* (Psalm 40,3b).

3. Gebet: Weg zur Erlösung

Steht das Vertrauen auf die Hilfe Gottes höher als die eigene Anstrengung, so ist dies ein Zeichen, dass wir auf dem rechten Weg sind. Die aus früheren Fehlentscheidungen entstehende Angst und Furcht haben keine Macht mehr über uns, da wir fest in Gott gegründet und seine Entscheidungen die unseren sind. In diesem Bewusstseinszustand gibt es kein Richten mehr über die Fehler anderer, sondern eine große Liebe zu Geduld und Sanftmut, die weder Vorurteile zulässt noch dass wir uns über andere erheben.

Ein weites Herz

Dem im Ruhegebet Verankerten wird Barmherzigkeit über Barmherzigkeit geschenkt, so dass er mit aller Herzensruhe beten kann: *Du hast meine Fesseln gelöst. – Ich will dir ein Opfer des Dankes bringen und anrufen den Namen des Herrn* (Psalm 116,16–17). Solange wir in dieser Welt leben, sind wir jedoch nicht frei von Sünde. Daher dürfen wir niemals aufhören zu beten, um nicht aus dem für uns bestimmten Gnadenstrom herauszufallen. Verurteilt jemand einen anderen mit liebloser, unmenschlicher Strenge, dürfen wir gewiss sein, dass der so hart Urteilende dieselben Fehler besitzt.

Ein wahrhaft Gott Liebender, dessen Herz durch die Übung der Hingabe verständnisvoll und weit geworden ist, erbarmt sich nicht nur den Menschen gegenüber, sondern auch den Tieren und der gesamten Schöpfung. Er wird sich niemals überheben und nicht in das Leben anderer zerstörend eingreifen, sondern es hüten, ehren und beschützen.

Eindrücke ausdrücken und Vergebung finden

Durch unsere Sinne nehmen wir Eindrücke oder Reize auf, die entsprechend ihrer Intensität von uns verarbeitet werden müssen. Dies geschieht nicht nur durch Denken, Sprechen und Tun, sondern auch im Traum. Doch stellen wir fest, dass uns manches weiterhin auch noch nach Wochen oder gar einer weitaus längeren Zeit verfolgt und sogar krank macht. Gedanken, Gefühle und Verhaltensweisen machen sich breit, die wir eigentlich überhaupt nicht wollen. Und trotzdem können wir nur sehr wenig dagegen tun. Selbst wenn wir willensmäßig Widerstand leisten, verausgaben wir uns eventuell, doch erreichen wir langfristig so gut wie gar nichts.

Ein Weiteres kommt beschwerend hinzu: Ungutes oder sündiges Verhalten, falsche Entscheidungen und ein von Gottes Plänen abweichendes Sprechen, Denken und Fühlen hinterlassen in unserem Nervensystem und in unserer Psyche mehr oder weniger stark eingravierte Spuren. Diese, wenn sie sich nicht lösen oder gelöst werden, machen uns unruhig, nervös, unkonzentriert und unter Umständen sogar krank.

Sowohl eine Überflutung von äußeren Reizen als auch Belastungen, die wir uns selbst zuzuschreiben haben, müssen ihren Ausdruck finden, damit wir nicht eines Tages an ihnen ersticken. Letztlich – so zeigt es die Lebensgeschichte des Menschen – sind wir nicht in der Lage, eine Befreiung oder Erlösung selbst vorzunehmen. Wir bedürfen der Religion, der Rückbesinnung und Rückbindung an Gott, der uns Jesus Christus als Erlöser und Heiland gesandt hat. Durch das Ruhegebet kehren wir zu vergessenen oder verschütteten Ursprüngen zurück und sehen ein, dass wir nicht nur einer tiefen heilenden Ruhe bedürfen, sondern auch der erlösenden und befreienden Heilstat Jesu Christi, die er uns durch den Empfang der Sakramente zusagt.

Durch tiefe Ruhe und Gebet zur Einsicht kommen, dass wir von unverarbeiteten Eindrücken und Belastungen befreit werden müssen, ist der erste Schritt zur Erlösung. Im Ruhegebet übereignen wir uns dem Herrn und machen uns ihm ganz zu eigen. Eindrücke, die sich nicht durch unser Verschulden in uns festgesetzt haben, werden allein schon durch den Vorgang tiefer Ruhe ausgedrückt. Belastungen seelischer Art jedoch bedürfen, damit wir von ihnen befreit werden, nicht nur allein der menschlichen Hilfe, sondern vornehmlich der liebenden und vergebenden Gegenwart Gottes, die uns in Jesus Christus entgegenkommt.

Der erste Schritt

Du, Herr, lässt meine Leuchte erstrahlen, mein Gott macht meine Finsternis hell (Psalm 18,29). Alles Erstickende, das unser inneres Licht bisher nicht oder nur kaum zum Leuchten gebracht hat, verflüchtigt sich durch den ersten Schritt im Ruhegebet – das ist das Freiwerden von allem im Wege Stehenden. Die Mystik nennt dies Reinigung. Das innere Licht leitet uns nicht nur, sondern gibt uns auch die Kraft, Unabwendbares zu ertragen und Unabänderliches zu tragen. *Gott hat mich mit Kraft umgürtet, er führte mich auf einen Weg ohne Hindernis* (Psalm 18,33). Wenn wir immer wieder im Gebet der Ruhe den Herrn anrufen, werden wir nicht nur von unseren inneren und äußeren Feinden erlöst, sondern wir erhalten auch Einsicht in größere Sinnzusammenhänge und werden vor Fehlentscheidungen und deren Folgen bewahrt.

Von der Wurzel her ...

Das Ruhegebet führt zu dem, was Jesus uns in der Bergpredigt verheißt: *Selig, die reinen Herzens sind, denn sie werden Gott schauen* (Matthäus 5,8). Die Schatten, Fehler und Leidenschaften bestimmen nicht mehr unsere Handlungen, ja, sie werden aus dem innersten Grund unserer Seele ausgerottet. Wir mögen uns noch so anstrengen, Dunkles nicht auszusprechen oder nicht in die Tat umzusetzen: All unsere guten Absichten nutzen nicht viel, solange die Wurzel des Üblen noch in unserem Herzen wuchert. Auch das Evangelium empfiehlt, zuerst die Wurzel auszureißen, damit die Frucht keine weitere Nahrung bekommt und absterben kann. Nur auf dieser Grundlage kann unser Geist frei werden von allen ihn störenden Faktoren, und unsere Seele kann das Heil vom Herrn empfangen, das ihr zugedacht ist.

Geduld

Da die guten Auswirkungen des Ruhegebetes zuerst an der Wurzel jedes Übels ansetzen, sind oft die Erfolge des Betens nicht so schnell und leicht einsehbar. Der Betende muss das wissen, um Geduld und einen langen Atem aufzubringen. Es ist wie bei einem wildwüchsigen und Schaden verursachenden Gewächs. Es nutzt nicht viel, diesem ständig wieder neu die Äste und Zweige zu beschneiden – umso mehr wächst der Hauptstamm. Wichtig ist, dass von der Wurzel her die Nahrungszufuhr abgeschnitten wird, so dass das Gewächs langsam verdorrt.

Diese Arbeit im Verborgenen übernimmt das Ruhegebet. Es reinigt Bewusstsein und Seele von allem Unguten, das sich dort verwurzelt hat. Dies geschieht allerdings schrittweise, niemals abrupt, sonst würden wir durch plötzliche Veränderungen Schaden leiden. Daher braucht der Betende dieses Wissen, um ausdauernd weiterzumachen, selbst wenn über einen längeren Zeitraum an der Oberfläche nichts geschieht. Von daher ist auch zu verstehen, wenn es in der Lehre der Wüstenväter heißt, nichts voreilig subjektiv zu beurteilen oder gar Erwartungen ganz gleich welcher Art zu haben.

Krankheit der Seele

Nehmen wir das Wort Gottes nicht auf und es fällt, wie im Gleichnis vom Sämann (Markus 4,1–9), in die Dornen, das heißt, die Angelegenheiten und Sorgen dieser Welt ersticken es, kann sich Gottes Wort nicht in uns entfalten. Unsere Seele wird krank und schon nach kurzer Zeit spiegelt auch unser Körper diese Krankheit wider. Viele Ursachen einer körperlichen Krankheit sind im Bereich der Seele zu finden. Leidet ein Mensch darunter, dass er sich dem Wort, dem Willen und der Liebe Gottes verschlossen hat, sollte ihm jemand, der diese Einsicht hat, die Zusammenhänge erklären und ihm Wege bewusst machen, die aus der Krankheit führen.

Das Ruhegebet ist ein wunderbares Mittel, den steinigen und dornigen Acker unserer Seele von allem Unrat zu säubern, damit das Wort und die Liebe Gottes, die ständig an jeden von uns ergehen, von unserer Seele bedenkenlos aufgenommen werden können. Durch die sich wiederholende Anrufung und Bitte im Ruhegebet wendest du dich an den wahren Arzt, dessen Sehnsucht es ist, deine Seele zu heilen. Das Samenkorn, das jetzt auf bereiteten und guten Boden fällt, kann sich entfalten und reiche Frucht bringen. Auf diese Weise gründet sich dein Leben neu in der Liebe Jesu Christi und verwurzelt sich in ihr. Allein durch persönliche Erfahrung, nicht durch theologisches Wissen oder Wollen, werden wir mehr und mehr von der Fülle Gottes erfüllt.

Die über der Seele liegende Finsternis schwindet. Der Herr enthüllt die Seele und gleichzeitig enthüllt er sich selbst auch ihr. Als Gott die Seele erschuf, war nichts Dunkles oder Böses in ihr. Erst durch das Seinwollen wie Gott und die entsprechenden Fehlentscheidungen legte sich ein Schleier über die Seele des Menschen und trennte sie von Gott. Diese Trennung vom Urgrund Liebe müssen wir so lange schmerzlich erfahren, bis unsere Seele nicht nur von aller Dunkelheit befreit, sondern auch mit Gott geeint ist.

Wege ins Licht

Die Erinnerung bringt vieles zu Tage, von dem wir glauben, es bereits vergessen zu haben, oder dass es sich bereits aufgelöst hat. Sind es ungute oder gar mit sexuellen Vergehen gefüllte Erinnerungen, sollten wir ihnen nicht nachgehen oder in sie einsteigen. Die noch in uns wurzelnden diesbezüglichen Kräfte möchten sich noch einmal auf diese oder ähnliche Weise austoben und befriedigt werden. Es sollte uns genügen, zu wissen, dass wir noch weit von einem reinen Herzen entfernt sind. Im Sakrament der Versöhnung darüber zu sprechen und das Heilende des Sakramentes zu empfangen, kann durchaus eine Entwurzelung dieser unguten Kräfte und Vorstellungen bedeuten.

Ein zusätzliches, dem Sakrament der Versöhnung untergeordnetes Heilmittel ist das Ruhegebet, das uns zwar langfristig, aber dann radikal von allen ungesteuerten Trieben befreit. Die Anrufung des heiligsten Namens Jesu und die Bitte um Erbarmen stehen im Ruhegebet an erster Stelle. Die sich ausbreitende tiefe Ruhe möchte uns in die Strahlkraft der Liebe Gottes führen, doch Hindernisse stehen dem meist noch im Wege. Während des Ruhegebetes kommen sie nacheinander und wohl dosiert – wenn wir die Dauer des Ruhegebetes nicht überziehen – in unser Bewusstsein. Dieser wunderbare Lösungs- und Auflösungsprozess geschieht gänzlich ohne unser Dazutun.

Eines nur ist im Ruhegebet angesagt: Nicht einsteigen in die aufkommenden oder gar aufwühlenden Gedanken, Bilder und Vorstellungen, sondern ihnen durch das Gebetswort eine Absage erteilen. Es bedeutet ein Aussteigen aus dem Ruhegebet und ein sich auf ein niederes Niveau Begeben, wenn wir all dem bewusst nachgehen, was bei uns zutage tritt. Es reicht völlig aus, wenn die Schattenseiten und dunklen Flecken unserer Innerlichkeit ausgeleuchtet und belichtet werden und sich verziehen und auflösen.

Sicherlich wird manches, das durch das Ruhegebet in Bewegung und ans Licht gebracht wird, in unserem Alltag wieder auftauchen und nach einer Klärung verlangen. Es sollte daher in unserem Leben Menschen geben, die den gleichen Weg gehen und denen wir bedenkenlos vertrauen dürfen. Mit ihnen zusammen und ihrem Rat wird es Lösungen geben, die zu einer endgültigen Befreiung führen.

Fehlgesteuerte Sexualität wird erlöst

Viele Menschen, die ein Gott gefälliges Leben führen möchten, leiden sehr darunter, dass ihre ungeordnete und sie zum Teil beherrschende Sexualität ihnen dieses nicht ermöglicht. Trotz Anwendung von Disziplin und Strenge erleben sie bei sich keinen bleibenden Erfolg. Wir mögen unseren Willen noch so einsetzen und uns anstrengen, unsere sexuellen Wünsche zu kultivieren: Aus eigener Kraft vermögen wir nicht viel. Geben wir jedoch der göttlichen Gnade in uns Raum, wird sie sich als Erstes dahingehend entfalten, dass sie Ungeordnetes ordnet, Dunkles erhellt und uns von der Knechtschaft der Sexualität befreit. Diese Kräfte können im Menschen so stark und alles beherrschend sein, dass er sich bei ihrem Aufbrechen seiner selbst nicht mehr bewusst ist. Zwangsmaßnahmen oder gar Abtötung zerstören das von Gott gegebene kostbare Gut des Lebens und der Weitergabe von Leben.

Nur mit der Barmherzigkeit des Herrn können wir von allen sexuellen Anfechtungen und der Herrschaft dieses übermächtigen Lasters dauerhaft befreit werden. Das Ruhegebet ist eine unerlässliche Hilfe, unser Wollen auszuschalten und uns ganz, das heißt, mit dem Körper, dem Geist und der Seele Gott hinzugeben. So einfach, wie es sich hier anhört, ist es auch. Die tiefe Ruhe im Gebet geht zunächst auf den Körper über und besänftigt die sich in Aufruhr befindenden Lebenskräfte. Wir treten zu ihnen in eine eher abgekühlte Distanz und merken, wer wir eigentlich ohne sie sind, die uns so lange beherrscht haben.

Nach einiger Zeit wird uns der Schutz des Herrn als göttliches Gnadengeschenk bewusst, das wir uns nicht durch Leistung verdient haben, sondern einzig und allein durch Hingabe. Das, was im Ruhegebet geschieht, ist Hingabe oder Opferung im Sinn von Loslassen und dem Herrn Übergeben. Intellektuell kann ich diesen Vorgang nicht vollziehen; er würde nicht ganzheitlich sein, da wir dabei einen wesentlichen Teil für uns zurückhalten. Nur in der Ganzhingabe, wie sie durch das Ruhegebet vollzogen wird, ist das möglich.

Glauben wir nicht, wenn die unkontrollierten sexuellen Kräfte sich in uns beruhigt haben, der Barmherzigkeit des Herrn nicht mehr zu bedürfen und uns auf unsere eigene Willenskraft verlassen zu können. Selbst ein langer Waffenstillstand der unreinen Kräfte und Begierden sagt nicht aus, dass sie ein für alle Mal geordnet sind oder uns gar verlassen haben. Ohne den Herrn an unserer Seite und ohne die göttliche Liebe in unserem Herzen werden wir keine bleibende Ruhe für unsere Seele finden.

Die reinigende Kraft des Alleinseins

Von Zeit zu Zeit für ein paar Stunden oder gar Tage in die Einsamkeit zu gehen, unterstützt die guten Auswirkungen des Ruhegebetes. Gerade in der Zurückgezogenheit wird uns Einblick gegeben in tiefere Zusammenhänge, so dass sich der Grund manchen Tuns offenbart und sich der Sinn von vielem, was uns bisher verschlossen war, erschließt. Auch göttliche Geheimnisse offenbaren sich gern in der äußeren Stille und in der Stille unseres Herzens. Aber auch Unstimmigkeiten, eigene Schwächen und Fehler werden uns in der Einsamkeit stärker bewusst. Sie gleichen ungezügelten Pferden, die, durch die Ruhe angeregt, aus ihren auferlegten Schranken hervorbrechen. Die äußere Ruhe und die innere Ruhe, die durch das entsprechende Gebet verstärkt und vertieft werden, bringen Ungutes, das noch in uns ist, ans Licht, das heißt in unser Bewusstsein. Damit dieser Prozess nicht zu stark wird, sollte uns ein geistlicher Begleiter zur Seite stehen. Er wird gegebenenfalls unsere Gebetszeit reduzieren und uns eine sinngebende Tätigkeit empfehlen. Damit wird ein gesunder Ausgleich geschaffen, damit wir während eines so intensiven Vorgangs der inneren Reinigung unsere gesunde Mitte nicht verlieren.

Haben wir uns für einige Tage mit dem Ruhegebet zurückgezogen, müssen wir damit rechnen, dass – wie die Wüstenväter sagen – giftige Schlangen und wilde Tiere sich in unserem Inneren bemerkbar machen. Im Umgang mit anderen Menschen machen wir leicht diese für unser Unwohlsein verantwortlich. Im Alleinsein richten sich dann unsere Aggressoren gegen bestimmte Dinge. Ein Mönch erinnert sich an die Zeit als er in der Einsamkeit lebte: «In mir kam damals gegen die Schreibfeder, deren Dicke oder Dünne mir missfiel, eine starke Regung des Unwillens auf. Ich hätte sie vor Wut am liebsten zerbrochen. Ein anderes Mal war es das Messer, das mich zur Weißglut brachte, denn seine Schneide war – wie ich meinte – zu stumpf. Auch der Feuerstein erregte meinen Zorn, wenn es mir nicht gelang, den Funken auf das Brennmaterial überspringen zu lassen. Ich verwünschte dann all diese Dinge und war wütend auf sie. Nicht selten machte ich sogar dunkle und teuflische Kräfte für meinen Missmut verantwortlich.» Es ist gut, wenn uns innewohnende negative Kräfte verlassen; doch sollten wir diesen Vorgang so steuern, dass kein anderer Mensch, aber auch kein Tier, unter unserem Unmut leidet, weil wir die Ursache auf den anderen projizieren. Damit sich nicht auf einmal zu viele Spannungen in uns lösen, ist es wichtig, die angegebene Zeit für das Ruhegebet nicht zu überziehen.

Tränen während des Ruhegebetes

Eine Auswirkung des Ruhegebetes kann darin bestehen, dass sich während des Betens die Augen mit Tränen füllen. Meist ist damit eine Entlastung und Befreiung verbunden. Wir sollten uns keine Gedanken darüber machen, sondern einfach nur wissen, dass etwas Gutes mit uns vorgeht.

Das vom menschlichen Willen ungesteuerte Vergießen von Tränen stellt sich spontan ein. Es wirkt reinigend und erlösend, und wir sollten nicht eingreifen. Die Ruhe im Gebet schafft die notwendige Voraussetzung, dass etwas ausgelöst und hinweggespült wird, das uns belastet. Die im Gebet vergossenen Tränen führen eine Wandlung im Betenden herbei. Sie machen ihn feinfühlig und den Weg frei, damit Gottes Gnade in tiefere Bereiche der Seele dringen kann. Nichts steht dem Strömen der Liebe Gottes so sehr im Wege wie die Härte der Seele und die Versteinerung des Herzens.

Tränen gehören zur ersten Stufe eines jeden mystischen Gebetsweges: der Reinigung. Der Betende darf sicher sein, dass als Frucht seines Betens und der eventuell damit verbundenen Tränen die Freude der Gotteserkenntnis folgen wird.

Im Ruhegebet drängt das Herz von sich aus Gott entgegen – angezogen von seiner Liebe. Allmählich wird das Gebet zu einer von allem Geschaffenen gelösten Hingabe an den Herrn. Die von Gottes Erbarmen und seiner Größe überwältigte Seele gerät über ein Staunen ins Schweigen. Auf dem Weg dorthin lösen oft Tränen das aus, was der dem Menschen von Gott zugedachten Gnade hinderlich ist.

Der Weg wird frei

Die immer tiefer werdende Ruhe, die Körper, Geist und Seele im Ruhegebet erfahren, entspannt die entsprechend angespannten Regionen des Betenden und gibt den Weg frei für das liebende Entgegenkommen Gottes. Nicht nur körperliche Spannungen, zu denen auch die nervlichen gehören, werden gelöst, sondern auch geistige und seelische Verkrampfungen und Unstimmigkeiten. In beiden Fällen werden bislang gebundene Energien frei, die sich dann ausdrücken müssen und den Weg nach außen suchen.

Im Körperlichen zeigt sich dieser Prozess der Reinigung in Form jeglicher Art von Entspannung: tiefere Atemzüge, Gähnen, Recken und Strecken der Glieder, ungesteuerte Bewegungen, vorübergehende Schmerzen …

Wie der Körper in tiefer Ruhe all das von sich weist, was nicht zu ihm gehört und was ihn belastet, so reagieren auf feineren Ebenen auch Geist und Seele. Wenn sie Spannungen freigeben, drücken sich diese in Form von Gedanken, Stimmungen und Empfindungen aus. Mit diesem Wissen dürfte der Gedankenstrom während des Ruhegebetes für den Betenden kein Problem mehr sein, sondern zur Freude darüber werden, dass der Weg zu Gott und der von Gott zu uns Menschen frei wird, um eine Begegnung zu ermöglichen. Im Wege Stehendes und nicht zu uns Gehörendes lösen sich ab und suchen Möglichkeiten, uns zu verlassen.

Jegliches Beobachten dessen, was im Ruhegebet geschieht, ist vergeudete Zeit und bedeutet Ablenkung vom Wesentlichen. Daher kümmern wir uns im Ruhegebet um nichts, sondern kehren immer wieder sanft und leise zum Gebetswort zurück, wenn wir bemerken, dass wir es innerlich nicht wiederholen. Uns geht nichts verloren, denn alles für uns Wichtige und Wesentliche stellt sich sofort außerhalb des Gebetes wieder ein.

Durch Versenkung und die damit verbundene innere Sammlung, durch Erfahrung tiefer Ruhe und das Offen-werden für die göttliche Gnade ordnen und beruhigen sich aufgebrachte Kräfte im Menschen, die ihn bisher in Folge ihrer Ungeordnetheit und Unruhe gestört haben. Nach all den Prozessen der Reinigung und Beruhigung taucht der Betende in ein tiefes unbewegtes Schweigen vor Gott ein und nimmt etwas von der in ihm ruhenden göttlichen Ruhe und Kraft auf.

II.
Hinführung zur Praxis des Ruhegebetes

1. Was unsere Seele beschwert und befreit

 Wenn es wirklich unser tiefer Wunsch ist, dass sich das Wort an uns erfüllt: *Selig, die reinen Herzens sind, denn sie werden Gott schauen* (Matthäus 5,8), dann sollte alle Negativität nicht nur aus unserem Tun gleichsam herausgeschnitten, sondern auch aus dem innersten Kern unserer Seele mit der Wurzel ausgerottet werden. Auch das Evangelium gibt den Hinweis, die Wurzel jeglichen Übels auszureißen – nicht nur die Früchte, die ohne Zweifel von selbst absterben, wenn die Wurzel zerstört ist. Trübsinn, ständiger Ernst, Verstimmtheit, Resignation drängen das Herz aus dem Zustand der Reinheit und schwächen die Kraft der Seele bis in ihre Wurzeln. Sie schnüren das Herz zusammen und verhindern, dass es mit der ihm eigenen Heiterkeit erfüllt wird. Auch die Seele wird verschattet, anstatt lichtvoll zu leuchten.

Verwurzelung von Stress

Das Ruhegebet löst all den Stress von der Wurzel her auf, verleiht wieder Standfestigkeit, klares Denken, und jegliche Verzweiflung verflüchtigt sich. Wenn wir zu viele ungelöste Spannungen in uns tragen, entsteht Bitterkeit, die alle Winkel des Herzens überschwemmt.

Mit Gift im Herzen kann man nicht beten. Die Wüstenväter sagen, dass wir all das, woraus Sünde entsteht, bereits im eigenen Herzen tragen. Es soll zum Beispiel niemand meinen, er sei durch den plötzlichen Anblick einer schönen Frau in die Falle der sexuellen Begierde geraten. Er bedenke vielmehr, dass lediglich die in seinem Inneren versteckten und verborgenen Krankheiten an die Oberfläche kamen, als er die Frau sah. Wenn es ein Mittel zur Heilung all dieser Krankheiten gibt, dürfte niemand mehr zögern, es auch anzuwenden.

Antriebslosigkeit

Es gibt viele Menschen, deren Geist so antriebslos ist, dass sie weder imstande sind, etwas Gutes zu beginnen noch das Begonnene zu vollenden. Besonders um die Mittagszeit – so berichten sie – überfalle sie eine Art Überdruss, der ihre gesamte Aktivität lähme. Der Psalmist spricht von *der Seuche, die wütet am Mittag* (Psalm 91,6).

Was die Seele beschwert

Viele Menschen haben permanent Sorgen, und wenn diese oder jene Sorge schwindet, machen sie sich oft Sorgen um Dinge, die gar nicht zu ihrem Lebens- und Verantwortungsbereich gehören. Als Ausweg greifen sie gern zum Alkohol oder zu abhängig machenden Drogen. Übermäßige Sorgen, Rausch und Trunkenheit beschweren nicht nur die Seele, sondern sie trennen den Menschen auch von Gott. Wie viele Menschen befinden sich in einem solchen Teufelskreis und finden keinen Ausweg mehr.

Wenn äußere Armut hinzukommt, werden die Sorgen so zwingend, dass sie jegliche Religiosität überschatten und die Betroffenen bis in den Selbstmord treiben. Geht man wachen Auges durch die Welt, begegnet man einer großen, wenn nicht sehr großen Zahl verdunkelter und beschwerter Seelen. Neben spontanen und materiellen Hilfen ist es notwendig, Tore des Glaubens zu öffnen, Mut und Hoffnung zu machen und den Menschen Möglichkeiten an die Hand zu geben, aus dem sich immer mehr verfinsternden Kreis herauszutreten.

Gelingt es uns, dass der Betroffene seine Innerlichkeit auf Gott ausrichtet, sieht er für Momente von sich selbst ab. Der Kreis, bei dem das leidende Ich im Mittelpunkt steht, wird langsam aufgebrochen und eine andere, lichtere Dimension kann einleuchten. An dieser Stelle ist es sehr erleichternd, zu Gott zu seufzen und ihm alle möglichen Klagen vorzubringen. Unsere Verantwortung fordert es, einen Menschen, dem wir uns in dieser Weise zugewandt haben, nicht allein zu lassen, sondern ihn weiterhin zu begleiten.

Wenn wir ihm erklären, dass zum Beispiel das Ruhegebet auf feineren Ebenen das ganz von selbst vollbringt, was er jetzt erfahren hat, wird er sich vielleicht bereit erklären, es zu erlernen. Er muss in erster Linie wissen, dass dieses Gebet ihn mehr und mehr von allen seelischen Belastungen befreit und ihn – ohne von anderen Menschen abhängig zu werden – zu sich selbst führt. Der enge Kreis um sein Ego wird gesprengt, so dass göttliches Licht in seine Seele fließen kann und ihn von Schwere, Ballast und Beklemmungen befreit. Indem er kreative Kräfte entfaltet und gleichzeitig sich immer wieder öffnet, um Gottes Zuwendung zu empfangen, ist es durchaus gegeben, dass sich auch die materiellen Lebensumstände wesentlich verbessern.

Leidenschaft und Herzensreinheit

Die Wüstenväter kannten genau die wichtigsten Leidenschaften, die zu Verkrampfungen, Verspannungen, Konflikten und Krankheiten des Körpers und der Seele führen:

1. Sucht, übermäßig zu essen und zu trinken
2. sexuelle Zügellosigkeit
3. Geldgier, Versessenheit auf materielle Güter, Habsucht, Geiz
4. Zorn
5. Trübsinn, resignative Verstimmtheit
6. Überdruss, Trägheit des Herzens und geistliche Lustlosigkeit
7. Geltungsdrang und eitle Ruhmsucht
8. Hochmut, Überheblichkeit und Stolz

Vieles davon – und sei es auch nur ansatzweise – wohnt in unserem Inneren. Durch die Hingabe im Ruhegebet durchschauen wir diese Leidenschaften und erkennen ihre Ursachen. Wenn wir den Herrn immer wieder anrufen und um sein Erbarmen und um seine Hilfe bitten, wird er es sein, der das im Dunkeln Verborgene ans Licht bringen und die Absichten der Herzen aufdecken wird (vgl. 1. Korintherbrief 4,5).

Nach der Weisung und an der Hand des Herrn werden wir uns aufrichten und durch das Feuer all dieser Leidenschaften hindurchgehen. Durch Einsicht und durch das Gebet der Hingabe hat er uns jenes Wasser zur Verfügung gestellt, das all die in uns verhafteten dunklen Leidenschaften auslöscht. Das Ziel ist die Herzensreinheit und die damit einhergehende Freiheit und Freude.

Wenn wir auch durch *das Feuer gehen mussten, so hast du uns doch in die Freiheit hinausgeführt* (Psalm 66,12).

Das Ruhegebet als Kraftquelle

Wenn wir das Ruhegebet üben, wird es für uns zu einer Kraftquelle, die wir förmlich in Händen halten. Alles Schwere, Leidvolle oder Unerträgliche erfahren wir nicht mehr als solches, denn wir spüren, dass es vorübergehend ist und durch Gottes Gnade überwunden wird. Wir bekommen ein Gespür dafür, was der Seele schadet und fliehen es, und was der Seele gut tut suchen wir.

Für alle Menschen ist es möglich, diesen Weg zu gehen und das entsprechende Ziel zu erreichen. Ablenkungen und Versuchungen haben keine Macht mehr über uns, da wir mehr und mehr in der Liebe zu Gott wachsen.

Ernährung

Die Speisen, die wir zu uns nehmen, sollten wir sorgsam auswählen und lernen, zu unterscheiden, was unseren geistlichen Fortschritt fördert und was ihn hemmt.

Nicht nur die Beschaffenheit, sondern auch die Menge der Speisen ist in der Lage, das Herz abzustumpfen, den Geist der Trägheit zu überführen und den Leib fett werden zu lassen.

Wenn der Leib durch die übermäßige Last der Speisen gehemmt ist, kann auch der Geist nicht in rechter Weise aktiv sein. Denn nicht nur Alkohol macht den Geist trunken, sondern auch der übertriebene Genuss von Speisen bringt ihn zum Wanken, so dass das Ruhegebet kaum durchführbar ist. Wenn wir normal gegessen haben, sollten wir mindestens drei Stunden warten, bis wir mit dem Ruhegebet beginnen.

Es ist ratsam, außerhalb der Essenszeiten keine Speisen zu sich zu nehmen und das gewohnte Maß an Schlaf einzuhalten. Beides unterstützt die guten Auswirkungen des Ruhegebetes. Ist die Kraft des Geistes stark, so lässt er sich durch nichts gefangen nehmen oder gar versklaven.

Der Seele Flügel verleihen

Ist es dir schon einmal so ergangen: Du siehst einen Vogel durch die Luft fliegen und bewunderst die Leichtigkeit, mit der er dahingleitet? Vielleicht wünschst du dir, ebenso leicht und unbeschwert fliegen zu können. Dieser Wunsch scheint dir jedoch nicht realisierbar zu sein, weil du keine Flügel besitzt. Ähnlich wünschen sich viele Menschen gut zu sein und keine Bosheit oder dunklen Kräfte in sich zu haben, um in ständiger Gemeinschaft mit Gott zu stehen und seiner Liebe teilhaftig zu werden. Der Wunsch ist zwar da, doch fehlt das Können, ihn auch zu erfüllen. Die meisten machen die Erfahrung, dass selbst bei einem guten Willen der Weg zwar begonnen, aber nach einiger Zeit wieder verlassen wird, weil er nur mühsam und anstrengend zu gehen ist. Selbst bei all unserem Wollen wachsen uns keine Flügel, um uns in die Freiheit des Heiligen Geistes emporzuschwingen. *Hätte ich doch Flügel wie eine Taube, dann flöge ich davon und käme zur Ruhe* (Psalm 55,7).

Auf einem Fresko, das den im Himmel thronenden auferstandenen Herrn darstellt, stehen ihm zur Linken Maria und zur Rechten der Lieblingsjünger Johannes. Beide tragen auf ihrem Rücken weit ausladende Flügel. Bestimmt will der Maler damit aussagen, dass ihre Seelen, von allem irdischen Ballast befreit, leicht geworden sind und somit wie auf Flügeln zu ihrem Ursprung, der ewigen Anschauung Gottes, zurückkehren konnten.

Was kann ich tun, um leicht zu werden, damit auch meiner Seele Flügel wachsen, die zu Gott tragen? Was kann ich tun, um – unterstützt vom Heiligen Geist – mich aufzuschwingen und Frieden und Ruhe in Gott zu finden? Mein Tun und Denken, das nicht im Einklang mit dem Willen und der Liebe Gottes stehen, beschweren mein Leben und trennen es von Gott.

Seht, das Lamm Gottes, das die Sünde der Welt hinwegnimmt (Johannes 1,29). Doch wie wird für mich das Lamm Gottes nicht nur für meine Augen, sondern auch für mein Herz sichtbar? Es gibt mannigfaltige Wege zu diesem Ziel. Die der Asketen sind oft schwer zu gehende Wege und für diejenigen, die im Berufs- und Familienleben stehen, kaum gangbar. Doch gibt es auch andere, die mehr unserem aktiven Lebensrhythmus entsprechen und ihn unterstützen. Einer dieser Wege ist das Ruhegebet. Alle geistlichen Wege beginnen mit dem ersten Schritt, der in der Befreiung von allem besteht, was nicht zu uns gehört. Körper, Geist und Seele werden von allem Ballast entlastet, so dass wir bereits am Anfang innere Freiheit spüren. Das Schwere, das wir eventuell zu tragen haben, besetzt uns nicht mehr ausschließlich und wir fühlen uns erleichtert. Man darf sagen: Gehen wir diesen Weg weiter, haben wir das Gefühl, dass unserer Seele Flügel wachsen.

2. Der grund-legende Weg: das Ruhegebet

Geh- und verstehbare Anwege, die zu Christus und zum Vater führen, wie zum Beispiel das Ruhegebet, sind teilweise verschüttet und in Vergessenheit geraten. Meist sind es Mystiker – Menschen mit wahrhafter Glaubenserfahrung –, die an Vergangenes erinnern und Unwegsames wieder gangbar machen, indem sie die Kultur des Betens wieder beleben. Zur bleibenden Erfüllung des Lebens, die über diese Welt hinaus bis in die Ewigkeit reicht, gehören nicht nur die Aktivität und das Denken, sondern eine Liebe, die über die Menschen und die gesamte Schöpfung zur Gottesliebe führt. Sie ist ein Geschenk des Schöpfers an uns, das wir allerdings nur annehmen können, wenn wir alles «aus der Hand legen» und empfangsbereit sind.

Der Weg zum Vater

Das Ruhegebet befreit uns von allem, was nicht zu uns gehört, damit wir fähig werden, zu wachsen, mehr aus unserem Leben zu machen und die umfassende Liebe Gottes zu empfangen. Wenn wir Jesus Christus, der von sich sagt: *Ich bin der Weg, die Wahrheit und das Leben* (Johannes 14,6), als Weg annehmen und diesen Weg gehen, offenbart er uns die zum ewigen Leben führende Wahrheit. Jeden, der sich auf diesen Weg begibt, führt Christus zum Ziel seiner Existenz, zum Vater.

Einen neuen, lebendigen Weg hat er uns eröffnet, der durch den Vorhang, das heißt, durch sein irdisch-leibliches Dasein hindurchführt (Hebräerbrief 10,20).

Wie können wir Christus als Weg erkennen und ihn fort-schreitend erfahren? Nicht durch Denken und Handeln sowie nicht durch aufkommende religiöse Gefühle kann Gottes Wesen in uns zum Leuchten gebracht werden, sondern einzig und allein durch Hingabe. Das Ruhegebet, durch das wir Hingabe üben, gehört zu einem für uns alle gangbaren Weg, der lange verschüttet war. Leben wir aus einer inneren Ruhe, aus der sich uns die göttliche Gnade schenkt, klären sich von selbst unser Denken und die oft verwirrten Gefühle. Der Erfolg von all dem ist rechtes Handeln und somit die Erfüllung des göttlichen Willens.

Das Ruhegebet möchte helfen, unser Leben tragfähiger zu machen, eine umfassendere Einsicht zu gewinnen und Jesus Christus als wegweisendes Licht bewusst zu erfahren. Wir nehmen die Sehnsucht unserer Seele wahr, die sich grenzenlos in Gott entfalten möchte. Auf diesem Christus-Weg leuchtet uns seine Botschaft neu und umfassend ein und unser Herz und unser Verstand werden von seiner göttlichen Wahrheit durchdrungen.

Ewigkeit ent-decken

Einerseits sind wir an Vergänglichkeit gebunden und andererseits ruht bereits Ewigkeit in unserer Seele, die von uns ent-deckt werden muss. Christus, seine Botschaft und die von ihm eingesetzten Sakramente helfen uns, diesen befreienden Weg zur Wirklichkeit und Eigentlichkeit zu finden und zu gehen.

Das Ruhegebet öffnet uns für diese letzte Wahrheit, die Liebe, die Christus selbst ist. Um die göttliche Liebesenergie zum Strömen zu bringen und sie möglichst nicht mehr durch falsche Gedanken und unaufrichtiges Handeln zu unterbrechen, ist immer wieder das Einüben in die von Gott ausgehende Ruhe notwendig.

Das Ruhegebet besteht aus unserer Hingabe an den göttlichen Willen – bis sein Wille zu unserem Willen geworden ist. Auf diesem Erfahrungsweg wächst in uns eine Gewissheit, die wir als wahren Glauben bezeichnen können. Dieser Glaube wird nicht mehr von außen an uns herangetragen, sondern offenbart sich innerlich durch Belichtung unserer Seele.

Dein Wille geschehe – das Ruhegebet

Nachdem der Engel Gabriel in Nazaret Maria die frohe Botschaft verkündet und ihr die Geburt Jesu verheißen hatte, antwortete Maria: *Ich bin die Magd des Herrn; mir geschehe, wie du es gesagt hast* (Lukas 1,38). Mit dieser Antwort nimmt Maria die dritte Vaterunser-Bitte vorweg. Der Gott Suchende und auf Gott Hörende übt im Gebet der Hingabe seinen eigenen menschlichen Willen zurückzunehmen und letztlich sogar aufzugeben. Damit gewährt er dem Willen Gottes und seiner Gegenwart in sich Raum. Gott möchte aus Liebe zu seinen Geschöpfen und der gesamten Schöpfung seinen Heilswillen allen kundtun, damit nichts und niemand verloren geht.

Der Betende, der noch in der Begrenztheit von Raum und Zeit lebt, lernt durch das Ruhegebet seine eigenen Grenzen auf Gott hin transparent werden zu lassen. Dem äußeren und inneren Schweigen folgt eine tiefe Ruhe der Seele, in der Gott seinen wohlwollenden Willen dem Menschen offenbaren kann. Jesus hat durch sein Wort und sein Leben den Menschen gezeigt, wie es möglich ist, den Willen Gottes zu erkennen, zu bejahen und auszuführen. Gott selbst ist der Handelnde, und dem Menschen kommt es zu, den Willen Gottes in seinem eigenen Willen aufgehen zu lassen. Daher muss es im menschlichen Leben Pausen geben, die er mit dem Gebet der Hingabe füllt, um jenseits allen eigenen Tuns zum Empfangenden zu werden.

Durch das Ruhegebet, das die Haltung «Dein Wille geschehe» einübt, erfolgt der Aufbruch zu Gott schrittweise und nicht so schmerzhaft wie oft inmitten des Lebens, wenn Gott einen Menschen ruft. Das Gebet der Ruhe verspricht die beste Übung, gelassen, frei und «willenlos» zu werden und den Willen Gottes geschehen zu lassen oder gar noch geduldig auf ihn zu warten. Der Eigenwille eines Menschen kann wie eine Mauer zwischen ihm und Gott sein, ein Fels, an dem alles von Gott Kommende abprallt. Wenn er nun seinen verhärteten Eigenwillen aufgibt, dann kann er sagen: *In meinem Gott werde ich die Mauer übersteigen* (vgl. Psalm 18,30).

Da jedoch der Eigenwille dem Menschen überaus lieb ist, fällt es ihm schwer, ihn aufbrechen zu lassen oder ihn wie eine Mauer zu übersteigen. Es kann daher vorkommen, dass das Ruhegebet, das uns für den göttlichen Willen öffnet, zeitweilig als schmerzhaft empfunden wird.

Der Betende legt im Gebet der Ruhe seinen Willen in die Hände Gottes – darauf vertrauend, dass nur etwas unendlich Gutes mit ihm geschehen kann. Durch Christus, den er in seinem Gebet immer wieder anruft, steuert er auf eine langsame, endgültige Überwindung von Zeit und Tod. Lassen wir den Willen Gottes durch uns lebendig und wirksam werden, entwickelt sich schon sehr bald «das Bild des Himmlischen» in uns.

Nur zu gut wissen wir aus eigener Erfahrung, dass der Wille Gottes nicht in jedem und allem pulsiert, sondern dass immer wieder finstere und zerstörerischen Kräfte am Werk sind, die das aufstrahlende Licht unserer Seele überschatten und auslöschen wollen. Durch Christus jedoch sind wir fähig geworden, den alten Menschen in uns abzulegen, um zu einem neuen Menschen zu werden, der nach dem Bild unseres Schöpfers erneuert wird, um ihn zu erkennen und eins mit ihm zu werden (vgl. Kolosserbrief 3,10).

Konzentration, Betrachtung und Ruhegebet

Die Erfahrung unseres gewöhnlichen Betens lehrt uns, dass der Geist immer in Bewegung und in einer gewissen Unruhe ist, hin und her schwankt und immer wieder vom eigentlichen Beten abgleitet. Erinnerungen oder in die Zukunft gerichtete Erwägungen sind es, die das augenblickliche Gebet unterbrechen und es mehr oder weniger verdrängen.

Infolge einer Überfülle verschiedenster Einflüsse oder Probleme, starkem Zeit- und Leistungsdruck, fällt es unserem Geist meist schwer, bei nur einer Sache zu bleiben. Von Natur aus möchte er sich in angenehmen und schönen Situationen aufhalten, in die er immer wieder gern flüchtet. Konzentration, das heißt, den Geist auf nur einen bestimmten Inhalt oder gar Punkt zu richten und Störfaktoren auszuschalten, ist auf die Dauer anstrengend und schwer durchzuhalten.

Die Betrachtung ist im Gegensatz zur Konzentration vom Willensaufwand her wesentlich einfacher. Sie ist wie ein Aufbruch, geleitet durch eine uns tief eingestiftete Sehnsucht und ein Suchen, ein Vorstellen und Erwägen der Wahrheit. Aber auch auf diesem Weg und in dieser Bewegung kann es bereits nach kurzer Zeit zur Ermüdung oder gar Langeweile kommen.

Das Ruhegebet hingegen verlangt keine Aktivität des Betenden, sondern einfach nur Hingabe. Es führt auf sehr einfache, anstrengungslose, direkte und schnelle Weise zum Ziel des Weges und zum Endzweck jeder Handlung. Das Ziel und die Frucht des Ruhegebetes liegen vorerst in der Ruhe für Körper, Geist und Seele. Das Endziel jedoch ist ein ununterbrochenes Empfangen der Liebe Gottes und eine Gottverbundenheit, die den Betenden auch außerhalb des Gebetes nicht mehr verlässt. Diesem Endziel nähern wir uns durch kontinuierliches Beten des Ruhegebetes. Mit der gleichen Leichtigkeit, mit der Gedanken kommen und gehen, nimmt der Betende sein Gebetswort auf. Es ist, als ob er in ein Fahrzeug einsteigt, das ganz von selbst einen nach innen gerichteten Weg einschlägt. Wie ein Gegenstand im freien Fall der Schwerkraft unterliegt und von der Erdmitte angezogen wird, so erfährt die menschliche Seele eine Anziehung durch die Liebe Jesu Christi zu uns Menschen.

Und ich, wenn ich über die Erde erhöht bin, werde alle zu mir ziehen (Johannes 12,31).

Ruhegebet und körperliche Bedürfnisse

Viele ungezügelte und somit übertriebene Verhaltensweisen, wie zum Beispiel ein unkontrolliertes unmäßiges Essverhalten, können uns daran hindern, tiefere geistliche Erfahrungen zu machen. Aber auch in einer übertriebenen Abstinenz liegt eine Gefahr. Die Nahrung darf niemals ganz verweigert werden, sonst werden wir krank. Sind wir durch diese oder jene extreme Verhaltensweise aus unserer gesunden Mitte geraten, das heißt, dass wir uns von Gott entfernt haben, können wir durch unseren guten Willen einiges erreichen. Doch weitaus mehr und Wesentlicheres geschieht im Gebet der Hingabe, dem Ruhegebet. Wir erhalten Einsicht in das Notwendige und Zugang zu ihm und legen alles Überflüssige ab.

Ein treffendes Beispiel gibt uns das Verhalten des Adlers. Durch seine Fähigkeit, hoch und lange zu fliegen, erhebt er sich in die größten Höhen, ja, sogar über die Wolken der Sonne entgegen. Ihm ist es möglich und eigen, sich vor den Augen aller und dem Angesicht der ganzen Erde zu verbergen. Nach einiger Zeit jedoch wird er durch Hunger genötigt, sich in die Tiefen der Täler herabzulassen, um nach Nahrung zu suchen. Hier muss er sich für einige Zeit, um wieder in höchste Höhen aufsteigen zu können, mit Tod und Kadavern abgeben.

Selbst wenn wir tiefgreifende Erfahrungen im Ruhegebet machen, bedeutet dies nicht, dass wir auf eine ausgewogene Ernährung verzichten müssen. Überflüssige Ansprüche jedoch verlieren ihren Reiz und werden abgebaut. Durch einen geistlichen Weg werden also körperliche Bedürfnisse keineswegs ausgelöscht, sondern kultiviert und zu einer für uns gesunden Mitte geführt.

3. Aufrichtigkeit und Ausrichtung auf Gott

Im Ruhegebet ist nichts anderes wichtig, als sich immer wieder auf einen festen Punkt auszurichten, der Jesus Christus ist. Durch die unserem Geist innewohnende gute Unruhe fällt diese Ausrichtung nicht schwer, denn sie zielt auf die immerwährende geheiligte Ruhe in Gott. Jesus antwortete einem Jünger: *Wenn jemand mich liebt, wird er an meinem Wort festhalten; mein Vater wird ihn lieben, und wir werden zu ihm kommen und bei ihm wohnen* (Johannes 14,23).

Ruhe in Gott und Zuwendung Gottes

Jede Überheblichkeit und jeglicher Stolz führen dazu, vom Ruhegebet abzulassen. Daher sollten wir uns immer wieder bewusst machen:

- *Durch Gottes Gnade bin ich, was ich bin, und sein gnädiges Handeln an mir ist nicht ohne Wirkung geblieben* (1. Korintherbrief 15,10).
- *Gott ist es, der in uns das Wollen und Vollbringen bewirkt* (Philipperbrief 2,13).
- *Wer in mir bleibt, der bringt reiche Frucht; denn getrennt von mir könnt ihr nichts vollbringen* (Johannes 15,5).

- *Wenn nicht der Herr das Haus baut, müht sich jeder umsonst, der daran baut. Wenn nicht der Herr die Stadt bewacht, wacht der Wächter umsonst* (Psalm 127,1–2).
- *Es kommt nicht auf das Wollen und Streben des Menschen an, sondern auf das Erbarmen Gottes* (Römerbrief 9,16).

Die Spannkraft der Seele darf nicht erlahmen

Das Versenken in die eigene Innerlichkeit – dies geschieht ganz von selbst während des Ruhegebetes – sollte niemals über eine längere Zeit ausgesetzt werden. Es muss für jeden Menschen, der mit dem Ruhegebet beginnen möchte, möglich sein, die empfohlene Gebetszeit zweimal am Tag einzuhalten. Ist es jedoch ausnahmsweise einmal nicht möglich, spürt man, dass etwas Wesentliches fehlt oder ausgefallen ist. Dies allein schon ist Motivation, das Ruhegebet nicht zu vernachlässigen.

Die Ausrichtung auf Gott, den Schöpfer des Himmels und der Erde, verträgt keine lange Unterbrechung, denn sonst würde die Spannkraft der Seele erlahmen und einer trägen Mittelmäßigkeit und der Routine des Alltags Platz machen. Diese dann wieder abzulegen und die Seele auf Gott auszurichten, bedarf eines neuen Anfangs. Kostbare Zeit geht uns durch unregelmäßiges oder gar seltenes Beten verloren. Diese verlorene Zeit wird uns nicht mehr ersetzt.

Es ist dringend davon abzuraten, ausgefallene Gebetszeiten später nachzuholen und uns drei- oder viermal am Tag zum Ruhegebet hinzusetzen.

Befreiung

Sicher wird der Herr uns vorausgehen, wenn wir im Ruhegebet immer wieder seinen heiligen Namen anrufen, uns auf ihn ausrichten und uns auf ihn verlassen. Er wird uns von allem Belastenden befreien und das Feuer der Leidenschaften löschen, das in unserer Seele zerstörerisch brennt.

Nichts festhalten oder erwarten

Die Frage, ob der Geist in einem beständigen Zustand verharren kann, wird mit Nein beantwortet. Gerade durch das Ruhegebet findet für den Geist Erneuerung statt, selbst wenn man subjektiv das Gefühl hat, er sei völlig zur Ruhe gekommen. Es ist kaum vorstellbar, wie viel an ungenutztem Potenzial in jedem von uns ruht und geweckt werden möchte. Wird jedoch unser Geist weder gefördert, herausgefordert noch gepflegt, wird er in seiner Entwicklung stehen bleiben oder gar rückwärts gehen. Dieses Stehenbleiben ist kein permanenter Zustand, sondern es bedeutet ebenso Rückschritt.

Beim Ruhegebet, das unseren Geist zwar zur Ruhe kommen, doch gleichzeitig fortschreiten lässt, dürfen wir keine Erwartungen haben oder beobachten, wie weit er sich eventuell zum Höheren entwickelt hat. Dies kommt einem Festhalten und einem Stillstand gleich. Während eines jeden Gebetes geschieht etwas Wesentliches mit uns, das wir allerdings nicht immer wahrnehmen. Doch sollten wir darum wissen und die Ausrichtung auf Gott und die Anrufung seines heiligen Namens entsprechend wertschätzen.

Selbst unter den Heiligen ist keiner unveränderlich (vgl. Ijob 14,15). Nur Gott allein ist unveränderlich. *Du aber bleibst, der du bist, und deine Jahre enden nie* (Psalm 102,28).

Da wir auch über diese Welt hinaus wachsen, reifen und uns entwickeln möchten – im Grunde das Bestreben eines jeden Menschen – dürfen wir unser geistliches Leben niemals unterbrechen oder gar aufgeben. Im Gegenteil: Das Ruhegebet führt uns nicht nur tiefer in noch verborgene Glaubenswahrheiten ein, sondern es lässt uns auch lebendiger und wahrhaftiger an dem Mysterium der heiligen Eucharistie teilnehmen. Diese Entwicklung geschieht zwar im Verborgenen, doch nehmen wir sie dahingehend wahr, dass wir wachsende Sehnsucht in uns spüren, die heiligen Sakramente zu empfangen. Das Ruhegebet dient dazu, uns den Weg zu bereiten, damit Jesus Christus uns in seine Nähe ziehen und uns wandeln kann.

Und ich, wenn ich über die Erde erhöht bin, werde alle zu mir ziehen (Johannes 12,32).

Literatur

Die Literatur, die wir lesen, sollten wir sorgsam auswählen, indem wir uns vor dem Lesen folgende Fragen stellen: Welche Gott fernen Bilder und Gedanken werden mir beim Lesen kommen? Wird Kummer oder Betrübnis eine Folge des Lesens sein? Wie viel Stunden oder gar Tage wird mich der Inhalt des Buches insofern beschäftigen, dass er ständig durch mein Ruhegebet zieht? Wie lange Zeit benötige ich, um die Verwirrung, die sich durch das Lesen meinem Geist aufgedrängt hat, zu lösen und den ruhigen Zustand wieder herzustellen? Lohnt es sich für mich und meine geistliche Entwicklung wirklich, dieses oder jenes Buch zu lesen? Könnte es mich aufregen und meinen Geist ungut über eine längere Zeit füllen? Werde ich eventuell dem Gelesenen einen Platz in meinem Herzen einräumen, der ihm nicht gebührt?

Diese oder ähnliche Erwägungen wären nützlich, um nicht Zeit zu investieren, die mir eher Belastung anstatt Entlastung bringt. Viele Dinge begegnen uns täglich, die uns von der geistigen Ausrichtung auf Gott abbringen möchten. Im Ruhegebet beschreite ich den Weg der Ausrichtung auf Gott, die ich täglich erneuere und vertiefe. Wie belastend wäre es für meine Seele, wenn ich bewusst und aus freier Entscheidung etwas in mich aufnehmen würde, das weder meiner Gangart noch meinem augenblicklichen Bewusstseinszustand entspricht! Mit erheblichem Zeitaufwand müsste dieser Ballast dann wieder durch die Ruhe des Gebetes abgebaut werden. Vieles im Alltag möchte uns dahin zurückrufen, woher wir kamen, als wir das Ruhegebet noch nicht kannten und das Wesentliche außerhalb von uns suchten.

III.
Anleitung zum Ruhegebet

1. Worte sind überflüssig

 Das Ruhegebet löst einen inneren Glaubensvorgang aus, der nur schwer in Worte gefasst werden kann. Es ist daher ratsam, dass der Anfänger auf dem Weg des Ruhegebetes nicht über seine Erfahrungen spricht – ausgenommen zu seinem geistlichen Begleiter. Durch zu viel Reden kann die zarte Pflanze, die sich zu einem mächtigen und Früchte bringenden Baum entwickeln möchte, vorzeitig erstickt werden. Wir sollten daher viel schweigen und schweigend abwarten, wie der Herr es in uns wachsen lässt, wenn wir die entsprechenden Bedingungen schaffen.

Andererseits dürfen wir aber auch kein Geheimnis aus dem Ruhegebet machen und damit dunkle Kräfte heraufbeschwören. Wenn wir gefragt werden, sollten wir antworten – dabei jedoch den hohen Wert des Ruhegebetes und das, was es uns bedeutet, achten. Sollten wir die rechte Antwort, die wir geben möchten, nicht in Worte fassen können, ist es empfehlenswert, auf die Literatur zum Ruhegebet zu verweisen.

Ich berge deinen Spruch im Herzen

Ermächtigen wir uns nicht zu schnell und voreilig zum Lehrenden des Ruhegebetes. Jahre schweigend Erfahrungen sammeln, mit Gleichgesinnten sich austauschen, über eine lange Zeit sich Aufzeichnungen machen, um dann von einem geistlichen Lehrer ausgesandt zu werden, sollten die Voraussetzungen sein, um in der Öffentlichkeit das Ruhegebet vorzustellen. Wir spüren die rechte Zeit für uns, wenn Worte wie tiefe Wasser unseren Mund verlassen, die aus einer sprudelnden Quelle der Weisheit strömen (vgl. Sprichwörter 18,4). Zu den aus unserem Inneren von selbst aufsteigenden Worten muss dann in der Weitergabe die praktische Einübung in das Ruhegebet kommen.

Durch Worte allein wird niemand, der zudem noch abhängig ist, gebessert. Er hört und versteht sie wohl, doch richtet er sich nicht nach ihnen (vgl. Sprichwörter 29,19). *Rede nicht vor den Ohren eines Törichten, denn er missachtet deine klugen Worte* (Sprichwörter 23,9).

Vor bestimmten Menschen sollten wir die Geheimnisse unseres geistlichen Weges verbergen und sagen: *Ich berge deinen Spruch im Herzen, damit ich gegen dich nicht sündige* (Psalm 119,11).

Schweigen

Es gibt Menschen, die müssen über jede Erfahrung, die sie gemacht haben, sofort mit jemandem sprechen. Allzu oft nur drängen sie sich dabei anderen auf und ernten auf die Dauer Ablehnung. Andere hingegen – und das sind die Klügeren – behalten erst einmal alles für sich und berichten erst von ihren Erfahrungen, wenn sie danach gefragt werden. Oft dauert es lange, ein Gefragter zu sein. Wenn

Anleitung zum Ruhegebet

wir jedoch die stille Zeit vorher – trotz Zweifelns an uns selbst und trotz des Einsamseins – ausgehalten und überstanden haben, werden wir umso mehr Freude und Dankbarkeit empfinden, wenn andere gespannt auf eine Antwort von uns warten.

Ein wahrhaft Lehrender drängt sich niemandem auf, sondern erkennt den rechten Zeitpunkt, um dann aus seinem Herzen die Wahrheit zu reden. So sollte es mit den Erfahrungen des Ruhegebetes sein wie auch mit dem Wissen, das jemand durch seinen Lehrer oder durch Lektüre erworben hat. Es ist nur allzu gut verstehbar, dass wir gern das, was uns zur Befreiung hilft und immer neu zu Gutem bewegt, auch anderen mitteilen möchten. Doch vorerst ist Zurückhaltung geboten, denn wir könnten durch unseren voreiligen Enthusiasmus abstoßend wirken oder gar Erwartungen schüren, die dann von jemand anderem nicht erreicht werden.

Es ist also ratsam, vorerst mit den guten Ergebnissen des Ruhegebetes zurückhaltend zu sein und sich niemandem aufzudrängen – besonders, wenn wir nicht gefragt sind. Ausgenommen davon ist selbstverständlich unser geistlicher Begleiter oder ein Gott naher Mensch, zu dem wir Vertrauen haben. Es wird eine Zeit kommen, in der man uns fragt, was bei uns die auffallend positiven Veränderungen bewirkt hat. Wir sollten dann klar, aber kurz antworten und den anderen nicht mit zu vielen Worten überhäufen. Je mehr wir unser Geheimnis für uns behalten, umso größer ist die Wirkkraft nach außen.

Ein Mönch, der Gottes Nähe und Liebe ausstrahlte und zu dem viele Menschen kamen, um seinen Segen und Hilfe zu erbitten, sagte, nachdem er gefragt wurde, warum er immer so schweigsam sei: «Ehe ich ein Wort an die Menschen richte, richte ich zuvor hundert an Gott!»

Das Ruhegebet ebnet den Weg zum «Himmel»

Das wahrhafte Gebet ist imstande, eine Brücke vom Vergänglichen zum unvergänglich Ewigen zu schlagen, indem es die immer neue Einübung verlangt, sich vertrauensvoll einzig und allein auf Gott zu verlassen, auf seinen Heiligen Geist. Für die Zeit des Ruhegebetes zieht sich der Betende von der Außenwelt zurück und gibt jede bewusst gesteuerte Wahrnehmung, Betrachtung und Erwägung auf. Damit in seinem Inneren keine neuen Vorstellungen, Bilder und Gedanken entstehen, verzichtet er auf jegliche Eigeninitiative.

Für viele ist es am Beginn nicht einfach, alles aktive Denken zu unterlassen, denn es hat mit dem Ruhegebet nichts zu tun. Durch Nichtdenken wird das Ruhegebet immer wesentlicher; es öffnet den Zugang zum Vater im Verborgenen, indem die im Wege stehenden Barrieren abgebaut werden. Ein Hindernis auf diesem Weg jedoch sind die vielen Worte und Gedankeninhalte, die das Evangelium mit dem Wort «Plappern» bezeichnet, ebenso alle irdisch und rein materiell ausgerichteten Bitten.

Ist nicht der «Himmel» der Ort Gottes in unserem Inneren? Hier wartet der Herr auf uns. Auf diesem Weg in die Innerlichkeit, geführt vom Geist Christi, hören allmählich die Gedanken und Bilder auf, damit die Seele sich der Gegenwart Gottes bewusst wird und seine Liebe empfangen kann, die der Verstand sich niemals vorzustellen vermag. Bei diesem Rückzug der Sinne in die Innerlichkeit, dem Himmel der Seele, schließen sich ganz von selbst die Augen; sie möchten durch nichts mehr abgelenkt werden, damit der Blick der Seele umso klarer wird. Im Ruhegebet legen wir auch alle Vorstellungen von Gott ab, wachsen mehr und mehr über unsere Begrenztheit hinaus, um einmal die ganze Heiligkeit Gottes zu fassen und widerspiegeln zu können.

Sich bedenkenlos auf den Herrn verlassen

Wenn das Ruhegebet Frucht bringen soll, ist es wichtig, dass der Betende dem Schöpfer täglich und regelmäßig einen Teil seiner Zeit zurückschenkt und sich im Gebet auf Gott ausrichtet. Wenig Worte oder gar nur ein Wort sind dazu erforderlich. Das Ruhegebet sollte im Verborgenen, in Stille und Zurückgezogenheit vollzogen werden. Gott weiß, wessen wir bedürfen. Daher ist es müßig, um Dinge zu bitten, die vergehen, da sie dem zeitlichen Leben angehören. Alles Gerede hat während des Ruhegebetes keinen Wert und führt nicht weiter.

Beharrlichkeit im Gebet (vgl. Römerbrief 12,12) ist vorrangig wichtig. In der Anrufung Gottes oder unseres Herrn Jesus Christus liegt die Bitte um Heilung und Erlösung. Alles im Wege Stehende wird ausgeräumt, so dass der Himmel durch den Betenden die Erde berühren kann, um sie zu segnen. In allem, was dem Menschen begegnet, kann ein Zeichen und eine Botschaft des Himmels erkannt werden. Die Einübung der Hingabe mit Körper, Geist und Seele führt zu einer Neuwerdung des Menschen, zu einer Ganzheit, die dem ureigentlichen menschlichen Wesen entspricht.

Voll Vertrauen dürfen wir uns im Ruhegebet auf den Herrn verlassen, denn er ist größer und mächtiger als alles, und niemanden brauchen wir zu fürchten, da es keinen gibt, der ihm zu widerstehen vermöchte. Diese Worte möchten dem wahrhaft Betenden Mut machen, sich ganz auf den Herrn zu verlassen um – gestärkt durch seine Gnade – das eigene Leben nach dem Willen Gottes zu gestalten.

Arm sein vor Gott

Mehr und mehr wird unser Bewusstsein und letztlich auch unsere Seele mit dem Ruhegebet vertraut. Es verwurzelt oder verankert sich förmlich in uns. Wenn wir uns zum Gebet hinsetzen und unser Gebetswort aufnehmen und es sanft wiederholen, nimmt ganz von selbst alle gedankliche Aktivität ab. Wir haben wiederholt davon gesprochen, dass damit auch aller geistige Besitz losgelassen wird. Der Geist schwingt jetzt nur in der strengen Armut dieser kurzen Anrufung Gottes bis jener Zustand erreicht ist, den das Evangelium «selig» nennt.

Mit den Worten *Selig sind die Armen im Geist, denn ihrer ist das Himmelreich* (Matthäus 5,3) beginnt Jesus seine Lehrtätigkeit. Mit diesem ersten Wort der Bergpredigt bietet er den Menschen das Leben an. Die Armut bezeichnet in erster Linie eine geistige Haltung gegenüber Gott, der von uns keine Vorleistung verlangt.

Die Fülle und der Reichtum des Ruhegebetes liegen in seiner Armut. Für das reine Denken bedeutet dies einen Widerspruch; für denjenigen jedoch, der die Erfahrung des Armseins vor Gott im Gebet gemacht hat, ist dieses Wort Jesu einsehbar und wird für ihn zur Erfüllung. Kann es eine größere und heiligere Armut geben als diese, in der wir erkennen, dass wir aus uns selbst nichts vermögen und göttlicher Hilfe bedürfen? Hängt doch unser gesamtes Leben in jedem Augenblick und letztlich immer von Gott und seiner liebenden Zuwendung zu uns Menschen ab. Durch Hingabe führt uns Gott ein in tiefe und uns noch verborgene Schicksals- und Schöpfungszusammenhänge. Dem Betenden erschließen sich die Heiligen Schriften wie von selbst, denn ihre Wahrheit erlebt er nun als die eigene.

Anleitung zum Ruhegebet

Wenn man selbst nichts mitbringt auf dem Gebetsweg zu Gott, ist man frei für ihn, um zu empfangen. Es geht darum, im Ruhegebet Gott unser ganzes Dasein zu überlassen und somit arm vor ihm zu werden. Diese Armut, die im Ruhegebet eingeübt wird, indem wir alles hingeben und uns Gott überlassen, ist die bestmögliche Voraussetzung, von Gott angenommen zu werden und Erlösung und Heil zu erfahren.

Weitergabe des Ruhegebetes

Derjenige, der das Ruhegebet weitergibt, sollte von Grund auf im Ruhegebet erfahren sein, die Regel der Väter kennen und sich als Schüler bewährt haben. Nur so gelingt es ihm, von eigenen «Erfindungen» abzusehen und sich an die bewährten Grundsätze der Altväter zu halten.

2. Bereitung zum Gebet

Jesus, der uns kaum etwas von seinem eigenen Beten mitteilt, gibt uns hier eine konkrete Anweisung. *Du aber geh in deine Kammer, wenn du betest, und schließ die Tür zu; dann bete zu deinem Vater, der im Verborgenen ist. Dein Vater, der auch das Verborgene sieht, wird es dir vergelten* (Matthäus 6,6).

In das Verborgene kann kein menschliches Auge blicken, und somit sieht kein Mensch, ob jemand betet oder nicht. Veräußerlichung und Eitelkeit bleiben auf diesem Weg nach innen zurück. Dem Betenden geht es einzig und allein um Gott. Für die Zeit des Ruhegebetes zieht man sich von der Außenwelt zurück und gibt jede bewusst gesteuerte Wahrnehmung, Betrachtung und Erwägung auf.

Weg nach innen

Bei «geschlossener Tür» beten wir, wenn wir uns von allem Lärm der Gedanken fernhalten und mit geschlossenen Lippen innerlich den anrufen, in dessen Hand unser Leben liegt. Alles aktive Denken wird aufgegeben, so dass Körper, Geist und Seele die im Verborgenen beheimatete Ruhe in Gott finden. Wenn wir die Tür unserer Kammer schließen, werden sich die Türen zu Gott in unserem Inneren öffnen. Die uns noch verborgenen Schätze der Weisheit und Erkenntnis (vgl. Kolosserbrief 2,3) offenbaren sich und stehen uns zur Verfügung.

Für Jesus gilt im Gebet – hier ist das Ruhegebet gemeint – ein einziges Wort des Vertrauens, der Liebe und der Hingabe weitaus mehr als alle Psalmen. Dieses oftmals sanft wiederholte Wort taucht den Betenden immer mehr in die Tiefe seiner Seele ein und richtet ihn gleichzeitig von hier ganz auf Gott aus.

«Im Verborgenen» beten wir, wenn wir über die tiefe Innerlichkeit, dem Herzen, Kontakt allein mit Gott aufnehmen. Hier im Verborgenen unserer Seele findet Gottesbegegnung statt, der Himmel berührt die Erde. Widergöttliche und uns feindlich gesinnte Mächte haben an diesem Ort des Himmels in uns keine Chance mehr, uns von Gott zu trennen und uns zu Fall zu bringen.

Aufgabe der Aktivitäten

Es ist einsehbar, die Zeit vor dem Ruhegebet nicht mit besonderen Aktivitäten zu füllen und nicht abgehetzt zu beginnen. Denn alles, was uns unmittelbar vor dem Gebet beeindruckt hat, steigt während des Betens in uns wieder auf und bildet damit ein Hindernis, in eine tiefere Ruhe und Ausgeglichenheit zu kommen. Den Einstieg in das Ruhegebet können wir beschleunigen, indem wir uns vorher ruhig verhalten und keine besonderen Eindrücke mehr in uns aufnehmen. Sollte dies jedoch einmal nicht möglich sein, dürfen wir uns nicht davon abhalten lassen, uns zum Ruhegebet hinzusetzen.

Alles, was uns beeindruckt und unaufgearbeitete Spuren in uns hinterlässt, muss sich, damit wir nicht krank werden, wieder ausdrücken. Einen heilsamen Weg dazu bietet das Ruhegebet, das in einen Bereich tiefer Ruhe für

Körper, Geist und Seele führt und dabei Spannungen und Ungelöstes auflöst. Es ist ratsam, schon vor der Gebetszeit innezuhalten, weniger aktiv zu sein und möglichst alle Aufregung und Anregendes zu meiden. So sollten auch alle Gedanken, die uns vor dem Beten beschäftigen, das Ruhegebet unterstützen und somit zu einer guten Vorbereitung werden.

Neue Eindrücke meiden

Bevor wir uns zum Ruhegebet hinsetzen, können wir einige Hinweise befolgen, die uns schneller zu der ersehnten Ruhe für Körper, Geist und Seele führen. Körperlich das Notwendige zu verrichten, ist immer Voraussetzung. Dringliche Aufgaben oder Arbeiten sollten getan sein, selbst wenn wir dadurch unsere gewohnte Gebetszeit verschieben. Wenn eben möglich, gilt es natürlich dummes Geschwätz und Reden über andere generell zu meiden – vornehmlich vor dem Ruhegebet. Ebenso sollten wir auch keine neuen Denkinhalte in uns aufnehmen, weder lesen noch mit anderen diskutieren. Je leichter und unbelasteter wir einsteigen, umso schneller weitet sich unser Bewusstsein und unsere Innerlichkeit kann sich öffnen und erheben.

Was wir unmittelbar vor dem Gebet in uns aufnehmen, steigt während des Betens in uns wieder auf und schwebt uns vor. Es werden schon ganz von selbst genügend Gedanken und Gefühle in uns aufsteigen, die auf frühere ungelöste Eindrücke zurückzuführen sind. Vermeiden wir unmittelbar vor dem Gebet alles, von dem wir uns wünschen, dass es unser Gebet nicht stört.

Können wir uns in einen ruhigen Raum zurückziehen, so ist dies anfänglich äußerst unterstützend für unsere Sammlung zur inneren Ruhe.

Was uns und besonders unseren Geist vor dem Ruhegebet beeindruckt, steigt in uns wieder hoch, wenn wir uns zum Beten hinsetzen. Wir sollten – wenn es uns eben möglich ist – also in etwa die Verfassung, in der wir uns beim Beten befinden wollen, schon vor der Gebetszeit bereiten. Denn das Gebet wird von dem inneren Zustand, in dem wir uns vor dem Beten befanden, mitgeprägt. Wenn wir mit dem Ruhegebet ganz unvorbereitet beginnen, wird vieles, was wir vorher gefühlt, geredet, getan oder unterlassen haben, in uns lebendig und hält uns vorübergehend gefangen. Unmittelbar vor dem Ruhegebet sollten wir daher keine neuen Eindrücke aufnehmen und uns möglichst innerlich und äußerlich still verhalten.

Körperliche Voraussetzungen

Einerseits darf unser Geist durch Fasten und Enthaltung nicht derart erschöpft sein, dass er seine Spannkraft, Wachheit und Aufmerksamkeit verliert; andererseits darf er aber auch nicht durch übermäßige Sättigung beschwert und dadurch träge werden. Dies gilt ganz besonders für das Ruhegebet.

Unmittelbar vor dem Ruhegebet sollten wir keine Nahrung zu uns nehmen. Während des Gebetes kommen alle Organe mehr und mehr zur Ruhe, so auch die Verdauungsorgane. Es ist ratsam, nach einem warmen Essen mindestens drei bis vier Stunden zu warten, bis das Essen verdaut ist. Tun wir es nicht, werden wir unseren Magen schwer wie Blei spüren und beim Beten nicht in die gewohnte Ruhe kommen. Mit einem gefüllten Magen ist es unmöglich, einen freien und leicht beweglichen Geist zu spüren.

Es ist ratsam, die Schuhe auszuziehen, wenn wir uns zum Gebet hinsetzen, um Gottes Liebe und seine Botschaft an uns besser und sensibler zu empfangen. Mit den Schuhen legen wir auch symbolisch etwas Grobes ab, das uns hindert, auf die leise Sprache Gottes zu horchen und sie auch zu verstehen.

Der Herr sagte: Komm nicht näher heran! Leg deine Schuhe ab; denn der Ort, wo du stehst, ist heiliger Boden (Exodus 3,5).

Wer längere Zeit am Boden kniet und in dieser Haltung sein Gebet ausübt, läuft Gefahr, sich nicht nur vielen zerstreuenden Gedanken auszusetzen, sondern auch müde zu werden und einzuschlafen. Die beste Haltung für das Ruhegebet ist das aufrechte und bequeme Sitzen.

Das Ruhegebet wird im aufrechten Sitzen gebetet. Wer sich allerdings dabei hinlegt – vorausgesetzt er ist nicht krank –, wird von dunklen und bösen Gedanken und vom Schlaf befallen. Allein schon um der Bequemlichkeit und der körperlichen Erholung willen hat man den Wunsch, länger in dieser Körperlage zu verbleiben. Unter dieser Voraussetzung stellt sich dann leicht der Schlaf ein.

Das Ruhegebet wird ausgeführt in einer für den Körper erholsamen sitzenden Haltung. Die Betenden können auf dem Boden oder auf Stühlen sitzen. Durch das ausgewogene ruhige Sitzen wird jegliche körperliche Anstrengung vermieden.

Innere Einstellung

Die innere Einstellung des Betenden: Soweit es möglich ist, soll alles uns Beeindruckende und alles, was die Gedanken verwirren und vom Ruhegebet ablenken kann, zurückgelassen werden. Allein der Gedanke daran, was wirklich im Gebet geschieht – Gott begegnen zu dürfen –, möge uns helfen, uns auf Gott auszurichten und dabei alle Trägheit und Gleichgültigkeit abzulegen. Der Betende breitet in dieser Sammlung gleichsam durch die geöffneten Hände seine Seele vor Gott aus. Durch das Schließen der Augen nehmen wir keine neuen Bilder mehr wahr und wenden uns nach innen, um im Ruhegebet die Hingabe an Gott zu üben. Und indem wir uns aufrichten, um auch innerlich aufrichtig zu sein, lenken wir unsere Wahrnehmung von der Erde empor, aufsteigend zum Herrn, der den allumfassenden Kosmos geschaffen hat.

Der Ort des Betens

Auch der Platz, auf den man sich für das Ruhegebet zurückzieht, kann fördernd oder hemmend sein. Um die Ruhe und Innerlichkeit zu unterstützen und um Ablenkungen auszuschalten, sollte in der Wohnung der ruhigste Platz zum Beten ausgesucht werden. Man sorge für gute und frische Luft. Doch bevor man seinen Platz zum Beten auswählt, sollte man versuchen herauszufinden, ob

- an dieser Stelle Ungutes geschah,
- anderen Schlechtes zugefügt wurde,
- Vorteile gesucht wurden auf Kosten anderer,
- Auseinandersetzungen diesen Ort negativ belasten.

Wenn wir es eben vermeiden können, sollten wir uns besonders während des Betens keinen dunklen Kräften aussetzen. Sie belasten und hemmen nicht nur den Betenden, der sich Gott ganz öffnen möchte, sondern wirken sich auch negativ auf die Ruhe, Tiefe und Innerlichkeit des Gebetes aus. (vgl. *Origenes, Vom Gebet,* Kapitel XXXI bis XXXII. Origenes gehörte zu den geistlichen Lehrern Cassians.)

Die Körperhaltung

Die Haltung: Der Körper spiegelt die besondere Beschaffenheit der Seele während des Betens wider. Während des Ruhegebetes wird zunächst eine angenehme, unverkrampfte Sitzhaltung eingenommen. Da man sich im Ruhegebet weder äußerlich noch innerlich zu etwas zwingt, überlassen wir auch die Haltung sich selbst. Es kann sein, dass man anfangs ein wenig zusammensinkt, sich dann aber nach kurzer Zeit von selbst aufrichtet, um freier zu atmen und bequemer zu sitzen. Allmählich entwickelt sich selbstständig für Wirbelsäule und Kopf die aufrechte Haltung, die man auch die königliche Haltung nennt.

Es gibt Menschen, die sich gern auf den Boden setzen, um mit der Erde engen Kontakt aufnehmen zu können (vgl. Matthäus 26,39). Eine Verneigung oder Kniebeuge, die dem Ruhegebet vorausgehen kann, bezeugt, dass wir Gott, den wir als den Höchsten anerkennen, um Vergebung bitten und dass er uns Heilung und Heil schenken möge.

Die Himmelsrichtung

Die geografische Ausrichtung beim Beten hat einen unterstützenden Einfluss. Wegen des Sonnenaufgangs und des Sonnenuntergangs kommen dem Osten und dem Westen eine besondere Bedeutung zu. Beim morgendlichen Ruhegebet sollten wir uns dem Osten zuwenden und die Seele dorthin schauen lassen, wo der *Aufgang des wahren Lichtes* ist (vgl. Johannes 1,9; Lukas 1,78). Das wahre Licht und die wahre Sonne ist Christus, der die Seele erleuchtet.

Gegen Abend beten wir das Ruhegebet dem Westen und damit dem Sonnenuntergang zugewandt. Der Tag verabschiedet sich und wir legen im Ruhegebet alles in die Hände Gottes – freudig erwartend, dass am nächsten Morgen für uns und alle wieder die Sonne aufgehen möge. (vgl. *Origenes, Vom Gebet,* Kap. XXXI bis XXXII. Der Einfluss auf Cassians Werk ist unverkennbar.)

Gemeinsames Beten

Im Namen Jesu, unseres Herrn und Heilandes, wollen wir uns versammeln, damit die Kraft Jesu umso stärker wird (vgl. 1. Korintherbrief 5,4). Wenn sich mehrere Menschen finden, die gemeinsam beten, entsteht eine besonders dichte und gute Atmosphäre. Wer einmal diese Erfahrung gemacht hat, sehnt sich immer wieder danach, mit anderen Menschen zusammen das Ruhegebet zu beten. Da alle den gleichen Gebetsweg gehen, entsteht eine wunderbare Gemeinschaft, die in demselben Sinn und in derselben Überzeugung (vgl. 1. Korintherbrief 1,10) zusammengekommen ist und *einen Leib in Christus* (Römerbrief 12,5) bildet.

Wenn man allein oder in Gemeinschaft betet, ist auf jeden Fall darauf zu achten, dass man sich keinen dunklen Mächten aussetzt. Während des Betens haben sie einen besonders negativen Einfluss auf uns, weil sie bestrebt sind, die Ruhe zu stören und den Weg zu Gott zu blockieren. Wenn erst einmal dem Ungeist innerer Raum gegeben wird, beginnt er, uns zu beherrschen und lässt nicht mehr von uns los. Es gibt Gruppen, die mit guten Vorsätzen begannen, dann aber – ohne es oft zu bemerken – von einer dunklen Kraft beherrscht wurden. Ja, sogar ganze Völker gerieten durch falsche Ziele, Fanatismus oder Diktatur in die Knechtschaft des Bösen und wurden in die Irre geführt.

Die Versammlung im Namen des Vaters und des Sohnes und des Heiligen Geistes und das gemeinsame Gebet sind der Sammlung des Einzelnen und dem Beten im Alleingang vorzuziehen. (vgl. *Origenes, Vom Gebet,* Kap. XXXI bis XXXII. Diese Schrift war für Cassian Vorbild.)

Hat sich eine Gruppe zusammengefunden, die gemeinsam das Ruhegebet betet, so wartet derjenige, der zu spät kommt, draußen vor der Tür bis das Gebet beendet ist und das anschließende Gespräch beginnt.

Den Boden bereiten ...

Wer sein Feld bestellt, wird satt von Brot,
wer nichtigen Dingen nachjagt, wird satt von Armut
(Psalm 28,19).

Das Feld bestellen kann man auf verschiedene Weise. Haben wir das Ziel vor Augen, der Boden möge reichlich Frucht bringen, werden wir nicht müde, nach einem Weg zu suchen, der uns möglichst schnell und vielleicht auch mühelos dorthin führt. Wir sind bereit, all unsere körperlichen Kräfte einzusetzen, doch bald schon tritt Erschöpfung ein. Wir sind bereit, unsere Willenskräfte zu bündeln und auf dieses Ziel auszurichten. Und nach all dem stellen wir enttäuscht fest: Der Aufwand war groß, doch der Erfolg gering.

Wenn wir dagegen einsehen, dass der Herr es wachsen und gedeihen lässt, und wir nur die entsprechenden Voraussetzungen dazu schaffen müssen, steht uns nicht mehr ein so großer Kraftaufwand bevor. Der göttliche Sämann teilt das Saatgut in unermesslicher Fülle aus. Es liegt an uns, ob wir empfangsbereit dafür sind und den Acker unseres Lebens soweit kultiviert haben, dass die Samenkörner in guten Boden fallen, selbst sterben, damit neues Leben aus ihnen wachsen kann. Dieses Wachstum – geistlich gesprochen – besteht einerseits in einer Verwurzelung in Gott und andererseits im Grünen, Blühen und Fruchten der uns vom Schöpfer mitgegebenen Lebensqualitäten.

Das Ruhegebet verspricht, uns durch die in ihm enthaltene Hingabe an den Willen Gottes, den Lebensacker von allem Unrat zu reinigen, das heißt den Boden für die Botschaft und die Liebe Gottes zu bereiten. Wenn wir in der Zeit des Gebetes den Herrn durch ein einfaches und kurzes Gebet anrufen und um sein Kommen und sein Erbarmen bitten – so einfach und leicht, wie es Kinder vermögen – wird er uns sein liebendes Entgegenkommen nicht versagen. Dazu lassen wir alles geschehen, wie es geschehen möchte: Wir haben keine bestimmten Erwartungen, wir schreiben dem Herrn nichts vor durch spezielle Bitten, wir nehmen unseren Willen zurück und lassen ihn mit dem Willen Gottes verschmelzen. Durch diese Hingabe, die wir auch Opfer nennen dürfen, werden dunkle Schatten unsere Seele verlassen und dem aufgehenden strahlenden Licht weichen, das Jesus Christus selbst ist. Er wird uns zum Brot des Lebens und stillt unseren Hunger nach liebender Beständigkeit; er stillt unsere Sehnsucht nach ewigem Leben und schenkt uns damit Reinheit und Ruhe des Herzens. Wer jedoch nichtige Dinge an die erste Stelle seines Lebens setzt, bleibt unruhig und ständig auf der Suche nach dem Heil.

Bereitung für das Wirken Gottes

Durch das Ruhegebet strebt der Betende über die Stufen der Reinigung und der Erleuchtung Vollkommenheit an. Doch all das, was auf diesen Stufen geschieht, ist nicht Sache des Wollenden oder ein Ergebnis unserer eigenen Leistung, sondern es wird uns durch die Gnade Gottes zuteil. Wir haben einzig die Aufgabe, uns für das liebende

Entgegenkommen Gottes zu disponieren und zu bereiten.

In der Lehre der Wüstenväter sind der Weg und die Stufen des Fortschritts genau beschrieben. Sie lehren nicht allein durch Worte, sondern auch durch ihr eigenes Beispiel und ihre Erfahrungen. Dazu gehört als Erstes die Feststellung: Durch Hingabe an Gott ist mehr zu erreichen als durch eigene Anstrengung. Sind die Gnade Gottes und sein Erbarmen nicht mit uns, so ist all unser Bemühen umsonst.

Selbstverständlich müssen auch wir einen Beitrag leisten und mit der Gnade Gottes mitwirken. Auf der einen Seite vermag alle Anstrengung ohne die Gnade Gottes nichts zu bewirken. Auf der anderen Seite wird aber auch von uns verlangt, unsere Pflichten und Aufgaben zu erfüllen, zu denen eine Zeit gehört, die wir für das Gebet und damit für Gott reservieren. Das Ruhe- oder Hingabegebet können wir somit auch «Bereitung für das Wirken Gottes» nennen. *Denn wer bittet, der empfängt; wer sucht, der findet; und wer anklopft, dem wird geöffnet* (Matthäus 7,8). Ob, wann und wie Gott reagiert, liegt einzig und allein an seiner Barmherzigkeit. Sieht er jedoch unsere Bereitschaft zur Hingabe, die wir durch das Ruhegebet immer wieder einüben, wird er uns das geben, was wir gerade in dieser Lebenssituation am notwendigsten brauchen. Mehr als wir jeweils ersehnen können, möchte Gott unsere Vervollkommnung und Heilung. Nur wenn wir mit Gott, unserem Schöpfer und Heiland beginnen und uns im Gebet der Ruhe ihm anheim stellen und hingeben, wird die Güte des Herrn uns erfüllen und das Werk unserer Hände wird gelingen (vgl. Psalm 90,17).

Aufgabe des Willens

Viele Menschen glauben, ihre Intelligenz, ihre Weisheit, ihre gute Intuition, ihr schönes Äußeres und ihre Erfolge nicht durch Gottes gnädige Freigiebigkeit erhalten zu haben. Sie meinen, der Hilfe Gottes nicht zu bedürfen und gestalten das Leben ausschließlich nach ihrem eigenen Willen und ihren Vorstellungen. Sie vertrauen einzig und allein auf die Durchsetzungskraft ihres eigenen Willens, von dem sie glauben, dass durch ihn ihnen alles Gute zuströmen würde. Um jedoch in Wahrheit den Ursprung alles Guten, Gott, den Geber, zu erkennen, bedarf es im inneren Gebet der Aufgabe unseres freien Willens. Nur auf diese Weise kann der Schöpfer uns seinen Willen kundtun und uns seine Liebe schenken. Willentlich ist es nicht möglich, das Gebäude unserer eigenwilligen Lebensentwürfe abzureißen und uns erst einmal in Gott zu verwurzeln. Das Ruhegebet hilft uns, nicht nur unser eigenes Wollen loszulassen, sondern auch jeden Gedanken und unsere Vorstellungen von Gott. Da wir uns in diesem Gebet immer wieder Gott zuwenden, können sich keine dunklen Kräfte und Mächte in den frei werdenden Raum unserer Innerlichkeit stürzen, da er sich bereits mit der Liebe Gottes zu füllen beginnt. Menschen, die dagegen einzig und allein ihren eigenen Willen leben und durchsetzen, werden jene Herrlichkeit verlieren, die ihnen die Gnade des Schöpfers verliehen hatte.

Rechte Zeit und rechtes Maß

Die Investitionen beim Ruhegebet bestehen lediglich darin, sich zweimal am Tag Zeit für das Gebet zu nehmen. Alles andere fließt von selbst, wenn wir den rechten

Einstiegswinkel gewählt haben. Selbst wenn zunächst die Aussaat den Bestand an Saatgut eines Landwirtes um ein Beträchtliches schmälert, so vertraut er die Aussaat doch gern der Erde an, da er genau weiß, dass er bei der Ernte ein Vielfaches von dem, was er eingesetzt hat, zurückerwarten darf.

Wenn die Zeit für das Gebet gekommen ist, fällt es manchmal schwer, alles andere loszulassen, um sich ganz dem Einen, Gott, hinzugeben. Ebenso kann es auch umgekehrt sein: dass jemand nach Ablauf der Zeit liebend gern in seinem Ruhegebet bleiben möchte. Wenn die Zeit jedoch beendet ist, warten andere Aufgaben auf uns, die es dann zu erfüllen gilt. Haben wir einmal damit begonnen, unserem Leben durch das Ruhegebet einen religiösen Sinn und eine Richtung zu geben, sollten wir uns unbedingt an die Vorgaben halten. Dann fällt alles, was diesen Sinn vertieft und noch sinnvoller macht, leicht.

Erwartungen aufgeben

Eine wesentliche Bedingung, die zudem den schnelleren Einstieg in das Ruhegebet und seine Auswirkungen fördert, besteht darin, keine Erwartungen zu haben. Jegliches Erwarten bindet uns und fixiert uns auf das zu Erwartende. Es hindert uns somit, die größer werdende Stille in uns zu erfahren. Im Ruhegebet heißt es, alle Erwartungen, über die man vielleicht gelesen oder von denen man gehört hat, einfach zu vergessen, loszulassen und uns ganz der Anrufung Gottes hinzugeben. Wer also keine Erwartungen bestimmter Art an das Ruhegebet stellt und einfach im Vertrauen auf Gottes liebendes Entgegenkommen betet, erfüllt eine wesentliche Voraussetzung. Gebundensein an etwas lässt den Geist nicht in feinere Ebenen einer größeren

Ruhe kommen, die in der göttlichen Ruhe mündet, von der Gott beim siebten Schöpfungstag spricht.

Den Weg dorthin kann ich nicht durch eigene Anstrengung beschreiten, sondern ich werde ihn von selbst gewiesen, wenn ich loslasse und im Vertrauen auf Gott mich ihm ganz hingebe. Wenn man das Gebundensein mit dem Sklavenstand vergleicht, so werden wir durch die Übung des Ruhegebetes aus ihm entlassen und von Gott in den Stand seiner Töchter und Söhne erhoben. Dieser ist von keiner Erwartung mehr geprägt, sondern einfach nur von gegenseitiger Liebe. Wer so aufsteigt, wird durch Liebe Gott immer ähnlicher. In allem überwiegt die Freude am Guten, und Herzensglück breitet sich aus.

Nächstenliebe

Solltest du Besuch haben, der noch während deiner gewöhnlichen Gebetszeit anwesend ist, so verschiebe seinetwegen dein Beten auf eine spätere Zeit. Ein bekannter Mönch der ägyptischen Wüste sagte zu dieser Situation: «Das Ruhegebet ist immer bei mir; dich aber, den ich wieder entlassen muss, kann ich nicht immer bei mir behalten.» Das Ruhegebet und die damit verbundene Hingabe sind freiwillig; doch das Werk der Liebe zu erfüllen, fordert das Gebot.

Fasten

Ob und wie lange jemand um des geistlichen Fortschritts willen fastet, muss er selbst ermessen, indem er auf seine innere Stimme hört. Wenn allerdings auf das Fasten durch Nahrungsaufnahme eine vollständige Sättigung erfolgt, werden sofort die guten Auswirkungen des

Fastens verspielt. Zwischen dem Fasten und der sexuellen Enthaltsamkeit besteht eine enge Beziehung. Wenn allerdings auf strenges Fasten eine übermäßige Nachgiebigkeit erfolgt, dann ist alles Fasten und jegliche Enthaltsamkeit umsonst. Dies geschieht bei allem, was wir übertreiben: Es schlägt anschließend meist in sein Gegenteil um. So ist eine tägliche, mäßige und vernünftige Ernährung weitaus besser als ein strenges und lang anhaltendes Fasten. Allerdings kann auch die übermäßige Enthaltung von Speisen zur körperlichen und geistigen Ermüdung führen und somit die guten Auswirkungen des Ruhegebetes nicht nur schwächen, sondern sogar gänzlich verhindern.

Das Gebet unterstützen

Wir tragen Jesus Christus in unserem Herzen und mit ihm auch das ewige Leben.

In ihm war das Leben, und das Leben war das Licht der Menschen (Johannes 1,4).

Wer den Sohn hat (in seinem Herzen), *hat das Leben; wer den Sohn Gottes nicht hat, hat das Leben nicht* (1. Johannesbrief 5,12).

Jesus sagt selbst über sich: *Ich bin der Weg und die Wahrheit und das Leben* (Johannes 14,6a), und *Ich bin die Auferstehung und das Leben* (Johannes 11,25a). Möchten wir unseren Lebensweg mit Christus gehen, können wir gleich damit beginnen, nach Frieden zu streben, das Sakrament der Versöhnung zu empfangen und den Herrn um Heilung zu bitten. Auch in der Liebe sollten wir uns üben und ebenso in der Demut. Ein dritter und wichtiger Bereich zur Bereitung göttlichen Lebens in unserem Herzen kommt noch hinzu: Das Geschlechtsleben sollte der Ordnung Gottes entsprechen, wobei die Keuschheit des Herzens das Entscheidende ist.

Auf diese Weise kann man den Boden bereiten, in den das Ruhegebet wie ein Samenkorn eingepflanzt wird. Ist er bereits ein wenig kultiviert, wird der Same schneller aufgehen und sowohl im Erdreich Wurzeln schlagen als auch die Erdkruste durchbrechen, um seine Grünkraft zu entfalten.

Die Mitte des Kreises

Stellen wir uns einen Kreis vor, der die gesamte von Gott geschaffene Schöpfung darstellt. Von jedem Punkt des Kreises aus kann man zum Mittelpunkt des Kreises gelangen. Der Kreis und alles, was ihn von der Peripherie bis zur Mitte erfüllt, ist mehr oder weniger in Bewegung, das heißt im Entstehen und Vergehen. Der Kreis dreht sich als Rad um eine Achse, deren Mitte selbst nicht in Bewegung ist, aber alles, was ist, aus sich entlässt und wieder in sich aufnimmt. Und genau diese Mitte – es ist Gott – tragen wir geheimnisvoll verborgen in unserer Seele.

Wie weit wir auch von der Mitte des Kreises entfernt sind, dem Punkt, der selbst unbewegt alles bewegt: Wir bleiben immer in der von Gott geschaffenen Welt. Somit werden wir auch niemals – mag die Fliehkraft in heftiger Bewegung nach außen noch so stark sein – für immer von Gott getrennt sein. Fliehkräfte der Sünde und der Eigenwilligkeit erzeugen zwar eine immer größer werdende Distanz zu Gott, doch ist und bleibt er immer die Mitte, der Anfang und das Ziel der gesamten Schöpfung und somit auch unserer Sehnsucht.

Erreichen wir nun im Ruhegebet durch eine größer werdende Stille um uns und vor allem in uns, dass die Fliehkräfte keine Macht mehr über uns haben, werden wir von Gott wie von unsichtbarer Hand angezogen. Darin ist das Grundprinzip des Ruhegebetes ausgedrückt.

Wir kommen im Gebet zur Ruhe, indem wir als Erstes alle äußeren Bewegungen zurücklassen und uns einen stillen Platz zum Beten aussuchen. Nachdem wir uns gesetzt haben, schließen wir die Augen, um keine neuen äußeren Wahrnehmungen mehr aufzunehmen. Damit auch die inneren Bewegungen wie die Gedanken und die Gefühle zur Ruhe kommen, nehmen wir unser Gebetswort auf und wiederholen es ohne Anstrengung und ohne irgendeine Erwartung. Eine der Fliehkraft entgegengesetzte Kraft zieht uns nach innen und führt uns den Weg unserer Sehnsucht, der in einem Ruhen in Gott seine Erfüllung findet.

Wenn wir also im Loslassen von allem, um im Bild zu sprechen, den Mittelpunkt des Kreises berühren, werden wir schweigend in die geheiligte göttliche Stille hineingezogen. Wir dürfen in diesem Vorgang der Versenkung für Momente teilhaben an der ewigen Gegenwart Gottes und nehmen dabei etwas von seiner liebenden Ausstrahlung auf, die wir dann über das Gebet hinaus mit in unseren Alltag nehmen.

Nochmals: Bereitung zum Ruhegebet

* In der Zeit unmittelbar vor unserem Beten sollten wir möglichst keine neuen Eindrücke mehr aufnehmen. Das Gebet wird von dem inneren Zustand, in dem wir uns vor dem Beten befanden, mitgeprägt.
* Ein stiller Raum unterstützt die innere Ruhe. Wir beten im Sitzen und mit geschlossenen Augen. Weder kontrollieren wir unsere Sitzhaltung noch unseren Atem.

- Bevor wir mit dem Gebet beginnen, nehmen wir ungefähr zwei bis drei Minuten Stille auf. In der Regel stellt sich dann das Gebetswort ganz von selbst ein.

- Wir müssen uns immer wieder bewusst sein, dass das Ruhegebet ein Gebet der Hingabe ist, also keine Leistung von uns fordert, sondern sich bedenken- und anstrengungslos in uns von selbst vollzieht. Der einzige zarte Impuls, den wir geben, besteht darin, zu unserem Gebetswort zurückzukehren, wenn wir bemerken, dass es uns innerlich nicht präsent ist.

- Die Erfahrungen, die der Betende im Ruhegebet macht, können nicht subjektiv beurteilt werden. Sie sind von Mal zu Mal verschieden und wirken in menschliche Tiefen hinein, in denen eine Wahrnehmung nicht mehr möglich ist.

- Nur die Praxis des Ruhegebetes reicht in der Regel nicht aus, um auf dem geistlichen Weg die Fortschritte zu machen, die uns möglich sind. Es muss ein entsprechendes Wissen hinzukommen, das die Erfahrungen erklärt und den Erfolg des Betens umso tiefer im Bewusstsein verwurzelt.

- Nur um die Entstehung und Geschichte des Ruhegebetes zu wissen, ohne es anzuwenden, ist einseitig und bleibt ohne Auswirkung.

- Da wir dazu neigen zu vergessen und allzu leicht Fehler durch ein willentliches Eingreifen auftreten, sollten wir von Zeit zu Zeit ein Gespräch mit einem Lehrer über das Ruhegebet führen oder in der Literatur die entsprechenden Passagen nachlesen.

3. Einübung in das Ruhegebet

Die Ausübung und Entfaltung eines jeden Handwerks, die Vollkommenheit einer jeden Kunst oder Wissenschaft setzt eine bestimmte Ausbildung und stufenweise Einübung voraus. Wenn dem Anfänger die offenkundigen Grundsätze in Fleisch und Blut übergegangen sind und er somit den rechten Einstieg in sein Fach gefunden hat, wird er ganz von selbst damit beginnen, ohne große Mühe und Aufwand die jeweilige Situation auszuloten und das anstehende Problem zu lösen. Auch für das Ruhegebet gibt es bestimmte grundlegende Anleitungen, die von allen, die das Ruhegebet erlernen möchten, beachtet werden müssen. Sie bilden das Fundament für alle weiteren Entwicklungsstufen.

Annäherung an das Ruhegebet

Zunächst kann man beim Ruhegebet von einer geistlichen Gebetsübung sprechen, durch die sich der Betende auf Gott hin ausrichtet und durch die Gott innerlich gegenwärtig werden kann. Bei der Einübung in das Ruhegebet erhält der Betende ein Erinnerungsmittel oder eine Methode, die es erlaubt, Gott im Herzen tiefgreifender und im Geist bewusster zu empfangen. Durch das Mittel der Erinnerung kehrt der Betende immer wieder zu Gott zurück, wenn er merkt, dass er sich in Gedanken befindet, zerstreut und abgelenkt ist.

Ist einmal durch das Ruhegebet eine geistliche Tiefendimension erreicht, müssen wir damit rechnen, dass wir uns plötzlich in ganz profanen Gedanken wiederfinden. Es erhebt sich die berechtigte Frage: Wie kann man wieder ohne großen Aufwand und ohne Anstrengung in die tiefe Ruhe eintauchen? Bei der Einführung in das Ruhegebet erhalten wir eine bestimmte Gebetsformel, mit der wir unseren unruhigen Geist von seinem Umherschweifen zurückrufen können. Ohne ein bestimmtes Gebet und die dazu gehörige rechte Anwendung geschieht es, dass wir durch viele Gedanken hier- und dorthin gelenkt werden und somit an der Oberfläche bleiben, anstatt uns in die Tiefe zu versenken.

Beten zulassen

Bevor man in der Lage ist, einen Text zu entziffern, ist es notwendig, die einzelnen Buchstaben und die Grammatik zu kennen. Man kann sich vom Willen her noch so anstrengen: Ohne das erforderliche Rüstzeug wird man nicht in den stillen Hafen des Ruhegebetes gelangen. Alle Willensanstrengung läuft dem Ruhegebet zuwider und blockiert jeglichen Einstieg. Daher ist anfangs ein geistlicher Begleiter notwendig, der uns in das rechte Verhalten einweist. Aber auch die vorliegende Einübung erfüllt diesen Zweck.

Beim Ruhegebet geht es um etwas, das mit dem Flügelschlag eines Vogels verglichen werden kann, der sich in die Lüfte erhebt. Hat er eine bestimmte Höhe erreicht, gleitet er in seinem Flug dahin, ohne erneut seine Schwingen zu bewegen. In dieser und mit dieser Ruhe geht auch das getragene Beten vor sich oder besser: Es sollte zugelassen werden. So beginnt auch das Ruhegebet mit einem kleinen geistlichen Impuls, bis es von selbst zu schwingen beginnt. Dabei wird das Gebet immer leiser, einfacher, tiefer, wahrhaftiger und hingebender.

Das Ruhegebet schafft die bestmögliche Voraussetzung für die bewusst wahrnehmbare Gegenwart Gottes im Menschen. Indem sich der Betende hingebend öffnet, schenkt ihm Gott seine liebende und erfüllende Nähe, die der Mensch weder durch Wollen noch durch Üben erreichen kann. Wem einmal diese gnadenhafte Erfahrung geschenkt wurde, der spürt den Wunsch und die Sehnsucht, dass Gottes Gegenwart ihn niemals mehr verlassen möge.

Da wir der Erinnerung bedürfen an das, was Gottes Liebe getan hat und ständig neu im menschlichen Herzen und der gesamten Schöpfung bewirkt, richten wir uns im Gebet immer wieder auf Gott aus und öffnen uns so seinem liebenden Entgegenkommen.

Eines sollten wir wissen, bevor wir mit dem Ruhegebet beginnen: Dieses Gebet kann letztlich nicht durch methodische Übung erlernt werden. Das Ruhegebet ist ein Gebet, bei dem das Ganze unseres persönlichen und christlichen Seins als Wurzelboden mitschwingen muss. Selbst technische Vollkommenheit ist immer noch kein Beten, sondern eine Art Täuschung.

Dein Gebetswort

Stehst du im aktiven Arbeitsleben, das heißt, du gehörst keiner kontemplativen Ordensgemeinschaft an und bist noch nicht um die sechzig oder siebzig Jahre alt, solltest du dir ein kurzes Gebetswort aussuchen. Die längeren Gebete wie «Gott, komm mir zu Hilfe. Herr, eile mir zu helfen» oder «Herr Jesus Christus, Sohn Gottes, sei mir Sünder gnädig» sind eher für Mönche bestimmt und alle, die sich den ganzen Tag über mit ihrem christlichen Glauben beschäftigen.

Wähle ein Gebetswort aus der christlichen Tradition, das sich bereits seit zweitausend Jahren bewährt hat. Wenn du es dir zu eigen gemacht hast, bleibe bei diesem Wort und tausche es nicht mehr durch ein anderes aus. Durch das häufige Wiederholen lernst du es schnell auswendig, so dass weder ein Gedankenimpuls notwendig ist noch das Erinnerungsvermögen aktiviert werden muss, da sich erfahrungsgemäß das Gebetswort ganz von selbst beim Beten einstellt – innerlich. Inhaltlich oder theologisch sagt dir das Wort nichts Neues, daher halte es nicht fest auf der Ebene des Denkens, sondern lass es einfach in dein Herz fallen. An diesem Ort ist es zu Hause.

Noch eines ist sehr wichtig: Sprich dein Gebetswort nicht mehr aus, sonst würdest du es wieder an die grobe Oberfläche holen, die es ja gerade verlassen hat. Stell dir ein Samenkorn vor, das du in den Erdboden pflanzt in der Hoffnung, dass es reiche Frucht bringt. Du würdest es nicht mehr ausgraben, nur um zu schauen, ob und in wie weit es schon gewachsen ist. Das kleine Pflänzchen, das sich immer tiefer in den Boden verwurzeln und andererseits hervorsprießen möchte, will in Ruhe gelassen werden, da es nicht nur Zeit braucht, sondern auch den Vorgang des Aufbrechens und Wachsens ganz von selbst vollziehen muss. Störst du es dabei – vielleicht durch deine Neugier oder Ungeduld –, würdest du es zerstören. Genauso ist es mit deinem Gebetswort, das sich mehr und mehr deinem Lebensrhythmus, deiner inneren Gangart und gewissen dir eigenen Tiefenschwingungen anpasst, um von hier aus die dir zugedachten Wirkungen und Wandlungen zu vollziehen. Behalte es für dich, sprich es nicht mehr aus und sprich auch nicht darüber.

Lass dein Gebetswort in dein Herz hinabsteigen und kümmere dich nicht mehr weiter darum. Erfreue dich an den Früchten, die es hervorbringt. Es bildet einen Schutzwall um dich, so dass dunkle Kräfte es immer schwerer haben, dich zu erreichen und in dich einzudringen. Dein Gebetswort strahlt durch dich hindurch Frieden aus, der auf andere übergeht; es richtet dich immer neu wieder auf den Schöpfer aus, der Quelle allein Seins, die Liebe ist. Ungute Gedanken prallen an dir ab und werden nicht mehr zugelassen. Will dein Denken, das allzu leicht und gern nur spalten möchte, dir dein Gebetswort theologisch auslegen oder gar Zweifel an deinem diesbezüglichen Tun anmelden, so erteile deinem Denken eine Absage und sage ihm, du möchtest es als Ganzes bewahren und du habest kein Interesse daran, es erklärt oder zerlegt zu bekommen. Wenn du dich so verhältst, darfst du sicher sein, dass dein Denken, das immer etwas tun und in Bewegung sein möchte, zur Ruhe kommt und auch dich in Ruhe lässt.

Auswahl des persönlichen Gebetswortes

Beim Erlernen des Ruhegebetes ist es wichtig, in den Fußstapfen der Altväter zu gehen und die Tradition zu wahren. Man sollte sich nicht herausnehmen, dieses oder jenes besser zu wissen und entsprechend seinen Weg selbst auszugestalten. Auch müssen wir uns davor hüten, Unterscheidungen vorzunehmen, die nur auf unser eigenes Urteil gestützt sind. Was uns die Väter tradiert haben, sowohl durch ihre Lehre als auch durch das Beispiel ihres Lebens, danach sollten wir uns richten.

Anleitung zum Ruhegebet

Die Lehrer, die den Weg aus eigener Erfahrung kennen, können uns zuverlässig und sicher anleiten und uns erfahren lassen, dass der Weg auf keinen Fall durch das Verdienst der eigenen Anstrengung zu gehen ist.

Nur diejenigen sollen in das Ruhegebet eingewiesen werden, die sich auch wirklich nach diesem Weg sehnen. Die Wüstenväter wollten vermeiden, Menschen zu belehren, die mit etwas sehr Kostbarem, das anderen unendlich wertvoll und heilig ist, grob und fahrlässig umgehen. Denn für viele Menschen ist es schwer zu begreifen, dass – je näher sie an die letzte Wahrheit herangeführt werden – alles sich so sehr vereinfacht, dass man es kaum glauben kann. Hier besteht die große Gefahr, der die Wüstenväter zuvorkommen wollten: die Wahrheit nicht mehr ernst zu nehmen, da man meint, das Wesentliche müsse weitaus komplizierter sein und geleistet werden.

Demjenigen, der das Ruhegebet erlernen möchte, wird ein kurzes Gebet oder eine Anrufung Jesu Christi oder des Vaters gegeben. Es besteht auch die Möglichkeit, dass er sich von einer kleinen Auswahl von Gebeten eines aussucht, das jetzt für ihn zum Ruhegebet wird. Das Gebet kann in der Muttersprache sein, aber auch in Latein, Griechisch oder Aramäisch.

Das an erster Stelle stehende lautet:

Gott, komm mir zu Hilfe.

Herr, eile mir zu helfen! (Oder in lateinischer Sprache:)

Deus, in adiutorium meum intende.

Domine, ad adiuvandum me festina (Psalm 70,2).

Dieses Gebet ist vornehmlich einem mönchischen Leben zugedacht. Für Menschen, die im praktischen Leben stehen, wird eher ein kürzeres Gebet als Ruhegebet empfohlen. Aus der Tradition der Wüstenväter sind folgende Gebete überliefert:

Herr, wie es dir gefällt und nach deinem Wissen erbarme dich meiner
Herr Jesus Christus, Sohn Gottes, erbarme dich meiner, des Sünders
Herr Jesus Christus, Sohn Gottes, erbarme dich meiner
Herr Jesus Christus, Sohn Gottes, erbarme dich unser
Gott, komm mir zu Hilfe. Herr, eile mir zu helfen
Herr Jesus Christus, erbarme dich meiner
Jesus, Sohn Davids, erbarme dich meiner
Herr Jesus Christus, erbarme dich unser
Jesus Christus, erbarme dich meiner
Jesus Christus, erbarme dich unser
Herr Jesus Christus, Sohn Gottes
Jesus, Messias, Sohn Gottes
Jesus Christus, Sohn Gottes
Herr, erbarme dich meiner
Herr, erbarme dich unser
Mein Gott und mein alles
Dein Wille geschehe
Herr Jesus Christus
Herr, erbarme dich
Komm, Herr Jesus
Jesus Erbarmen
Christe eleison
Jesus Christus
Kyrie eleison
Jesus Liebe
Jesus, Herr
Herr Jesus
Maranatha
Jesus, du
Immanuel
Christos
Adonai
Jesus
Abba

Rechter Gebrauch des Gebetswortes

Hat jemand keinen geistlichen Begleiter an seiner Seite, wähle er selbst sein Gebetswort aus. Wir lesen, ja, wir beten die Folge von immer kürzer werdenden Gebeten und lassen uns viel Zeit dabei. Aller Wahrscheinlichkeit nach wird uns das eine oder andere Gebet intuitiv entgegenkommen. Geschieht dies nicht, nehmen wir ein Gebet, das uns gefällt, ohne lange darüber nachzudenken oder gar theologische oder exegetische Exkurse anzustellen. Auch sollte über die Inhalte der einzelnen Gebetsanrufungen nicht reflektiert werden. Wir wissen, dass wir uns auf einem christlichen Gebetsweg befinden und dabei den Namen Gottes anrufen – der Name, durch den nur Heil geschehen kann.

Nachdem man sich «sein Wort» ausgesucht hat, ist es nicht notwendig, zu erklären, warum man sich gerade dieses Gebet ausgesucht hat. Die Intention aller Gebete ist die gleiche. Je weniger der Intellekt bei diesem ersten Schritt in die Einübung des Ruhegebetes wie auch später bei der Ausübung beteiligt ist, umso leichter und schneller wird der Betende die ersehnte Ruhe für Körper, Geist und Seele finden. Mit diesem persönlichen Wort geht man nun langsam zum Beten des Ruhegebetes über. Zunächst wird das Gebet mehrmals ausgesprochen und dabei verinnerlicht. Schon bald spürt man, wie anstrengend es ist, laut zu sprechen, und von selbst wird man leiser. Das Ruhegebet möchte zu einem inneren Gebet werden, bei dem nur noch das Herz oder die Seele sprechen, bis auch sie verstummen und einem Schweigen Platz machen. Auf diesem Weg in die Innerlichkeit ist es wohltuend und empfehlenswert, die Augen zu schließen.

Geschieht all das anstrengungslos und ohne jegliche Erwartung, spüren wir körperlich die Schwerkraft, die uns anzieht, und seelisch-geistig die Kraft, von der Jesus im Johannesevangelium spricht: *Und ich, wenn ich über die Erde erhöht bin, werde alle zu mir ziehen* (12,32). Kommen Gedanken, die diese anziehende Kraft der Liebe Gottes unterbrechen oder gar zunichte machen – wir sollten sie als unabdingbar hinnehmen –, kehren wir bedenkenlos zu unserem Gebetswort zurück und wiederholen es innerlich. Während des Ruhegebetes sollten das Gebet und die dadurch eingeleitete tiefe Ruhe an der ersten Stelle stehen und kein Gedanke, kein Gefühl und keine Vorstellung. Daher geben wir der Anrufung Gottes immer den Vorrang und kümmern uns um alles andere einfach nicht.

Der wesentliche Schritt

Um das Ruhegebet zu erlernen, hat sich nach dem entsprechenden vorher vermittelten Wissen der Lernende ein einfaches kurzes Gebet ausgesucht, das er ganz in sich aufnimmt, um es zu behalten und sich zu eigen zu machen. Der ständig aktiv sein wollende Geist ist erst einmal damit beschäftigt, den Inhalt des Gebetes zu erfassen, zu assoziieren und Verbindungen herzustellen. Erinnerungen, Vorstellungen, Zusammenhänge wie auch Fragen werden sich einstellen.

Unabhängig von dem so forschenden Geist wird das Gebet, das zum Ruhegebet werden möchte, zunächst einmal mündlich mehrere Male wiederholt. Ist es dem Betenden vertraut geworden, wird es nicht mehr laut ausgesprochen, sondern nur noch in Gedanken wiederholt. Nachdem der fragende Geist genügend Erwägungen angestellt hat, ist der geistlich-theologische Gehalt des Gebetes mehr oder weniger erschöpft und der aktive Geist kann zur Ruhe kommen.

Beim rechten Gebrauch des Ruhegebetes, das im einfachen inneren Wiederholen des kurzen Gebetes besteht, fügt der Betende von sich aus bewusst keine neuen Gedanken hinzu, sondern nimmt alles an, wie es kommt und geht. Was geschieht, wenn der Betende sich zurückzieht und in dieser Weise das Ruhegebet aufnimmt?

- Durch das sanfte und anstrengungslose Wiederholen des Gebetes – ein geistlich-geistiger Impuls von höchster Zartheit – bleibt der Betende wach und empfindet kein Bedürfnis, einzuschlafen. Sollte jedoch sein Schlafbedürfnis nicht erfüllt sein, stellt sich ein kurzer Schlaf ein, dem er nachgeben sollte.
- Die aus einem kurzen Schriftwort bestehende Gebetsanrufung Gottes richtet den Betenden immer neu auf den Schöpfer aus und lässt somit eine bewusst gesteuerte Gedankenaktivität nicht zu.
- Das Ruhegebet ist ein einfacher und hervorragender Weg zur Begegnung mit Christus und durch ihn mit dem liebenden Du des Vaters. Das Gebet hat teil am Ewigkeitscharakter des Wortes selbst, das Christus ist.

Da die Wüstenväter größten Wert darauf legen, kurz, aber mehrmals zu beten, wird empfohlen, das Ruhegebet einmal morgens und einmal abends je zwanzig Minuten lang zu beten.

Anrufung Gottes

Die Wüstenväter haben eine Anzahl von Gebetsworten überliefert, von denen der geistliche Begleiter eines aussucht, oder wir wählen uns selbst ein Gebetswort. Auch wenn wir vorher ähnliche Gebetsweisen praktiziert haben (zum Beispiel das «Herzens»- oder «Jesusgebet» – es sei denn, dessen Praxis sei mit der hier beschriebenen identisch), sollten wir mit dem Ruhegebet einen neuen Anfang setzen und uns «unser» Gebetswort neu wählen. Dass man das einmal gewählte und ausgesprochene Wort weder laut ausspricht noch gegen ein anderes wechselt, dürfte selbstverständlich sein.

Da sich gerade zu Beginn des Ruhegebetes leicht Fehler einschleichen, die nach längerem Beten nur schwer auszumerzen sind, kann der rechte Ablauf des Ruhegebetes nicht oft genug betont werden. Der Betende sucht sich einen ruhigen Platz, verändert vielleicht noch einmal seine Sitzposition, um nicht eingeengt oder verkrampft zu sitzen, und schließt dann die Augen. Nach ein bis zwei Minuten nimmt er, wenn es nicht bereits von selbst gekommen ist, sein Gebetswort auf und wiederholt es innerlich – leicht und sanft, ohne jegliche Anstrengung. Da das Ruhegebet eine Anrufung Gottes zum Inhalt hat, beginnt bereits beim ersten inneren Aussprechen das eigentliche Gebet, das dann immer feinere Formen annimmt, bis es dem tiefen Schweigen vor Gott oder aufkommenden Gedanken Platz macht.

Viele meinen, sogenannte störende Gedanken bewusst vertreiben zu müssen. Das ist während des Ruhegebetes falsch. In diesem Hingabegebet greifen wir in gar nichts ein, sondern kehren ganz einfach zu unserem Gebetswort zurück, wenn wir merken, dass wir es innerlich nicht wiederholen. Damit erteilen wir den uns eventuell beherrschenden Gedanken und Vorstellungen eine Absage. Wenn wir somit dem Gebetswort den Vorrang geben, werden sie von selbst schwinden.

Keinesfalls konzentrieren wir uns auf das Gebetswort, sondern lassen es ziehen, wenn es weggleiten möchte. Entweder hat uns das Ruhegebet in ein tiefes Schweigen vor Gott geführt, dem Ziel des Weges, oder wir finden uns in

Gedanken wieder. Die Gedanken zeigen uns an, dass die Ruhe im Gebet einen ungelösten Eindruck in uns zum Ausdruck bringt und damit den Weg zu einer größeren Innerlichkeit frei macht. Lassen wir uns also nicht durch die aufkommende vorübergehende Unruhe stören, sondern sind dankbar für diesen Ablösungsprozess.

Sehr wichtig ist es, dass wir uns nicht um die ganz von selbst in uns aufkommenden und vorbeiziehenden Gedanken kümmern, sondern ohne Anstrengung und Erwartung unser Gebetswort wieder aufnehmen, um es innerlich zu wiederholen. Das Gebetswort hat die Aufgabe, mit ihm den Schöpfer anzurufen und uns somit immer neu auf Gott auszurichten. Dadurch bleiben wir wach und im Gebet – selbst wenn vorübergehend Gedanken wie Wolken vor der Sonne an uns vorüber ziehen. Durch das sanfte Wiederholen des Gebetswortes werden wir vor eigener bewusster Gedankenaktivität bewahrt, ebenso vor dem Einschlafen und vor Träumereien und Grübeleien.

Die Stufen des Ruhegebetes

Zunächst wird das Gebetswort mündlich einige Male ausgesprochen. Im nächsten Schritt werden wir mit dem Aussprechen immer leiser, bis wir das Gebetswort nur noch innerlich wiederholen. Dies ist die Anfangsstufe des Ruhegebetes. Ganz von selbst geht mit der Zeit das eher noch äußere Gebet in ein Gebet des Verstandes über. Der Verstand hält sich auf dieser Stufe zwar noch an die Worte des Gebetes, doch beginnt hier bereits eine Bewusstwerdung, an wen das Gebet gerichtet ist. Aus dem mündlichen Beten wird ein geistiges. Die Ausübung des Ruhegebetes, die im inneren sanften Wiederholen des Gebetswortes besteht, wirkt nicht nur beruhigend auf unseren Verstand und unser Denken, sondern hat auch einen Einfluss auf die Ausrichtung der Gedanken. Ihrer Natur nach sind sie auf alle möglichen Dinge gerichtet, wandern von hier nach dort, wobei eine gewisse Zerstreuung nicht ausbleibt. Im Ruhegebet geschieht das Gegenteil: Die Gedanken und der Verstand erfahren Sammlung. Der Verstand verweilt wie in einem Haus, da er sich an die Worte des Gebetes hält, die Verstand und Gedanken immer wieder durch die Anrufung des göttlichen Namens auf den Herrn ausrichten.

Unser Geist ist unruhig und oft regelrecht zerrissen, hin und her geworfen wie ein Schiff auf dem stürmischen Meer, das hier infolge der Gewalt der Wellen und Wogen keinen Ort der Ruhe finden kann. So wird auch der Verstand von der Bewegung aller möglichen Gedanken bestürmt und kann nicht zur Ruhe kommen, solange ihm nicht der eigentliche Ort der Ruhe zugänglich ist.

Kommt alle zu mir, sagt Jesus, *die ihr euch plagt und schwere Lasten zu tragen habt. Ich werde euch Ruhe verschaffen* (Matthäus 11,28). Ja, Jesus selbst ist dieser Ort der Ruhe, der sichere Hafen für unsere Seele. *Lernt von mir*, so fährt er fort, *so werdet ihr Ruhe finden für eure Seele* (Matthäus 11,29).

Das Ruhegebet ist nichts anderes, als immer wieder den inneren Blick auf Christus zu richten, den absoluten Ort der Ruhe inmitten der sich ständig verändernden Welt.

Nach und nach geht das Gebet des Verstandes durch die Barmherzigkeit Gottes in das Gebet des Herzens über. Zuerst sind es nur kurze Augenblicke, in denen wir spüren, dass wir all unser Wollen in die Hände Gottes gelegt haben und sein Wille an uns geschieht. Das Wesen Gottes strömt ein in unser Herz, und wir sind erfüllt von seiner Liebe. Dieser Zustand ist ein sehr begnadeter. Anfänglich ist er jedoch von so kurzer Dauer, dass wir ihn oft gar nicht wahrnehmen. Es bleibt eine Sehnsucht im Betenden zurück, sich durch die Erfahrung tiefer werdender Ruhe erneut in die Gottesnähe und Liebe Gottes fallen zu lassen.

Unserer Seele ist etwas vom Wesen Gottes eingeprägt, und sie hat das unbändige Verlangen, sich mit dem Wesen Gottes zu vereinen. Das Ruhegebet kommt dieser Sehnsucht entgegen, indem es zunächst alle Hindernisse auf dem Weg der Vereinigung mit Gott ausräumt, uns dem göttlichen Wesen näher bringt, vor allem aber unser Herz öffnet für die uns entgegenkommende Liebe Gottes. Wir empfangen das göttliche Licht, die Liebe Gottes in Fülle, so dass wir einmal einen Zustand erreichen, in dem wir in Gott bleiben und Gott in uns.

Bleibt in mir, dann bleibe ich in euch. Wie die Rebe aus sich keine Frucht bringen kann, sondern nur, wenn sie am Weinstock bleibt, so könnt auch ihr keine Frucht bringen, wenn ihr nicht in mir bleibt. Ich bin der Weinstock, ihr seid die Reben. Wer in mir bleibt und in wem ich bleibe, der bringt reiche Frucht; denn getrennt von mir könnt ihr nichts vollbringen (Johannes 15,4–5).

Erste Erfahrungen auf dem Weg

Die Offenbarung des Ruhegebetes oder *hesychastischen Gebetes* – *Hesychia* heißt übersetzt «Ruhe» – geschieht bei den Wüstenvätern in einer Art Initiation. Der Gott Suchende wird schrittweise in das Geheimnis des Ruhegebetes eingeweiht. Ohne das bewusste Hinzutun eigener Gedanken wird das einfache kurze Gebetswort sanft innerlich wiederholt. Durch das anstrengungslose innerliche Wiederholen des Ruhegebetes nimmt die vielfältige Gedankenaktivität von selbst ab und eine gewisse Ruhe wird körperlich und psychisch spürbar. Dies ist so zu erklären, dass die tiefer werdende und anhaltende Ruhe aufgestaute Spannungen löst. Der Betende, selbst wenn es ihm anfänglich noch nicht bewusst ist, drückt im Ruhegebet sein Vertrauen und seine Zuversicht, seine Zuneigung und seine Liebe zu Gott aus. Damit stellt er nicht nur sein Gebet, sondern auch sein Leben unter den göttlichen Schutz.

Allen Menschen, die sich allein oder alleingelassen fühlen, die sich sinnentleert vorkommen, sich zurückgesetzt fühlen oder gar an der Liebe Gottes zweifeln, die unter einem geistigen oder seelischen Druck stehen und in ihrem Leben Angst haben, wird ein sicheres Gefühl von Angenommensein geschenkt. Dem Betenden wird schon nach kurzer Zeit bewusst, dass der Vater, der Sohn und der Heilige Geist stets in ihm gegenwärtig sind und ihn auf all seinen Wegen begleiten.

Indem das Ruhegebet ein Zuviel abbaut und ein Zuwenig wieder auffüllt, führt es den Betenden in seine gesunde Mitte und damit auf den lebenswahrhaftigen Grund seiner Seele, in der Gott gegenwärtig ist. Jeder Lebenssituation können wir mit dem Ruhegebet begegnen und gewiss sein, dass Wandlung zum Besseren hin erfolgt.

Das Ruhegebet beginnen und beenden

Vor dem Ruhegebet sollte man weder körperlich noch geistig große Unternehmungen starten, sondern – wenn es eben möglich ist – sich ein wenig Ruhe gönnen. Auf diese Weise tragen wir nicht so viel Unruhe und keine neuen Eindrücke mit in unser Gebet. Wir setzen uns bequem hin, machen ein Kreuzzeichen und schließen die Augen. Wenn wir noch einmal die Augen öffnen und unsere Sitzposition verändern, ist das in Ordnung. Dann schließen wir wieder die Augen, und nachdem wir etwas tiefer eingeatmet haben, atmen wir lange aus und lösen uns nach einigen Atemzügen von der bewussten Atemführung im Wissen, dass es ganz von selbst in uns atmet, wie es auch einmal ganz von selbst in uns beten wird. Wenn das Gebetswort sich nicht von selbst einstellt, nehmen wir es ganz leicht und einfach auf, so wie den leisen Hauch eines Gedankens.

Nach anfänglichen Hilfen durch eine Uhr entwickelt der Betende ein Gespür für die gewohnte Gebetszeit und kommt ganz von selbst zur rechten Zeit aus dem Ruhegebet. Er braucht keine Sorge zu haben, dass er das Ruhegebet überzieht. Wie ein Fahrzeug, das rückwärts fährt, nicht unmittelbar vorwärts fahren kann, sondern erst zum Stillstand gebracht werden muss, so verhält sich der Betende auch im Ruhegebet. Er wiederholt innerlich sein Gebetswort nicht mehr, lässt die Augen aber noch geschlossen. Wie das Gebet mit einem Kreuzzeichen und einigen Minuten Ruhe begonnen wird, so beenden wir es auch.

Wir nehmen die Atmung tiefer in uns hinein und lassen es zu, wenn sich beim Einatmen die Bauchdecke hebt und sie sich beim Ausatmen senkt. Wie wir das Ruhegebet begonnen haben, so beenden wir es jetzt und kommen vom Schweigen wieder langsam in die Aktivität. Der Weg führt vom Berühren des Unbegrenzten zurück zu unserem begrenzten Bewusstsein, vom Nicht-Denken zum Denken, von der tiefen Ruhe für Körper, Geist und Seele zur inneren Bewegtheit und dann zur äußeren Bewegung, von geschlossenen Augen zu geöffneten und vom Sitzen über das Stehen zum Gehen.

Selig, die arm sind vor Gott

Im Ruhegebet üben wir uns darin, keine eigenen Gedanken bewusst zu denken, keine Vorstellungen aufzubauen und keine Bilder zu malen, sondern immer wieder das Gebetswort aufzunehmen und es sanft innerlich zu wiederholen. Es ist ein Einüben der ersten Seligpreisung, die uns Jesus in der Bergpredigt gibt. *Selig, die arm sind vor Gott; denn ihnen gehört das Himmelreich* (Matthäus 5,3). Ein Schüler war auf dem Weg des Ruhegebetes so weit, dass er zwar seine eigenen Willensimpulse abgeben konnte, aber das rechte Loslassen war ihm noch nicht eigen. Da sagte der Lehrer zu ihm: «Den eigenen Willen hast du ausgezogen, die Armut des Geistes aber nicht angezogen!»

Der Name Jesus Christus

Im Namen «Jesus Christus» sind allmächtige Kräfte verborgen. Seinen Namen anzurufen bringt Heil, indem als Erstes unsere Seele von Schlacken befreit wird und somit die heilende und heiligende Kraft Gottes in uns wirken kann. *Aber ihr seid reingewaschen, seid geheiligt, seid gerecht geworden im Namen Jesu Christi, des Herrn, und im Geist unseres Gottes* (1. Korintherbrief 6,11b).

Es ist und bleibt ein göttliches Geheimnis, dass Gott in der ganzen Fülle seiner Gottheit in der heiligen Eucharistie zugegen ist. Dieses Geheimnis kann nur im Geist geschaut und vom Herzen wahrgenommen werden. Der Empfang des Leibes und des Blutes Christi heiligt unser inneres Wesen, erleuchtet unseren Geist und erfüllt das Herz mit Liebe. Das Ruhegebet bereitet Körper, Geist und Seele, damit die Liebe Gottes schneller und ungehinderter in uns einfließen und uns wandeln kann. Der Name Gottes, den wir im Gebet und beim Empfang der heiligen Eucharistie anrufen, bleibt nicht nur ein Wort, sondern in seinem heiligen göttlichen Namen ist Gott selbst anwesend, und wo Gott anwesend ist, dort heiligt er alles.

Als tiefes Schweigen das All umfing und die Nacht bis zu ihrer Mitte vorgerückt war, da stieg Gottes allmächtiges Wort vom Himmel herab (vgl. Weisheit 18,14) und wurde vom Erzengel Gabriel auf die Erde zu Maria getragen. Durch ihr Ja nahm es menschliche Gestalt an und wurde in allem uns gleich, außer der Sünde. Gott der Vater hat seinem Sohn den Namen verliehen, der größer und mächtiger ist als alle Namen, damit alle den Namen Jesus Christus verehren und bekennen: *Jesus Christus ist der Herr – zur Ehre Gottes des Vaters* (Philipperbrief 2,11).

In den Psalmen preist David den Namen des Herrn, der ewig Bestand hat und in dem alle sich segnen sollen: Könige, Männer und Mädchen, Alte und Junge. Sie sollen den Namen des Herrn loben von nun an bis in Ewigkeit, denn bereits sein Name allein ist erhaben und Gott selbst hat ihn über alles verherrlicht (vgl. Psalm 72; 148; 113; 138). Im Namen Jesu Christi heilt Petrus einen Mann, der von Geburt an gelähmt war. *Und weil er an seinen Namen geglaubt hat, hat dieser Name den Mann hier, den ihr seht und kennt, zu Kräften gebracht* (Apostelgeschichte 3,16a).

Allmächtig sind die Kräfte, die im Namen Jesus Christus verborgen sind. Auch Paulus heilt im Namen Jesu Christi. In Philippi befahl er dem unreinen Geist, der in einer Magd lebte, im Namen Jesu Christi diese Frau zu verlassen. Und im gleichen Augenblick geschah die Heilung (vgl. Apostelgeschichte 16,16–18). Im Namen Jesus Christus ist eine derartige Macht enthalten, die in der Lage ist, die Gesetze der Natur zu entgrenzen und Wunder zu wirken.

Alles, um was ihr in meinem Namen bittet, sagt der Herr im Gespräch über den Weg zum Vater, werde ich tun, damit der Vater im Sohn verherrlicht wird. Wenn ihr mich um etwas in meinem Namen bittet, werde ich es tun (Johannes 14,13–14).

Ist es nicht etwas sehr Großes und Erhabenes, wenn wir auf dem Weg sind, seinen kostbaren Namen unauslöschlich in unser Inneres zu gravieren, um ihn dann für immer in unserem Herzen zu tragen? Der Name Jesus Christus offenbart uns die Fülle des geistlichen Lebens, ja, durch das Ruhegebet wird dieser geheiligte Name zum wahrhaft lebendigen Urgrund unserer Existenz.

Das Geheimnis des Gebetswortes

Diese Worte, auf die ich dich heute verpflichte, sollen auf deinem Herzen geschrieben stehen (Deuteronomium 6,6).

Das, was Mose hier von den Geboten Gottes sagt, gilt auch für das Ruhegebet. Durch die häufige innere Wiederholung wird die Schwingung des Gebetswortes allmählich zur Schwingung des Betenden selbst. Das Gebet wird zu unserem eigenen ganz persönlichen Gebet, denn es verwurzelt sich mit der Zeit des Übens in tiefen Bereichen unserer Innerlichkeit. Es sollte daher weder laut ausgesprochen noch gegen ein anderes Wort ausgewechselt werden.

Es gibt Menschen, die meinen, sich ein anderes Gebetswort aussuchen zu müssen, weil sie angeblich zu wenig Fortschritte auf ihrem Gebetsweg machen. Das ist eine irrige Ansicht. Wir sollten ein für alle Mal bei dem für uns bestimmten oder von uns selbst ausgesuchten Gebetswort bleiben und es nicht mehr aussprechen.

In aller Deutlichkeit erteilen die Väter immer wieder diesen Hinweis. Sie vergleichen das Gebetswort mit einem

Samenkorn, das in die Erde hineingelegt wird, um Frucht zu bringen. Der nicht von außen sichtbare Wachstumsvorgang beinhaltet ein Sterben des Samenkornes; es bricht auf, um neues Leben hervorzubringen: Die Wurzeln wachsen in die Tiefe der Erde, und die junge Pflanze, die grünen, blühen und fruchten möchte, wächst aus der Erde zum Himmel empor. Ähnlich geschieht es auch mit dem Wort im Ruhegebet: Es bricht in der Stille auf, um sich einerseits in der nicht sichtbaren jenseitigen Welt zu verwurzeln, und andererseits, um in der sichtbaren Welt Früchte zu tragen.

Gräbt man das Samenkorn aus, um nachzuschauen, ob und inwieweit es gewachsen ist, wird man es zerstören. Auch Bäume, die zu oft umgepflanzt werden, fassen keinen Boden mehr und verdorren. So ergeht es auch dem Wort im Ruhegebet: Spricht man es aus, so wird es aus der Tiefe entwurzelt und wieder an die grobe Oberfläche geholt. Damit verliert es sein inneres Geheimnis und seine Wirksamkeit. Wenn man es im Ruhegebet einmal verinnerlicht hat, sollte man sein Gebetswort weder aussprechen noch gegen ein anderes auswechseln.

Diese meine Worte sollt ihr auf euer Herz und auf eure Seele schreiben (Deuteronomium 11,18a).

Wenn sich das Gebetswort verändert ...

Es ist ein Zeichen rechter Anwendung des Ruhegebetes, wenn es sich während der Gebetszeit verändert. Damit ist allerdings nicht gemeint, dass es sich in ein anderes Gebetswort wandelt. Indem ich mich nicht auf mein Gebetswort konzentriere, es festhalte oder es gar in einem gleichbleibenden Rhythmus wiederhole, gebe ich ihm die Möglichkeit der Veränderung. Wie den von selbst aufkommenden Gedanken, so lasse ich auch meinem Gebet freien Lauf.

Wenn Gedanken, Bilder oder Vorstellungen das Gebet verdrängt haben und mir dieses bewusst wird, kehre ich zum Gebetswort zurück und gebe ihm den Vorrang. Vielleicht ist es jetzt von anderer Qualität als vorher: leiser, sanfter, zarter, feinfühliger. Es kann uns aber genauso gut auch lauter, energischer, vordergründiger oder strenger erscheinen. All diese Veränderungen des Gebetswortes zeigen, dass wir es nicht krampfhaft festhalten oder wir uns gar an ihm festhalten, sondern ihm im Zuge der Hingabe freien Lauf lassen. Bemerken wir jedoch, dass wir es nicht präsent haben, kommen wir darauf zurück, es innerlich einfach und sanft zu wiederholen.

Höchst begnadete Augenblicke, in denen kein Gedanke aber auch das Gebetswort nicht in uns präsent sind, nehmen wir in der Regel erst wahr, wenn sie vorüber sind. Dieses Ziel des Ruhegebetes kann uns allerdings nur geschenkt werden, wenn wir bereit sind, uns während der Gebetszeit ganz hinzugeben – und dazu gehört nicht nur die Veränderung unseres Gebetswortes, sondern auch, dass wir sein Schwinden zulassen.

Hingabe schafft Rettung

Das Ruhegebet wird auch *Gebet der Hingabe* genannt. Durch die sanfte innere Wiederholung des Gebetswortes tritt – nachdem im Wege Stehendes ausgeräumt ist – für Körper, Geist und Seele eine wohltuende Ruhe ein. Auf diesem Weg nach innen gibt es für den Betenden Phasen, in denen keine Gedanken aufsteigen und er auch sein Gebetswort innerlich nicht wiederholt. Er erfährt, dass dieses tiefe Schweigen vor Gott sich ihm ohne jegliche Anstrengung schenkt. Niemand erwartet etwas von ihm und er muss nichts leisten.

Um diesen Weg der Hingabe zu gehen, sind weder ein Tun noch die Schärfe des Verstandes und des Denkens notwendig. Der Betende nimmt innerlich sein Gebetswort auf und richtet sich damit ganz auf Gott aus, der jetzt zum Mittelpunkt des Gebetes wird. Diese leise Aktivität ist vorerst noch erforderlich, um nicht einzuschlafen oder in Tagträumereien zu fallen. Die Aufgabe jeglichen Tuns und Denkens, aller in uns aufsteigender Bilder und Gedanken, ja, sogar der Gottesvorstellung können wir Selbsthingabe nennen. Das, was wir sind und haben, opfern wir dem Herrn – gleich Abraham, der das Liebste, was er auf der Welt besaß, Isaak, seinen einzigen Sohn, Gott hingab. Dieses Loslassen vor Gott ist innerlich zu verstehen. Es geschieht, ohne bestimmte Erwartungen zu haben, in dem Bewusstsein, dass Gott unsere Opfergabe annimmt und wir eine neue Gabe von ihm erhalten, die um ein Vielfaches größer und reicher ist. Durch Hingabe werden wir zu Empfangenden einer Gabe, die Gott uns jetzt zur Aufgabe gibt, um auch andere Menschen an der sich selbstverschenkenden Liebe Gottes teilhaben zu lassen.

Nur durch Aufopferung all dessen, was uns am liebsten ist, und durch Hingabe unseres Seins mit all seinen individuellen Ausformungen können uns die Gnade und der Wille Gottes am besten erreichen und uns wandeln. Wir machen durch Hingabe im Ruhegebet die wunderbare Erfahrung, dass sowohl unser inneres als auch unser äußeres Leben mit weitaus Größerem bereichert wird als das, was wir hingegeben haben.

4. Praktische Hinweise

Alle, die mit dem Ruhegebet begonnen haben, berichten, dass es trotz anfänglicher Skepsis möglich ist, das Ruhegebet zweimal täglich zu beten. Zwischen dem Morgen und dem frühen Abend muss es einfach zwei stille Zeiten geben, in denen jeder sich zum Gebet zurückziehen kann. Dem Herrn, der uns unsere Lebenszeit in dieser Welt schenkt, stellen wir uns im Ruhegebet ganz zur Verfügung und werden zu Empfangenden seiner Liebe. Gleichzeitig entspannt sich heilvoll unser Nervensystem; wir ruhen uns aus von unserer Arbeit, von aller bewusst gesteuerten Gedankenaktivität und stehen erfrischt und gestärkt am Ende unseres Ruhegebetes wieder auf. Doch nicht nur unser Körper benötigt Entlastung und Pflege, sondern vornehmlich auch unsere Seele.

Das Ruhegebet zuerst – alles andere danach

Da das Ruhegebet unser gesamtes Leben bereichert, sollte es an erster Stelle stehen. Dies gilt nicht nur zur besseren Erfüllung unserer Aufgaben und Pflichten, sondern auch für unseren Glauben. Das Ruhegebet befreit von allem Ballast und allem im Wege Stehenden und wird somit zu einer hervorragenden Voraussetzung zum Empfang der Sakramente. Viele Betende berichten, dass sie durch das

Ruhegebet die beste Bereitung erfahren, um tiefgreifender und einsichtiger am Gottesdienst teilzunehmen und die Kommunion zu empfangen. Durch Denken oder gar Willensanstrengung nähert man sich nicht dem Geheimnis der Liebe Gottes, sondern nur durch Hingabe. Vor jedem Auftrag, der uns von Gott und den Menschen zugewiesen wird, sollten wir immer und immer wieder die Kraft erbitten, ihn auch im Einklang mit dem Schöpfungsganzen ausführen zu können.

Durch das Ruhegebet wird unser inneres Gleichgewicht gekräftigt oder wiederhergestellt, und wir können all das leichter einordnen, was uns bewegt, das verkraften, was uns beeindruckt, und das leisten, was das Leben von uns fordert. Sollte es da nicht selbstverständlich sein, das Gebet an die erste Stelle unseres Lebens zu setzen, um alles andere danach anzugehen und auszuführen?

Gebetszeiten

Bereits im Gesetz des Mose ist das morgendliche und das abendliche Gebet verankert – und das täglich.

Herr, am Morgen hörst du mein Rufen, am Morgen rüst' ich das Opfer zu, halte Ausschau nach dir (Psalm 5,4).

Herr, früh am Morgen tritt mein Gebet vor dich hin (Psalm 88,14).

Wie ein Rauchopfer steige mein Gebet vor dir auf; als Abendopfer gelte vor dir, wenn ich meine Hände erhebe (Psalm 141,2).

Als es Abend wurde, begab er sich mit seinen zwölf Jüngern zu Tisch ... Während des Mahls nahm Jesus das Brot und sprach den Lobpreis (Matthäus 26,20.26).

Zweimal täglich – am Morgen und am Abend – sollte das Ruhegebet gebetet werden. Einmal, um die Dunkelheit der Nacht, die sich auch teils in der Seele ausbreitet, zu vertreiben und zum anderen am Abend, um unverarbeitete Eindrücke und Tagesreste aufzulösen und dankbar den vergangenen Tag in die Hände Gottes zu legen.

Sollte jemand aus irgendeinem Grund das Morgen- oder Abendgebet verpassen, komme er nicht auf den Gedanken, am darauffolgenden oder dem nächsten freien Tag das Gebet als drittes Ruhegebet nachzuholen. Unser Rechnen geht nicht auf!

Wenn allerdings jemandem an einem Tag ein besonderes Ereignis bevorsteht (Gerichtsverhandlung, Operation …) ist es ratsam, ein drittes Mal das Ruhegebet zu beten.

Dauer des Gebetes

Die Zeit des Ruhegebetes sollte eher kürzer als zu lang sein. Durch die tiefe Ruhe werden negative Kräfte und Unerlöstes in uns mobilisiert. Dies drückt sich dann in den verschiedensten Gedanken und Gefühlen aus, die alle die Neigung haben, uns vom Ruhegebet abzuhalten. Durch die Kürze des Ruhegebetes – wir haben uns auf zweimal zwanzig Minuten am Tag geeinigt – entgehen wir einer zu großen plötzlich auftretenden Negativität, die auch noch außerhalb der Gebetszeit andauern kann.

Ausnahmen

Es wird vorausgesetzt, dass wir uns für das Ruhegebet Zeit nehmen und es nicht während anderer Tätigkeiten «nebenbei» beten. Hierzu eignen sich bestimmte Stoßgebete, jedoch nicht das Ruhegebet. Wenn wir uns im Ruhegebet auf den Schöpfer ausrichten, gibt es nichts Größeres und Höheres, als uns ihm ganz hinzugeben.

Das Ruhegebet sollte – wie bereits erwähnt – zweimal täglich zwanzig Minuten lang gebetet werden – einmal morgens und einmal abends. Es ist darauf zu achten, dass es nicht unter Zeitdruck geschieht und nicht unmittelbar vor dem Schlafengehen. Durch den belebenden Charakter des Ruhegebetes können sich Einschlafschwierigkeiten einstellen. Ferner ist zu beachten, dass immer vor den Mahlzeiten gebetet wird und nicht nachher. Betet man nach dem Essen, macht man die Erfahrung, dass man die Speisen wie Blei im Magen fühlt und man sich übergeben möchte oder es gar muss.

Immer wieder weisen die Wüstenväter darauf hin, nicht zu lange zu beten. Selbst wenn man es gut meint, sollte man sich auf keinen Fall ein drittes oder gar viertes Mal zum Ruhegebet hinsetzen. Schmerzhafte Erfahrungen eines Zuviel zeigen, dass die relativ kurze Gebetszeit einzuhalten ist. Es gibt jedoch Ausnahmen – durch besondere Umstände bedingt:

- ◆ Erwartet eine Frau ein Kind und geht keiner regelmäßigen Arbeit nach, kann sie häufiger und länger das Ruhegebet beten.
- ◆ Stehen besondere Ereignisse bevor – wie zum Beispiel eine Untersuchung, ein Gerichtstermin, eine Rede, ein Fest, bei dem wir im Mittelpunkt stehen, eine längere Reise, eine wichtige Entscheidung … – ist es ohne Weiteres möglich, ein drittes Mal am Tag zu beten, eventuell dann auch unmittelbar vor dem Ereignis.
- ◆ Hat ein Kranker das Bedürfnis zu beten, kann er so oft und so lange er es möchte das Ruhegebet aufnehmen. Im gesunden Zustand wird das Ruhegebet auf-

recht sitzend gebetet; für einen Kranken jedoch ist das Ruhegebet auch im Liegen heilsam.

◆ Wenn es ihnen gut tut und sie nicht mehr berufstätig sind, können ältere Menschen ihre Gebetszeit erhöhen und das Ruhegebet ein drittes Mal am Tag beten.

Unruhe während des Betens

Obwohl es sich widerspricht, kann während des Ruhegebetes eine Unruhe aufkommen, mit der wir nicht gerechnet haben. Wir sollten uns jetzt daran erinnern, dass tiefe Ruhe in uns ungute Spannungen und ungelöste Eindrücke auflöst. Dieser Vorgang kann mit einer vorübergehenden Unruhe verbunden sein. Daher dürfen wir diesen reinigenden Vorgang nicht unterdrücken oder nicht wahrhaben wollen. Meist vergeht diese Unruhe nach kurzer Zeit von selbst, so dass wir wieder tiefer in das Gebet eintauchen können.

Hält jedoch die Unruhe an, ist es zunächst ratsam, die Augen zu öffnen und eventuell aufzustehen und sich zu bewegen. Doch anschließend sollten wir immer das Gebet für einige Minuten wieder aufnehmen. Das Gebet ganz abzubrechen ist der falsche Weg, denn das hinterlässt ein Gefühl von Unzufriedenheit. Sollte sich über einige Tage wiederholt Unruhe einstellen, dürfen wir davon ausgehen, dass die tiefer werdende Ruhe im Gebet zu viele Eindrücke auf einmal löst. Dies ist zwar ein Zeichen wunderbarer Wirksamkeit im Ruhegebet, doch dürfen wir dem unser Nervensystem und unser Bewusstsein nicht aussetzen. Die Gefahr, desorientiert oder gar verwirrt zu werden, ist groß. Man sollte umgehend Kontakt mit seinem geistlichen Begleiter aufnehmen, und wenn er nicht erreichbar ist, die eigene Gebetszeit um die Hälfte reduzieren – eventuell aber auch auf nur wenige Minuten zurückgehen.

Eine äußere Unruhe, die uns aus dem Gebet herausholt, ist wesentlich harmloser. Werden wir während des Ruhegebetes unverhofft angesprochen, jemand klopft an unsere Tür, ein Kind weint oder wir werden um Hilfe gerufen, reagieren wir selbstverständlich sofort darauf, indem wir unser Ruhegebet unterbrechen. Diese oder ähnliche «Störungen» aus Egoismus oder Fahrlässigkeit zu ignorieren, schlägt auf uns selbst ungut zurück. Auch hier gilt es, nicht das Ruhegebet abzubrechen, sondern es nur zu unterbrechen, um uns helfend einzubringen. Anschließend sollten wir uns aber noch einmal zum Gebet hinsetzen, um es in und mit der gewohnten Ruhe zu beenden. Diejenigen, die es nicht tun, sprechen von Kopfschmerzen, Unwohlsein und Schwindel, wenn sie plötzlich aus dem Gebet herausgerissen werden und nicht noch einmal am Ende eintauchen. Das Eintauchen bedeutet, sich in Ruhe auf den Schöpfer ausrichten, seinen Namen anrufen, um sein Erbarmen und um seine Liebe bitten und damit sich dem Heiland hingeben.

Innere Spannungen

Frage: *Ohne erkennbare Ursache fühle ich plötzlich im Ruhegebet eine Beklemmung. Ich möchte aufspringen und fortlaufen, weil ich es einfach auf dem Platz, wo ich mich zum Beten hingesetzt habe, nicht mehr aushalte. Mein Kopf ist voller Gedanken, die unstet und launisch hin und her schwanken. Jegliches Mühen, meinen Geist wieder zum Beten zu bringen — oder zumindest in diese Richtung — ist umsonst. Je mehr ich will, umso weniger geht es … Der Geist entwischt mir immer wieder und vagabundiert umher. Das Ruhegebet scheint mir doch nicht so einfach zu sein, wie es immer gesagt wird.*

Antwort: Zeigen sich während des Betens Anspannungen, die so heftig werden, dass wir fortlaufen möchten, geben wir dem nur bedingt nach. Strikt beim Ruhegebet zu bleiben, käme jetzt einer Konzentration gleich, die uns letztlich erst recht auf einer Ebene, ja, an einem bestimmten Punkt festhalten würde. Wir öffnen die Augen und nehmen den Raum, in dem wir beten, und die Dinge um uns herum einfach wahr. Wenn die Beklemmung nicht schwindet, stehen wir auf und tun ein paar Schritte, atmen tiefer aus und ein, bewegen Arme und Hände ein wenig – eventuell auch den Kopf, wenn es gut tut. Erfahrungsgemäß müsste sich jetzt die Spannung lösen, so dass wir uns wieder setzen können, um weiter zu beten.

Wir zwingen uns zu nichts. Jedes Wollen und Tun in diese Richtung entspricht nicht dem Ruhegebet. Wenn wir wieder in das Ruhegebet eingestiegen sind, nehmen wir alles so, wie es kommt und wieder geht. Nach der kurzen Unterbrechung des Ruhegebetes müsste sich die erwähnte Spannung gelöst haben.

Sollte sich eine derartige Beklemmung jedoch häufiger einstellen, ist dies ein Zeichen, dass sich zu viel Spannung auf einmal löst. Wir verkürzen dann die Gebetszeit auf die Hälfte und sprechen unbedingt mit unserem geistlichen Begleiter.

Müdigkeit und Schlaf während des Ruhegebetes

Durch unseren Willen können wir eine Zeit lang Müdigkeit überspielen. Lassen wir jedoch im Ruhegebet alle Willensanstrengung los, zeigt sich als Erstes, was uns am notwendigsten fehlt. Bei vielen Menschen stellt sich am Anfang ein Schlafbedürfnis ein, dem Müdigkeit vorausgeht. Dies ist ein Zeichen dafür, dass dem Betenden etwas Wesentliches fehlt: Er hat in der letzten Zeit zu wenig Entspannung und Schlaf bekommen. Es gilt nur Eines: die Müdigkeit zulassen, sich ihr überlassen und eventuell einschlafen. Alles andere, wie sich gegen die Müdigkeit wehren, entspricht nicht dem Ruhegebet, da eine Anstrengung unsererseits erfolgt.

Schläft der Betende während des Betens ein, erlebt er einen kurzen, aber tiefen und erholsamen Schlaf. Nach dem Erwachen gilt es, nochmals in das Ruhegebet einzutauchen, um geistige und körperliche Wachheit wieder herzustellen. Das Einschlafen während des Betens sollte ein klarer Hinweis darauf sein, seinen Tagesablauf zu überdenken, sich mehr Pausen und Phasen der Ruhe zu gönnen und vor allem, früher schlafen zu gehen. Erfahrungsgemäß ist der Schlaf vor Mitternacht der tiefste und damit erholsamste.

Altvater Poimen zum Schlaf während des Betens

Durch die Ruhe im Gebet werden für Körper, Geist und Seele Lebenskräfte frei, die ganz von selbst zur Unterstützung und Heilung in den Lebensbereich strömen, der stark beansprucht, überstrapaziert und am meisten gefährdet ist. Diese uns neu zur Verfügung stehenden Kräfte müssen nicht immer zu besonders aktiven Handlungen führen, sie können sich auch in einer äußeren und inneren Ausgewogenheit oder einer angemessenen Sichtweise zeigen.

Hatte zum Beispiel jemand über einen längeren Zeitraum zu wenig Schlaf, wird sich unweigerlich in seinem Ruhegebet zunächst ein Schlafbedürfnis einstellen. Auf der Ebene tieferer Ruhe für Körper, Geist und Seele signalisiert hier das Nervensystem ein Defizit oder gar eine

Störung, die außerhalb der Ruhe bisher noch nicht wahrgenommen werden konnte. Keinesfalls dürfen wir uns im Ruhegebet gegen ein aufkommendes Schlafbedürfnis sträuben, denn damit würden wir den Bedingungen für das Ruhegebet nicht gerecht. Es heißt, alles annehmen, wie es kommt und geht, dem Gebetswort vor allem jedoch den Vorrang geben.

Mit anderen Worten heißt dies: dem Schlafbedürfnis nachgeben und es zulassen, wenn wir während des Ruhegebetes einschlafen. Erfahrungsgemäß ist es ein sehr erholsamer Tiefschlaf von nur sehr kurzer Dauer. Der vielleicht zehn bis fünfzehn Minuten dauernde Schlaf wird uns derart erfrischen, wie es kein anderer Schlaf in so kurzer Zeit vermag. Der Schlaf gehört in diesem Fall mit zur rechten Ausübung des Ruhegebetes, denn er macht den Weg frei, damit Lebenskräfte wieder fließen können.

Eines jedoch ist zu bedenken. Wenn wir nach einem intensiven Kurzschlaf während des Ruhegebetes wieder wach werden, sollten wir als Erstes zu unserem Gebetswort zurückkehren und es mehrmals innerlich wiederholen – so wie wir es handhaben, wenn uns in der Fülle vieler Gedanken bewusst wird, dass wir uns hingesetzt haben, um das Ruhegebet zu beten. Stehen wir jedoch direkt nach dem Schlaf auf, kann es sein, dass wir uns weiterhin schläfrig, vor allem aber inaktiv fühlen. Wie bei jeder Unterbrechung im Ruhegebet ist es ratsam, sich noch einmal für einige Minuten hinzusetzen und in der gewohnten Weise zu beten (vgl. Altvater Poimen, 92).

Angst vor Selbsthypnose

Es gibt Menschen, die mit dem Ruhegebet begonnen haben, dann aber befürchten, dass sie durch die häufige Wiederholung des einen Gebetswortes eher in Selbsthypnose versetzt werden als wahrhaftig zu beten. Die Wüstenväter beschreiben genau, dass und wie wir uns auf Gott immer wieder verlassen dürfen und wie das Gebetswort anzuwenden ist. Der rechte Gebrauch des Ruhegebetes zeigt: Alles, was geschieht, geschieht zum Heil des Betenden. Dabei ist eindeutig erwiesen, dass der Betende in keinen fremden Zustand versetzt wird, sondern bei sich selbst bleibt – aber nach und nach tiefere und feinere Ebenen seines Selbst wahrnimmt. Dieser Weg führt in die Nähe Gottes und letztlich zu ihm.

Geht man unter guter geistlicher Begleitung und konsequent diesen Gebetsweg, bei dem die vielfältige Aktivität des Willens ausgeschaltet wird, stellt man in jedem Fall fest, dass man weder fremdgesteuert noch manipuliert wird. Das Ruhegebet besteht immer in einer Anrufung Gottes oder Jesu Christi – verbunden mit einer Bitte um Erbarmen oder nur aus der Namensnennung Gottes, und im Namen Gottes ist Heil (vgl. Apostelgeschichte 4, 9–12).

Mit dem Ruhegebet wird weder ein gewollter Zustand angestrebt noch konzentriert man sich mit strengen Gedanken und mit bewusster Atemführung auf das Gebet. Der Betende wiederholt völlig absichtslos, langsam und sanft – ohne irgendeine Erwartung oder Vorstellung – sein Gebet, bis es sich ganz verflüchtigt und tiefer Ruhe Platz macht. Wenn sich jedoch Gedanken einstellen, wird das Gebet wieder neu aufgenommen und innerlich wiederholt.

Im Ruhegebet ruft der Betende Gott in seinem unendlich großen Erbarmen an. Ohne bestimmte Erwartungen zu haben, wird ganz allmählich Gott zur Mitte des Betenden, nicht sein Ego. Die engen, oft ichbezogenen Grenzen weiten sich und es findet eine Entgrenzung auf Gott hin statt, wenn der Betende sich immer wieder hingebend und vertrauend auf Gott verlässt.

Hinweise, die die Erfahrung lehrt

Wenn möglich, sollte regelmäßig und zu festgesetzten Zeiten das Ruhegebet zweimal täglich in einem ruhigen geschlossenen Raum gebetet werden.

- Ein geistlicher Begleiter ist von großem Wert, um ihn bei Unsicherheit und aufkommenden Fragen ansprechen zu können. Er kann die rechte Vorgehensweise bestätigen oder den Gebetsweg korrigieren.
- Es wird empfohlen, vor dem Gebet den Mund auszuspülen und das Notwendige zu verrichten.
- Durch das Kreuzzeichen vor und nach dem Ruhegebet spricht der Betende Gott als Vater, als Sohn und als Heiliger Geist an und lenkt seine Aufmerksamkeit auf Himmlisches.
- Beim Morgengebet gibt der Betende alle Dumpfheit der Nacht ab. Ebenso legt er alle Gedanken und Gefühle, die sich auf den bevorstehenden Tag beziehen, in die Hände Gottes.
- Beim Abendgebet lässt der Betende alle Gedanken an den vergangenen Tag los. Er weiß, dass Eindrücke, die in ihm aufsteigen, sich ausdrücken müssen und lässt sie zu, um offen für die Gnade Gottes zu werden.
- Selbst wenn es anfangs den Anschein hat, so betet man das Ruhegebet nicht für sich allein. Alle, die uns nahe stehen und für die wir Verantwortung mittragen, erfahren Bereicherung durch unser individuelles Gebet.
- Gerade durch das Ruhegebet können wir einem Kranken beistehen, ihm Ruhe vermitteln und spüren, was er zu seinem Heil am nötigsten braucht.

◆ Ein Sterbender wird durch das Ruhegebet leichter loslassen können, um den Weg in die kommende Welt zu finden.

◆ Ist nicht jedes Ruhegebet ein Sterben in Gott, um mit Jesus Christus wieder aufzuerstehen?

Das Ruhegebet unterstützen

Ein gutes Zusammenklingen von Körper, Geist und Seele unterstützt die Auswirkungen des Ruhegebetes. Sie sollten ...

◆ immer vor dem Essen das Ruhegebet beten – niemals nachher. Es sollten wenigstens drei Stunden vergangen sein, bevor wir mit dem Ruhegebet beginnen

◆ mit zwei bis drei Minuten Ruhe beginnen und mit zwei bis drei Minuten, ohne das Gebetswort zu wiederholen, das Ruhegebet beenden

◆ viel Flüssigkeit – besonders im Alter – zu sich nehmen, im Essen und Trinken (Alkohol) aber unbedingt Maß halten

◆ auf einer nicht zu weichen Unterlage schlafen und das sexuelle Leben unserer Lebensaufgabe angemessen gestalten

◆ gegen nichts in uns gewaltsam vorgehen oder es gar abtöten. Das Ruhegebet baut ein Zuviel ab und ein Zuwenig auf

◆ Durststrecken und Dürrezeiten über sich ergehen lassen und nicht gegen sie ankämpfen. Der kluge Wüstenwanderer hält inne und lässt den Sandsturm über sich ergehen anstatt gegen ihn anzukämpfen

◆ nicht in der Sonne das Ruhegebet beten. Durch ihre Wärme und ihr Licht erhöht sich die Stoffwechselrate, im Gebet dagegen nimmt sie ab

- während einer Tätigkeit niemals das Ruhegebet aufnehmen, auch nicht bei leichter Arbeit oder beim Wandern. Das Gebet wird dann nicht zum richtigen Ruhegebet, und es tritt eine Spaltung ein

- das Ruhegebet immer nur im Sitzen und mit geschlossenen Augen beten. Bei Krankheit kann das Ruhegebet im Liegen und des Öfteren gebetet werden

- vor Prüfungen, Gerichtsverhandlungen, Operationen, lebensentscheidenden Gesprächen oder anderen außerordentlichen Ereignissen das Ruhegebet ein drittes oder gar viertes Mal beten

- möglichst nicht das Ruhegebet üben, wenn kleine Kinder oder Tiere mit im Raum sind. Sie nehmen viel Lebenskraft auf, die vorerst für uns reserviert sein sollte

- nicht während der Fahrt (Auto, Bahn, Schiff, Flugzeug) das Ruhegebet beten. Durch plötzliches Bremsen, Wellengang oder Luftlöcher bekommt das entspannte Muskel- und Nervensystem einen derartigen Schock, dass zum Beispiel der Halswirbel brechen kann

- sich besonders anfangs ständig daran erinnern, dass das Ruhegebet absolut gar nichts mit Willensanstrengung, Konzentration und Leistung zu tun hat

- das Ruhegebet niemandem aufdrängen, sondern eher über den eigenen Weg und die damit verbundenen Erfahrungen Schweigen bewahren

- mit Menschen Kontakt pflegen, die auch das Ruhegebet üben, und sich besonders in vermeintlichen Dürrezeiten gegenseitig stärken und einander Mut machen

- um das Ruhegebet kein Aufhebens machen, es nicht veräußerlichen und es nicht zu einem Kult werden lassen, der andere Menschen eventuell abstößt

- nach dem Ruhegebet sich des Öfteren Zeit nehmen, um in der Heiligen Schrift und in den «Apophthegmata Patrum» (Weisung der Väter) zu lesen.

Dank nach dem Ruhegebet

Außerhalb des Ruhegebetes sollten wir unsere gewohnte Gebetspraxis fortsetzen und möglichst vorerst nichts verändern. Kommt nach dem Ruhegebet Dank gegenüber Gott auf, sollten wir ihn spontan zum Ausdruck bringen: durch eigene Worte aus freiem Herzen, durch das Beten eines Psalms – besonders eignet sich Psalm 103, ein Loblied auf den gütigen und verzeihenden Gott, oder der Lobgesang der drei jungen Männer aus dem Buch Daniel (3,51–90). Viele bekunden ihren Dank und ihre Freude nach dem Ruhegebet, indem sie noch eine Zeit schweigend verbringen.

Wir dürfen unendlich dankbar für das Ruhegebet sein, denn es bereitet uns den Weg zu Gott. Ebenso lässt es uns die heilende Kraft der Sakramente, die uns der Vater durch seinen Sohn Jesus Christus zugänglich gemacht hat, wirkmächtig erfahren. Nicht selten fließt denen, die das Ruhegebet üben, das Herz vor Dankbarkeit über, indem sie Gott für all das Gute danken, das er uns hat zukommen lassen. Sie loben und preisen ihn gemeinsam mit der gesamten Schöpfung.

IV.
Anzeichen für die rechte
Praxis

1. Gebetserfahrung von Stufe zu Stufe

Der Betende stellt in der Regel Veränderungen fest, die durch das Gebet ausgelöst werden. Es ist wichtig für ihn, darüber zu sprechen und, wenn möglich, eine Erklärung zu finden. Für den geistlichen Lehrer reichen ein oder zwei Kriterien, um festzustellen, ob der Betende wirklich den Anweisungen zum Ruhegebet folgt. Es kommt jedoch auch vor, dass jemand vorerst keine dieser Anzeichen rechten Betens bei sich erfährt. Er sollte aus diesem Grund das Ruhegebet nicht aufgeben, sondern ohne jegliche Erwartung weitermachen.

Anzeichen für die rechte Ausübung des Ruhegebetes

Die eine oder andere spürbare Veränderung wird sich nach einigem Üben unweigerlich einstellen:

- Der Betende spürt eine tiefe und wohltuende Entspannung, die sich zunächst im körperlichen Bereich zeigt und später auch die Psyche einschließt.
- Arme und Beine werden schwer; ein inneres Gefühl von Leichtigkeit ist damit verbunden.
- Das Zeitgefühl verändert sich. In der Regel wird die Gebetszeit als sehr kurz empfunden und man kann sich kaum vorstellen, dass sie schon vorüber ist. Das Gegenteil kann aber auch vorübergehend eintreten: Die Gebetszeit will nicht enden und man wird ungeduldig. Die Anweisung besteht darin, weder die Gebetszeit zu verlängern noch sie zu verkürzen. Beim nächsten Ruhegebet kann die subjektive Empfindung wieder eine ganz andere sein.
- Auch das Raumgefühl kann sich dahin gehend verändern, dass sich der Raum weitet, bis er eventuell keine Grenzen mehr aufweist. Von einer beklemmenden Einengung durch das Ruhegebet hat bisher niemand gesprochen.
- Die Schwerkraft, durch die der Körper zur Erde gezogen wird, erlebt der Betende als angenehm. Oft ist damit innerlich eine Aufrichtekraft verbunden, ein Strömen die Wirbelsäule aufwärts, das Begrenzungen aufbricht und mit einem eher schwebenden Gefühl verbunden ist.
- Gedanken werden nicht bewusst gesteuert, sondern kommen und gehen ganz von selbst wie Wolken, die vor der Sonne herziehen. Ebenso geschieht dies mit Bildern, Gefühlen und bestimmten Empfindungen. Der Betende nimmt all das zwar kurzfristig wahr, kümmert sich aber um rein gar nichts, sondern gibt der inneren Wiederholung des Gebetswortes den Vorrang.
- Freude erfüllt den Betenden, wenn er wahrnimmt, dass

er nichts leisten muss und trotzdem mit ihm etwas ganz Wesentliches geschieht.

◆ Durch Zurücknahme des eigenen Willens gerät anstrengungslos etwas ins Fließen, das bisher vom Betenden in dieser Weise noch nicht erfahren wurde.

◆ Die Gesichtszüge entspannen sich, und während sich der Mund öffnet, gibt der Betende seine Verbissenheit beim Loslassen des Unterkiefers ab.

◆ Ein einfaches angenehmes Gefühl von Schwerelosigkeit stellt sich für Körper und Geist ein.

◆ Durch die sanfte Wiederholung des Ruhegebetes oder während der Zeit ohne Gebetswort und ohne Gedanken erfährt der Betende eine große, ihn ganz erfüllende innere Wachheit.

◆ Wichtig ist es beim Üben des Ruhegebetes, dass der Gebetsvorgang mühelos, leicht und ohne jegliche Anstrengung und Konzentration abläuft.

◆ Ein Wohlgefühl stellt sich ein, das mit einer erhöhten Aufmerksamkeit verbunden ist – man darf es auch als Aufmerken auf Gott bezeichnen.

◆ Ein weiteres Kriterium für die rechte Anwendung des Ruhegebetes besteht darin, dass das Gebetswort lauter oder leiser wird, sich gröber oder sanfter «anfühlt» oder gar gänzlich schwindet – entweder durch selbst aufkommende Gedanken vertrieben wird oder einem wahren Schweigen vor Gott Platz macht.

◆ Der Betende kommt im Ruhegebet mit wenigen Atemzügen aus, das heißt, seine Atemaktivität verringert sich. Der Atem wird langsamer und flacher, was ein plötzlicher tiefer Atemzug während des Betens beweist.

◆ Wenn sich mehr oder gar viel Speichel im Mund bildet, zeigt dies, dass die innere Sekretion durch das Ruhegebet zunimmt: ein Heilungsprozess. Der Betende sollte dies wissen und es mit einem Schlucken beantworten.

- ◆ Häufig sinkt der Kopf nach vorn und Schläfrigkeit stellt sich ein. Der Betende sollte dem nachgeben im Wissen, dass dieser Schlaf ein sehr kurzer, aber ein tief erholsamer für ihn ist.
- ◆ Der Betende steht mit großer Wachheit und Tatendrang vom Ruhegebet auf und freut sich darauf, wenn die Zeit gekommen ist, sich erneut zum Ruhegebet hinsetzen zu dürfen.

Obwohl die Anwendung des Ruhegebetes gleich bleibt, so sind doch die Erfahrungen von Mensch zu Mensch und von Mal zu Mal unterschiedlich. Ein im Ruhegebet erfahrener, Gott naher Lehrer unterstützt oder korrigiert das Gebet.

Weg der Reinigung

Wenn während des Gebetes der Ruhe und des Schlafes keine verlockenden Wünsche und Trugbilder mehr in uns aufsteigen, dürfen wir annehmen, dass unser Herz weniger verschattet und auf dem Weg der Reinigung ist. Mitunter kommen entsprechende Bilder, Erinnerungen oder Wünsche in uns hoch, mit denen wir nicht mehr gerechnet haben. Meist sind sie eher schleierhaft und vermögen nicht mehr, körperliche Regungen in uns zu wecken. Im Ruhegebet kümmern wir uns einfach nicht um sie und wenden uns wie immer unserem Gebetswort zu.

Abwehrkräfte

Um mit einem Gewand der Gnade bekleidet zu werden, ist es notwendig, das alte Gewand abzulegen. Dies kann

nicht durch unseren Willen allein geschehen; die praktische Seite muss hinzu kommen, das heißt, gute Werke zu
tun und gleichzeitig im Gebet der Hingabe Gott alles dar-
zureichen – letztlich uns selbst –, damit er es uns verwandelt wieder schenkt. *Legt als neues Gewand den Herrn Jesus
Christus an und sorgt nicht so für euren Leib, dass die Begierden erwachen* (Römerbrief 13,14). Durch unsere Annäherung an Gott erhalten wir eine Ausstrahlung, die man
mit Gerechtigkeit und Liebe bezeichnen kann. Dieses sogenannte Gewand aus Gerechtigkeit und Liebe schützt uns
wie ein Panzer vor negativen Kräften, die in uns eindringen
und uns zerstören möchten. Gott hat uns dazu bestimmt,
dass wir durch Jesus Christus das Heil erlangen. Deshalb
wollen wir *uns rüsten mit dem Panzer des Glaubens und
der Liebe und mit dem Helm der Hoffnung auf das Heil*
(1. Thessalonicherbrief 5,8).

Freundschaft

Sowohl die Freundschaft mit einem geliebten Menschen
als auch mit Gott setzt einiges voraus, das von uns ständig gepflegt werden muss. Der Einfachheit halber werden
die Voraussetzungen für die menschliche und göttliche
Freundschaft in einigen Punkten zusammengefasst.

♦ Die Faszination materieller und weltlicher Güter darf
   nicht an erster Stelle stehen. Der freundschaftlichen
   Liebe darf nichts vorgezogen werden. Im Gebet der
   Hingabe wird diese Liebe veredelt und alles andere sowie weltliche Dinge haben keine Macht mehr über uns,
   sondern erhalten den ihnen gemäßen Stellenwert.

♦ Der eigene Wille wird hinterfragt und nicht einfach
   durchgesetzt. Sensibel und aufrichtig fragt man nach
   dem Willen des anderen und versucht, in Liebe eine

gemeinsame Basis zu finden. Das Ruhegebet lässt uns unseren eigenen Willen überschreiten und öffnet uns vorbehaltlos für den Willen Gottes. Wenn wir mit ihm in Einklang stehen, fällt es uns leicht, die freundschaftliche Liebe zum Nächsten zu spüren, zu pflegen und zu bewahren.

♦ Alles, was wir für nützlich und notwendig halten, dürfen wir nicht ohne Weiteres und ohne den geliebten Menschen mit einzubeziehen, von uns aus durchsetzen. Behalten wir die Liebe und den Frieden im Auge und im Herzen, ist alle Nützlichkeit und alle sogenannte Notwendigkeit zweitrangig. Durch Hingabe aller «Notwendigkeiten» im Gebet der Ruhe werden die Liebe und der göttliche Friede den ersten Platz einnehmen und alles andere folgt danach.

♦ Jede Unebenheit in der gegenseitigen Beziehung darf nicht durch spontane Gedanken und Handlungen ausgedrückt werden, sondern sollte nach vorherigem Beten, das die aufgebrachten Emotionen glättet, in ruhiger Form be- und ausgesprochen werden. Wenn es sich um Aufruhr gegen Gott handelt, wird er uns in der Stille des Gebetes beruhigen und uns neue Einsichten verleihen.

♦ Die Liebe und das durch das Ruhegebet geweitete menschliche Herz sind das einzige Vernichtungsmittel aller eintretenden Störungen, die sich unter Menschen, aber auch zwischen dem Menschen und Gott immer wieder einstellen. Ein sich einschleichender unguter Egoismus wird zudem beseitigt, wenn wir uns des Öfteren vorstellen, dass unser irdisches Leben jeden Tag, ja, sogar stündlich beendet sein kann. Im Ruhegebet sterben wir mit Christus, um mit ihm und durch seine unendlich große Menschenliebe aufzuerstehen.

2. Vom Geheimnis der Entgrenzung

Das Ruhegebet ist eine besondere Gebetsweise, die sich vom Fürbittgebet und der Lob- und Danksagung unterscheidet. Der Betende hat hier jeweils ein besonderes Anliegen, das er vor den Herrn bringt. Im Ruhegebet dagegen geht es nicht um eine bestimmte Thematik, um kein Singen oder Sprechen, um kein bewusstes Denken oder Fühlen, um kein inneres Formulieren und auch um kein Gespräch mit Gott. Alles, was in Bewegung ist, kommt mehr und mehr zum Schweigen – sei es die Sprache des Körpers, des Geistes oder die der Seele. Das Ruhegebet ist eher mit einem Opfer zu vergleichen, bei dem ich abgebe, um es dem Herrn zu übergeben. Hieraus entsteht Hingabe, letztlich die Hingabe meines Selbst, damit ich empfänglich werde für die Liebe Gottes, seine Gnade und für seinen Willen.

... in der Nachfolge Jesu Christi

Da unser kleines Ich mit seinen vielen Vorstellungen und Gedanken, Bildern, Wünschen und Erwartungen uns vorerst immer wieder daran hindert, still zu werden und ein Gott erfülltes Schweigen zu erfahren, muss das Ruhegebet in mehreren Schritten eingeübt werden. Dazu bedarf es weiterhin mancher Erklärungen durch den geistlichen Begleiter oder die Literatur.

Das Tun, Treiben und Toben der Welt lassen wir hinter uns, wenn wir uns für die Zeit des Gebetes in die Stille zurückziehen. Hier stehen wir direkt in der Nachfolge Jesu Christi, denn es heißt in der Schrift immer wieder von ihm, dass er sich zurückzog in die Einsamkeit, um zu beten. Für ihn war das Eine von höchster Wichtigkeit: die Gemeinschaft mit dem Vater. Und dazu legte er sein Wollen, seine Liebe, ja, sein ganzes Sein in die Hände des Vaters, um von ihm neue Kraft, Einsicht, Auftrag und Gnade zu erhalten.

Da das Ruhegebet uns auf Gott hin entgrenzt, finden in diesem Gebet bestimmte Anliegen oder gar Betrachtungen keinen Platz. Unser Tun und Wollen, ja, die gesamte Vielfalt unseres Ichs stirbt förmlich in Gott hinein, um mit Jesus Christus aufzuerstehen. Wenn wir die ersten Erfahrungen mit diesem Sterben in Gott und gleichzeitig mit der Auferstehung in Jesus Christus gemacht machen, schenkt sich uns eine neue Tiefe unserer Religiosität und damit verbunden eine schrittweise Offenbarung des Geheimnisses des Glaubens.

Unsere Innerlichkeit richten wir im Ruhegebet immer wieder auf Gott und seinen eingeborenen Sohn Jesus Christus aus. Dies geschieht nicht nur für das Nervensystem, um wach und aufmerksam zu bleiben, sondern insbesondere für unsere Seele, damit sie – angezogen von der Herrlichkeit Gottes – ihrer Sehnsucht folgen kann, Gott zu berühren und in ihm zu wohnen.

Die rechte Seite und das rechte Tun

Man sagt, wenn jemandem nichts so richtig gelingen will, was er anfasst, dass er zwei linke Hände habe. Kann es nicht auch sein, dass jemand zwei rechte Hände hat? Es ist dann jemand, dem fast alles, was er anfasst, gelingt und Erfolg beschert. Frühe monastische Schriften sagen von diesen so begnadeten Menschen, dass sie «doppelrechtshändig» seien. Diese Aussage bezieht sich nicht nur auf manuelle Fähigkeiten, sondern auch auf geistig-geistliche. Das Rechte wird im übertragenen Sinne als «rechtsliegend» erkannt und das Ungünstige, das zur Zeit nicht oder niemals in Frage kommt, als «linksliegend». Es gibt Menschen, die nicht nur diesen weiten Horizont besitzen, sondern ihnen ist auch die Gabe eigen, das «Rechts»- und das «Linksliegende» voneinander zu unterscheiden und die jeweils rechte Wahl zu treffen.

Das Ruhegebet erweitert das Bewusstsein, schärft die Wahrnehmungsfähigkeit und stärkt die Kraft der Entscheidung. Wenn durch dieses Gebet unsere Innerlichkeit gereinigt und geordnet ist, wirkt sich dieser Fortschritt auch in der äußeren Welt aus. Die positiven Auswirkungen gehen zum Teil so weit, dass jemand, der zwei linke Hände hat, nach und nach feststellt, dass sie zu zwei rechten Händen werden. Die linke Hand bleibt zwar immer die Linke, doch durch guten Gebrauch und durch regelmäßiges Gebet wird sie zur «Rechten».

So bleibt auch die linke Seite des Lebens ein realer Bestandteil, wenn zum Beispiel der Mensch in die Wirbel der Versuchung hineingezogen wird, unerfüllbare sexuelle Wünsche in ihm entbrennen, wenn Unbeherrschtheit durch das Feuer der Aufregung erglüht, Stolz ihn über andere erheben möchte oder einschneidende Traurigkeit ihn depressiv machen will. Ist er jedoch auf der rechten Seite fest verankert, wird er nicht den Versuchungen erliegen, sondern sie durchschauen, die rechte Entscheidung treffen und sich dadurch umso mehr in Gott verwurzeln.

Das Rechte entspricht dem, was der Herr mit uns vorhat und was er uns durch viele Zeichen täglich kundtun möchte. Nehmen wir uns eine Zeit der Ruhe und des Schweigens, wird es uns wesentlich besser gelingen, die leise Sprache Gottes wahrzunehmen und zu verstehen.

Hat das Ruhegebet auf das sexuelle Verhalten einen Einfluss?

Die vitale Lebenskraft erlaubt uns nicht, ohne Begehren und ohne sexuelle Wünsche zu sein. Geben wir ihnen jedoch ständig nach, werden wir nach absehbarer Zeit nicht mehr Herr über sie sein. Sie besitzen uns, anstatt dass wir sie besitzen. Dies kann so weit führen, dass uns die sexuellen Kräfte ganz und gar besessen machen.

Andererseits dürfen wir diese Kräfte aber auch nicht gewaltsam abtöten, denn sie sind für eine bestimmte Aufgabe vom Schöpfer in uns hineingelegt. Je nach Lebensweise muss jeder für sich entscheiden, wie er mit seiner Sexualität umgeht. Vergeudet er ständig diese Kräfte nur aus einem Lustempfinden heraus, entfremdet er sie ihrer eigentlichen Aufgabe: der Liebe zweier Menschen Ausdruck zu geben und, wenn der Schöpfer es möchte, ein Kind ins Leben zu rufen.

Vielen Menschen fällt es schwer, gerade im Bereich der Sexualität die rechten Entscheidungen zu treffen. Die tägliche Übung des Ruhegebetes trägt in ganz besonders wirkungsvoller Weise dazu bei, diffuse Kräfte in uns zu ordnen, so dass sie uns, anderen und dem Leben dienen. Dazu gehört auch die Sexualität, die zwar nicht direkt vom Betenden angesprochen, jedoch durch tiefe Ruhe während des Betens beeinflusst wird. Uns zuströmende gute Kräfte fließen als Erstes dorthin, wo sie am nötigsten gebraucht werden, um zu ordnen und zu heilen. Durch das Ruhegebet tritt ein Heilungsprozess für Leib und Seele ein, und gleichzeitig dürfen wir einen schrittweisen Aufstieg zu Gott erleben.

Der Betende macht im Laufe der Zeit die wunderbare Erfahrung, dass, wenn sie ihn vorher sehr stark beherrscht haben, jetzt er selbst der Herr seiner sexuellen Wünsche ist. Da wir uns im Gebet immer wieder an den Herrn wenden, dürfen wir sicher sein, dass er unser gesamtes Leben in rechte Bahnen lenkt und beschützt.

Frei sein

Sind kleine Hindernisse auf dem geistlichen Weg aufgelöst – es ist das Erste, was durch das Ruhegebet geschieht –, müssen wir damit rechnen, dass weitere, eventuell größere Blockaden ans Licht kommen und ebenso aufgelöst werden müssen. Damit dies schrittweise geschieht und uns nicht überfordert, dürfen wir keinesfalls die für das Ruhegebet festgesetzte Zeit überschreiten. Der Wunsch eines jeden Menschen besteht darin, frei von unguten und eventuell fesselnden Bindungen zu sein. Doch wie viel Freiheit wird versprochen von denen, die selbst in größter Unfreiheit leben und andere dann in noch schwerwiegendere Abhängigkeiten führen.

Freiheit versprechen sie ihnen und sind doch selbst Sklaven des Verderbens; denn von wem jemand überwältigt worden ist, dessen Sklave ist er (2 Petr 2,19).

Zur wahren Freiheit befreit nur Jesus Christus, der der Weg, die Wahrheit und das Leben ist. Im Ruhegebet wird er angerufen und um sein liebendes Entgegenkommen gebeten. Niemals würde er uns überfordern. So geht die Bitte an uns, in allem Maß zu halten.

Dank dem Ruhegebet

Ein Dank dem Ruhegebet, ja, weitaus mehr noch dem Herrn, der durch unsere Hingabe an ihn alles zum Besten lenkt.

♦ Er gibt uns durch immer größer werdende Klarheit die Einsicht in sündhaftes Verhalten und die Kraft, es zu meiden.

♦ Er schützt uns auch ohne unser Wissen vor Gefahren und Versuchungen, die wir aus Eigeninitiative nicht bestehen würden.

♦ Er schenkt uns Erleuchtung, damit wir seine Barmherzigkeit und Hilfe erkennen und verstehen.

♦ Zur rechten Wahrnehmung, Erkenntnis und Entscheidung erfahren wir seine Einsprechungen als gute Intuition, die, wenn wir auf sie hören, uns sicher führt.

♦ Unser Wille verliert seine Eigenwilligkeit, da sich im Ruhegebet die engen Grenzen unseres Ichs weiten und wir größere Zusammenhänge und neue Dimensionen wahrnehmen dürfen.

3. Von allen guten Geistern begleitet

Bitte Gott, dass er dein Leben zum Besseren wende. Dies geschieht am sichersten, wenn du dich täglich für eine bestimmte Zeit schweigend in die Stille zurückziehst. Richte dich mit deinem Gebetswort immer wieder auf den Schöpfer aus, zwinge dich zu nichts, sondern lass geschehen, was geschehen möchte. Schenke den aufkommenden Gedanken keine Beachtung und gehe ihnen auch nicht nach. Nimm wahr, dass sie von selbst kommen und von selbst wieder gehen. Wenn sie schwinden, kehre zu deinem individuellen Gebetswort zurück und wiederhole es.

Der Himmel wird dich unterstützen

Der Himmel, die Engel und die Heiligen, werden dich dabei unterstützen und die widrigen Kräfte verlassen dich. Sie versuchen, dich auf alle möglichen Weisen am Ruhegebet zu hindern. Sei darauf eingestellt und lass es nicht zu. Das Ruhegebet kommt der inneren Sehnsucht nach Gott entgegen. Nur in der sanften Wiederholung deines Gebetswortes liegt dein Tun, das mit der Zeit zu einem minimalen gedanklichen Impuls wird. Selbst wenn Dunkelheit dich umgibt, bleibe in der Ausrichtung auf Gott. Durch sie entfernst du dich vom Bösen und wächst immer tiefer in die Nähe Gottes hinein. Achte jedoch beim Ruhegebet darauf, weder deinen Verstand noch deine Vorstellungskraft, weder deinen Willen noch dein Wollen, anzustrengen. Du wirst keine tiefe Ruhe für Körper, Geist und Seele erfahren, wenn auch nur die geringste Anstrengung im Gebet von dir ausgeht.

Beschäftige dich während des Ruhegebetes mit gar nichts, nicht mit materiellen Dingen, nicht mit geistigen Inhalten, auch nicht mit geistlichen Themen und habe vor allem keine Vorstellung von Gott. Da im Ruhegebet nichts von dir gefordert wird, darfst du alles vergessen; alles, woran du denkst oder was du dir vorstellst, steht zwischen dir und deinem Gott. Auch Gedanken an die Liebe, Güte, Erhabenheit und Herrlichkeit Gottes solltest du während des Ruhegebetes aufgeben. Lass ab von jeglicher Beschäftigung – außer anfänglich der leisen inneren Wiederholung deines Gebetswortes.

Erste Anzeichen für Trübsinn wahrnehmen

Überdruss, Trägheit und geistliche Lustlosigkeit schnüren das Herz zusammen, beengen es und machen es unruhig. Besonders für die Menschen, die allein leben, wird der Trübsinn, der meist abends und an Wochenenden auftritt, zu einem schwer zu ertragenden Zustand. Der jeweilige Augenblick wird nicht mehr als lebenswert empfunden, so dass sich Kraftlosigkeit und Trägheit ausbreiten. Besonders abends überfällt ein Heißhunger nach Essen den Menschen, und wenn er diesen gestillt hat, flüchtet er sich in den Schlaf.

Deuten sich diese oder entsprechende Anzeichen bei uns an, die Religiöses und Geistliches verdrängen, wird es höchste Zeit, sich konsequent für einen geistlichen Weg zu entscheiden. Wenn wir bereits mit dem Ruhegebet begonnen, es aber wieder vernachlässigt haben, sollten wir uns möglichst schnell nach einem geistlichen Begleiter für das Ruhegebet umschauen und mit ihm zusammen neu beginnen.

Schweigen

Wenn mehrere Menschen das Ruhegebet gemeinsam beten möchten, sollte unbedingt vorher von allen tiefes Schweigen beachtet werden. Selbst wenn viele zusammen gekommen sind, sollte man glauben, es sei kein Mensch anwesend.

Wert der Gemeinschaft

«Dein Beten sollte täglich und regelmäßig erfolgen. Du darfst sicher sein: Zur gleichen Zeit, in der du dich zurückziehst in die Stille oder zum gemeinsamen Gebet, tun viele Menschen auf der ganzen Welt das Gleiche. Sie bilden eine große betende Gemeinschaft mit dir.

Du wirst zu einem tragenden Glied einer weltumspannenden Kette von Gläubigen, die durch ihr Beten dem Bösen eine Absage erteilen und der menschlichen und göttlichen Liebe Raum geben. Verschließe dich nicht deiner Aufgabe, die Erde wieder mit dem Himmel zu verbinden. Göttliche Kräfte werden auf deiner Seite sein, um dich mit ihrem Wesen zu erfüllen» (Basilius der Große, 313 kurzgefasste Vorschriften, Nr. 147).

V.
Sinn und Ziel des Ruhegebetes

1. Ziel und Vollendung des Betens

 Ganz von selbst werden wir durch das Ruhegebet in ein demütiges Verhalten eingeübt, das heißt, Hochmut und Stolz schwinden. Ganz von selbst schenkt sich uns ein wahrhaft ruhiger und unwandelbarer Zustand, der all unserem Tun zugrunde liegt und aus dem all unsere Aktivitäten entspringen.

Wer den Weg des Ruhegebetes geht, spricht von wunderbaren Veränderungen, die nicht durch den menschlichen Willen hervorgerufen werden, sondern ein Geschenk des Himmels sind auf der Grundlage unserer Bereitschaft, uns ganz im Gebet Gott hinzugeben.

Wunderbare Veränderungen

◆ Wir erheben uns nicht mehr urteilend und richtend über andere.

- Wenn wir beleidigt werden und andere fügen uns Unangenehmes zu, bleiben wir ruhig – ohne aufzufahren oder gar dagegen anzugehen. Wir staunen über unsere Geduld und über die Fähigkeit, weitaus mehr als früher in dieser Hinsicht ertragen zu können.

- Durch die wiederholte Anrufung Gottes im Gebet wird uns seine Gegenwart immer bewusster. Dadurch wird alles, was nicht Gott ist und auch nicht auf ihn verweist, für uns zweitrangig und nicht so wichtig.

- Durch das Ruhegebet wird der Blick für alles Vergängliche geschärft und das Unvergängliche gewinnt umso eindeutiger Gestalt und wird von uns wahrgenommen und geschaut.

- Die Begrenztheit unseres irdischen Lebens steht uns klar und eindeutig vor Augen, so dass sich der Lärm um nichtige Dinge relativiert.

- Das Ruhegebet besitzt die ihm innewohnende Kraft, nicht nur den Hochmut und den Stolz aus unserem Herzen zu entfernen, sondern ist auch in der Lage, alle übrigen Sünden zu tilgen.

Bei diesen wunderbaren Ergebnissen, die durch das Ruhegebet ausgelöst werden, dürfte es eigentlich niemanden mehr geben, der aufhört, dieses Gebet zu beten. All das Gesagte ist nicht unser Verdienst. Wir bereiten durch das Ruhegebet Gott den Weg, bei uns einzukehren und uns dahingehend zu wandeln, wie er uns gedacht und erschaffen hat. Wir mögen noch so viel üben und uns ereifern: Wenn Gott uns nicht seine Gnadenhilfe zukommen lässt, ist all unser Tun umsonst. Das wahrhafte Innehalten, um Gottes Liebe wahrzunehmen und uns von ihr erfüllen zu lassen, ist ein Geschenk des Herrn. Indem das Ruhegebet uns von aller Sünde und dem, was sie in uns hinterlassen hat, befreit, bereitet es dem Herrn den Weg, in unserer Seele zu wohnen, was uns dann ständig bewusst ist. Dieses Christus-Bewusstsein bewirkt in uns höchste Erfüllung und schützt uns vor Fehlentscheidungen und ganz besonders davor, Sünden zu begehen.

In der Mitte sein und bleiben

Weder Glücksfälle noch Unglücksfälle werfen den im Ruhegebet und damit mehr und mehr in Gott Veranker-ten aus der Bahn. Glücksfälle erheben ihn nicht in schwindelnde und bodenlose Höhen, Unglücksfälle schmettern ihn nicht derart nieder, dass er nicht mehr aufstehen kann. Er wandelt in der Nachfolge Christi, und so leicht wirft ihn nichts mehr aus dieser Bahn – weder freudige Überraschungen noch plötzlich hereinbrechendes Leid. Der diesen Weg Gehende ist in seiner Mitte gefestigt und lebt aus diesem Quell, aus dem Wasser ewigen Lebens fließt.

Alle, die deine Weisung lieben, empfangen Heil in Fülle; nichts gereicht ihnen zum Anstoß (Psalm 119,165).

Schlechtes macht dem Besseren Platz

Tiefe Ruhe im Gebet bewirkt Klärung und Reinigung. Gegensätze können nicht gleichzeitig in unserer Seele wohnen, denn wenn sich das je Bessere erhebt, schwindet von selbst das je Schlechtere.

- Licht strahlt auf und die Dunkelheit weicht.
- Bosheit macht der Gerechtigkeit Platz.
- Der ungute Geist der Begierlichkeit wird durch den Geist der Reinheit und Treue abgelöst.
- Der Platz, den die Heftigkeit einnahm, wird jetzt von der Geduld beansprucht.
- Die Traurigkeit, die den Tod nach sich zieht, wird sich

wandeln in Freude und Gewissheit, dass es eine Auferstehung gibt.

* An die Stelle von Hochmut und Stolz wird die Demut
treten.

Durch den Prozess der Klärung und inneren Reinigung
wird jegliches sündhafte Verhalten ausgetrieben, und das
gegenteilige Verhalten nimmt den frei werdenden Platz in
unserem Inneren ein. Das Ruhegebet macht die Augen der
Seele wieder hell und glänzend, so dass sie mehr und mehr
Gottes Liebesimpulse wahrnehmen und einmal Gott selbst
für immer schauen dürfen. Das Ruhegebet bewirkt nichts
Fremdes in uns, sondern führt uns zu dem Zustand zurück,
den wir im Eigentlichen von Gott bekleiden sollten.

Von Beginn der Schöpfung an hat Gott den Besitz unseres Herzens nicht bestimmten Widrigkeiten zugeteilt, sondern den guten Eigenschaften, die seinem göttlichen Wesen entsprechen. Durch Untreue ist zum Teil das Gute in
uns aus seiner eigentlichen Heimat vertrieben worden und
«fremde Völker» haben sich breit gemacht. Ganz allmählich, Schritt für Schritt, wird durch unser geistliches Tun
und die im Lassen eingeübte Hingabe das Land unseres
Herzens zurückerobert und von der Fremdmacht befreit.

Mehr lieben

Sind die Augen unserer Seele durch die immer wieder
neu dargebrachte Hingabe an Jesus Christus, unseren
Herrn und Gott, geklärt und geschärft, durchschauen wir
die Freigiebigkeit und das Erbarmen Gottes. Eine unaus-
sprechliche Freude breitet sich in unserem Herzen aus, weil
wir erfahren, dass der Herr uns unsere Schuld vergeben
und nachgelassen hat. Unsere Innerlichkeit beginnt mehr
und mehr von der Lichtherrlichkeit Gottes zu strahlen.

Sinn und Ziel des Ruhegebetes

Nach außen und für andere wird diese befreiende Veränderung sichtbar, indem wir beginnen, mehr zu lieben. Wenn unsere Seele dunkle Schatten ablegt und dadurch lichtvoller wird, das heißt von der Gnade Gottes durchströmt, weitet sich unser Herz zu umfassenderer Liebe. Vieles und Viele, die vorher gar nicht wahrgenommen wurden, erhalten einen Platz in unserem Herzen, und Liebe strömt zu ihnen. Wir werden nicht nur damit beschenkt, mehr Liebe auszugeben, sondern auch befähigt, mehr Liebe zu empfangen.

Jeder, der spürt und erkennt, dass ihm seine Schuld nachgelassen und er von seinen seelischen Belastungen befreit wurde, beginnt, sowohl den Schöpfer als auch die gesamte Schöpfung mehr zu lieben.

Untrennbar mit Gott verbunden

Frage: *Die liebende Verbindung zu Gott, die ich manchmal im Ruhegebet und auch außerhalb des Betens erfahren darf, ist nicht dauerhaft. Sie wird durch meine Arbeit, durch mein Denken, durch Sorge und durch Wünsche und Regungen meines Körpers ständig unterbrochen. Das Zusammensein mit anderen Menschen, ein Krankenbesuch oder die Erwartung eines lieben Menschen lenken mich von der liebenden Verbundenheit mit Gott ab. Ist es möglich, untrennbar mit Gott verbunden zu sein und dieses auch jeden Augenblick zu erfahren?*

Antwort: Sich Gott unaufhörlich hinzugeben, ist für viele Menschen, solange sie in dieser sich ständig verändernden Welt leben, kaum möglich. Für jeden von uns ist es jedoch möglich, den allzu gern nach hier und dort umherschweifenden Geist immer wieder auf den Quell allen Lebens, auf Gott, auszurichten und den Blick unserer Seele auf dieses eine Ziel zu lenken. Haben wir dies im Ruhegebet genügend geübt, werden wir es jedes Mal wieder als schmerzlich empfinden, wenn das Ziel aus unserem Bewusstsein schwindet und somit nicht präsent ist. Wir bemerken sofort, dass die Verbindung zu dem höchsten Gut unterbrochen ist, und erleben die augenblickliche Entfernung wie einen Abgrund. Durch das liebende Entgegenkommen Gottes jedoch und den ersten Schritt, den wir von uns aus wieder auf ihn hin wagen, geschieht Annäherung und Erfüllung. Es ist ein Weg in die Innerlichkeit, bei dem die Seele sich in sich selbst zurückzieht. Mit der Zeit wird im Ruhegebet die Unruhe der Ruhe weichen, die Dunkelheit dem Licht, und dunkle Kräfte werden nicht mehr in ihr beheimatet sein. Als sichere Folge eines so verinnerlichten und auf Gott ausgerichteten Lebens wird das vom Schöpfer in uns gegründete Reich Gottes mehr und mehr transparent. In unserer gegenwärtigen Welt ist es unter bestimmten Voraussetzungen durchaus möglich, ganz und gar im Reich Gottes beheimatet zu sein und gleichzeitig in dieser Welt seine Aufgaben und Pflichten zu erfüllen. Mit zunehmender Erfahrung im Ruhegebet wird das immer einsichtiger.

Ein Ziel des Ruhegebetes

Wenn der Zustand der Stille, den wir mehr oder weniger im Ruhegebet erfahren, in die Aktivität übergeht, werden Depression, jegliche Traurigkeit und Trübsinn schwinden. Liegt die ruhevolle Wachheit dann ständig all unserem Tun zugrunde, bewahren wir unseren Geist vor einem Vakuum, in das sich allzu leicht nur Unsicherheiten, Zweifel, Krankheit und Dämonisches hineinschleichen.

Oft sitze ich in meinem Zimmer voller Heiterkeit, in einer Freude, die man gar nicht ausdrücken kann. Die geistigen Sinne sind erfüllt von der Erfahrung göttlicher Geheimnisse, die weder mit Gedanken zu fassen noch mit Worten zu beschreiben sind. Die Seele spürt instinktiv, wie das Ruhegebet auch während des Schlafes nicht aufhört und geistige Früchte hervorbringt.

2. Das Ziel: Einssein mit Gott

Gott schuf den Menschen als Betrachter der sinnlich wahrnehmbaren Schöpfung und gleichzeitig als Eingeweihten in die geistige Schöpfung. Dann überließ Gott den Menschen der Hand seiner eigenen Entscheidung (vgl. Jesus Sirach 15,14). Der Mensch jedoch verschüttete die Gnade, da er selbst sein wollte wie Gott. Dann verschüttete er die Gnade weiter durch die Leidenschaften, so dass der in uns wohnende Geist Gottes vollständig zu erlöschen droht.

Der Bund der Liebe

Doch Gott offenbart uns die Möglichkeit, die Gnade neu zu finden durch seinen geliebten Sohn Jesus Christus. Er hat mit uns den neuen und ewigen Bund geschlossen: den Bund, der Liebe ist. Dieser Bund der Liebe und die Liebesverbundenheit mit Jesus Christus werden umso lebendiger, je mehr wir in die Tiefe unseres Inneren hinabsteigen und von dort den allheiligen Namen des Herrn anrufen und ihn um Erbarmen bitten. Das Denken tritt dabei zurück. Es bleibt gestalt- und farblos, denn von uns aus kümmern wir uns nicht um das Denken, das heißt, wir denken nicht und nichts bewusst. Das so ausgeführte innerliche Gebet findet Entsprechung in einem Gott gefälligen äußeren Tun. Beides führt zu einer größeren Liebe zum Schöpfer, ja, zu einer Liebesglut, die die unguten menschlichen Leidenschaften völlig verzehrt. *Denn der Herr, dein Gott, ist verzehrendes Feuer* (Deuteronomium 4,24a), das alle Schlechtigkeit in sich verbrennt.

Dabei werden Geist und Herz nach und nach gereinigt und wieder mit sich selbst vereint. Dadurch wird es uns leicht, zu der vollkommenen Anfangsgnade zurückzufinden. Sie befindet sich zwar in uns, doch ist sie wie der Funke in der Asche von unguten Leidenschaften überschüttet. Um wahre Frucht zu bringen, ist die Reinheit des Herzens und des Geistes notwendig. Die innere Anrufung des Namens Jesu stellt eine Verbindung mit ihm dar, so dass er in uns wirken kann. *Wer in mir bleibt und in wem ich bleibe, der bringt reiche Frucht* (Johannes 15,5b).

Die Heimat des Menschen

Der Mensch ist aus Gott. Wenn er auch Teil hat an den sich ständig verändernden Dingen dieser Welt, bedeutet das nicht, dass er hier seine Heimat hat. Seine eigentliche Heimat, von der aus der Mensch in diese Welt geschickt wurde, ist der Urgrund allen Seins: Gott. Lernen wir es, uns Gott hinzugeben, werden wir inmitten alles Veränderlichen in Fülle aus dem ewigen Quell der Liebe schöpfen und unsere wahre Lebensruhe finden. Wenn wir uns allerdings den Dingen der Welt verschreiben und die göttliche Dimension außer Acht lassen, werden wir nicht nur mit einer unerfüllten Sehnsucht leben müssen, sondern wir werden auch krank, und viel Gutes in unserem Leben wird vorzeitig zugrunde gehen.

Die wahre Heimat des Menschen ist der Himmel, das bedeutet, bei Gott sein zu dürfen. Ist es nicht einleuchtend, dass jedes Geschöpf seinem Schöpfer gleicht, dass die Frucht dem Baum gleicht, von dem sie stammt? Wir finden unsere Ruhe und unsere Erfüllung da, wo unsere Wiege steht – und an keinem anderen Platz als dort. Unsere Seele ist unruhig, denn sie hat die tiefe Sehnsucht, zu ihrer eigentlichen Heimat, zu Gott, zurückzukehren. Ignorieren wir dagegen diese Sehnsucht und geben unserer Seele nicht den Freiraum, sich zu entfalten, sondern zwingen sie möglicherweise noch durch unseren Eigenwillen, verstricken wir uns in uns selbst und finden keine Ruhe.

Nahziel und Endziel des Ruhegebetes

Unsere Ausrichtung im Ruhegebet auf das höchste Ziel, auf Gott hin, darf niemals durch äußerliche Dinge unterbrochen werden. Nur durch Beharrlichkeit und das dazugehörige Wissen stellt sich der ersehnte Erfolg ein. Wie der Landwirt zielgerichtet seine Arbeit einsetzt und den Acker kultiviert, um einmal eine reiche Ernte einzufahren, so muss ebenso auf dem geistlichen Weg der Boden unserer Innerlichkeit bereitet werden. Denn die Innerlichkeit der meisten Menschen ist mit Dorngestrüpp oder gar Steinen belastet, die den Weg zu Gott und den Weg von Gott zu uns versperren. Durch die tiefe Ruhe im Gebet lösen sich Verspannungen, und Dunkelheit in uns wird Licht. Ganz allmählich leuchtet uns das Endziel unseres geistlichen Lebens ein, das darin besteht, das Reich Gottes in uns selbst wahrzunehmen, es in dieser und dann einmal in der kommenden Welt vollkommen zu leben. Das Nahziel jedoch, an dem kein Weg vorbeiführt, ist die Reinheit des Herzens. Das Freiwerden von allen Hindernissen, die zwischen dem Menschen und dem Schöpfer sich mehr oder weniger aufgeschichtet haben, ist der erste Schritt, den alle zu leisten haben, die geistlich leben und durch das Ruhegebet Gott näher kommen möchten. Im Alltagsleben verlieren wir jedoch immer wieder das Wissen um diese Notwendigkeit aus unserem Bewusstsein, wenn ablenkende oder gar verführerische Gedanken, Gefühle oder Bilder in uns aufsteigen. Daher bedürfen wir der Erinnerung durch einen Gott nahen, uns lieben Menschen oder durch den geistlichen Begleiter.

Das Endziel ist das ewige Leben, das notwendige Nahziel jedoch besteht erst einmal in der Reinheit des Herzens. Paulus sagt dazu, dass der Mensch, wenn er aus der Macht der Sünde befreit ist, einen großen Gewinn erlangt hat, der ihn zur Heiligung führt und das ewige Leben bringt (vgl. Römerbrief 6,22). Demjenigen, der das Ruhegebet regelmäßig betet, fällt es leicht, den widergöttlichen Mächten eine Absage zu erteilen. Diese ist der erste Schritt zu seiner Heilung, die sich dann mehr und mehr in Heiligung wandelt. Paulus meint damit die Reinheit des Herzens, die als Endziel das ewige Leben hat. Zu jedem Leben, wenn es gelingen und vor Gott Bestand haben soll, gehört das Bewusstsein einer Bestimmung, die sich in der Verwirklichung des nächstliegenden Zieles ausdrückt, das wiederum auf das Erreichen des Endzieles ausgerichtet ist. Wie viele Menschen haben rein gar nichts, wonach sie sich seelisch liebend ausrichten und sehnen; sie werden zum Spielball des Augenblicks, wie ein Blatt im Wind, das seine Verbindung zum Baum und der Leben spendenden Wurzel verloren hat.

Gottes Geschenk annehmen

Die Gegenwart und die Nähe Gottes, die im Grunde seines Herzens jeder Mensch ersehnt, schenken sich dem

Betenden nicht durch eigenes Tun oder eine äußerliche Gebärde, sondern sie sind, wenn der Mensch den Weg bereitet hat, ein Gnadengeschenk Gottes. Eine wesentliche Bereitung besteht darin, dass der Betende in aller Freiheit seinen eigenen Willen Gott übergibt und gelassen und ruhig bleibt bei allem – was und wie es geschieht.

Das Gnadenhafte wird dem Betenden in der Ruhe geschenkt, die sich empfangend auf Gott hin öffnet wie eine erblühende Blume. Bei diesem Prozess entspricht die zunehmende Inaktivität während des Ruhegebetes der wachsenden gnadenhaften Einflussnahme Gottes. Die Seele ist durch die wahrgenommene Gegenwart des Herrn in einen solchen Frieden versetzt, dass für diese Augenblicke uns jegliche Aktivität, besonders das Denken, gar nicht mehr möglich ist. Alle Seelenkräfte sind still, um die vom Schöpfer ausgehende Liebe nicht zu stören. Diese «himmlische» Befindlichkeit können wir nicht festhalten, denn alles hier Erfahrene ist Geschenk Gottes und niemals vom Menschen aus zu erwerben.

Viele Menschen jedoch können dieses uns zugedachte Gottesgeschenk nicht annehmen, da sie durch festgefahrene Vorstellungen, die sie von ihrem Gebetsleben haben, bereits besetzt sind. Anstatt sich im Gebet der Ruhe Jesus Christus anzuvertrauen, der nach dem Willen Gottes, des Vaters, von den gegenwärtigen Fesseln befreien möchte, bleiben viele in den negativen und zerstörerischen weltlichen Bindungen verhaftet.

Daher ist es vorrangig, insbesondere durch unser Gebet Gott die erste Stelle in unserem Leben einzuräumen, damit durch ihn und seine Heilszuwendung unser Leben gelingen kann. Wie von selbst werden wir auf der Grundlage des Ruhegebetes eine aus dem Herzen strömende Liebe zum anderen spüren, eine durch Verständnis getragene

Ruhe. Diese geistige Kraft ist das Ziel unseres Betens – bis letztlich alles Zerstörerische in uns, selbst der Tod, keine Macht mehr über uns hat (vgl. 1. Korintherbrief 15,26). Der Prozess des Heilwerdens der Seele wird in besonderer Weise durch das Ruhegebet beschleunigt, so dass wir durch das «Sterben» unseres Ichs Anteil an der Auferstehung erhalten, die bereits hier und jetzt in unserem Inneren begonnen hat.

Liebe verleiht Ähnlichkeit mit Gott

Das Schlechte zu meiden aus Furcht vor Strafe oder nur das Gute zu tun, um einen Lohn im Himmel dafür zu erhalten, ist ein Weg, der nicht zu einem dauerhaften Erfolg führt. Es spielen hier Elemente hinein, die mit einer bestimmten Vorstellung von Gott zu tun haben und vornehmlich vom Willen des Menschen bestimmt werden. Ist zum Beispiel das Hindernis der Furcht vor Strafe entfernt, wird sich ganz von selbst das Schlechte im Menschen wieder durchsetzen und ihn beherrschen.

Die Sehnsucht des Menschen nach einem von Gott und seiner Liebe durchströmten Lebensfundament pulsiert in jedem von uns. Das Ruhegebet ist ein vortrefflicher Weg, alle vordergründigen Motivationen und Ziele, die letztlich keinen Bestand haben, zu überschreiten und uns zu dem wahren, bleibenden und ewigen Grund in uns zu führen, der Gott selbst ist. Auf diesem Weg – angezogen und bewegt von der göttlichen Liebe – wird es zu einer Selbstverständlichkeit, alles Dunkle und die Sünde zu meiden und von Gott gewollte Entscheidungen zu treffen. Unser Eigenwille maßt sich nicht an, die Wegführung selbst in die Hand zu nehmen, sondern wird im Gebet der Ruhe demütig und klein, wach und empfangsbereit, das anzunehmen, was Gott für uns zu unserem Wohl und Heil bereitet hat.

Nur durch, mit und in ihm ist es möglich, dass sich unser eigentliches Lebensfundament herauskristallisiert und uns bereits in dieser Welt der ständigen Veränderungen dauerhaft trägt. Von dieser Basis oder göttlichen Bewusstseinsebene her wird für uns einmal der Übergang in das ewige Leben und in die Herrlichkeit Gottes nicht mit Angst und Furcht beladen sein, sondern als Erfüllung unseres Lebens erfahrbar werden.

Geistlich und mit Gott vereint werden

Ein wunderbarer Weg, um geistlich und mit Gott vereint zu werden, führt über das Ruhegebet, das zunächst mündlich vor den Herrn getragen wird. Eines der vielen möglichen Gebete lautet: «Herr Jesus Christus, Sohn Gottes, sei mir Sünder gnädig.» Nach und nach wird das Gebet verinnerlicht und kommt äußerlich zum Schweigen. Über das Verstandes-Gebet wird es zum inneren Gebet. Nach dem Willen des Schöpfers, der allein unser Herz kennt, geschieht mit dem Betenden nach und nach eine wunderbare und übernatürliche Wandlung. Aus dem bloßen Anrufen des Namens Gottes entsteht im inneren Empfindungsbereich der Seele ein Wahrnehmen des Herrn selbst. Der Name und das Wesen des Herrn verschmelzen zu einer Identität.

Die Fülle göttlicher Vollkommenheit ist im Menschen Jesus Christus sichtbar geworden. Im Geheimnis des Glaubens, dem Mysterium der Eucharistie, wie auch im Namen Jesu Christi ist zwar die göttliche Gegenwart unsichtbar, jedoch geistlich und mit dem Herzen spürbar. Mit dem heiligen Namen, den wir immer wieder im Ruhegebet anrufen, nähern wir uns nicht nur dem Wesen Christi, sondern sind auch in der Lage, das Wesen Christi selbst, seine gottmenschliche Natur zu berühren. Das eigene, durch das Gebet geläuterte Seelenvermögen fließt ein in den Geist Christi, so dass wir ein Geist mit ihm werden.

Wer sich an den Herrn bindet, ist ein Geist mit ihm (1. Korintherbrief 6,17).

Auf diesem Weg des Vereintwerdens mit Jesus Christus und letztlich im Zustand des Vereintseins mit ihm haben wir Anteil an seiner Liebe, an seiner Barmherzigkeit, an seiner Güte, an seinem Frieden und an seiner göttlichen Herrlichkeit. Und noch eine erhabene Gabe tritt hinzu: Wir wissen um die Existenz des ewigen Lebens, da wir es selbst in uns spüren. Auf dem Weg dorthin schwinden alle Unsicherheiten und alle Ängste, unser Leben – ganz gleich in welcher Phase es sich befindet – erhält einen tiefen Sinn. Ist es nicht wunderbar zu erleben, wenn ein Mensch in all seinem Tun, Sprechen, Denken und Fühlen Zeugnis ablegt von seiner wahrhaften Gottesbeziehung und der göttlichen Gnade, von der er ganz und gar durchdrungen ist?

Wer an den Sohn Gottes glaubt, trägt das Zeugnis in sich (1. Johannesbrief 5,10a).

Durch das Ruhegebet und die damit verbundene Anrufung Gottes und die Bitte um sein Erbarmen erkennen wir mehr und mehr in unserem Herzen die rettende und gnadenhafte Mitanwesenheit Jesu Christi. Gott neigt sich unserer Seele zu und möchte sich mit ihr vereinen. Gibt es etwas Größeres als diese uns entgegenkommende Liebe Gottes? Gibt es Gründe, uns dieser Liebe zu verweigern? Kein Mensch ist dazu geschaffen, in der Gottesferne zu leben und ihretwegen Leid auf sich zu nehmen. Jesus sagt in seiner letzten öffentlichen Rede, der Stunde der Entscheidung, folgende Worte zu allen Menschen:

Und ich, wenn ich über die Erde erhöht bin, werde alle zu mir ziehen (Johannes 12,32).

Jeder Mensch und jedes Wesen hat Gott nötig, um nicht aus der Schöpfungsordnung, vor allem aber, um nicht aus der Liebe Gottes zu fallen. Selbst der vermeintlich Gott fernste Mensch kann nicht ohne Gott leben, jede Sekunde lebt er bereits durch ihn.

Denn in ihm leben wir, bewegen wir uns und sind wir (Apostelgeschichte 17,28).

Durch die Anrufung seines heiligsten Namens nimmt der Herr selbst in unserem Herzen Gestalt an, er zieht ein in unser Herz wie in eine Wohnung, die er niemals mehr verlassen möchte. Dieser Zustand der unmittelbaren Nähe des Menschen zu Gott gleicht dem Garten Eden, in dem der Mensch vor seinem Fall zu Hause war. Mit seinem Heiligen Geist durchströmt und durchglüht Gott unser Herz und unseren Geist, so dass wir mehr und mehr seinen göttlichen Willen erkennen und einsehen.

Aus seinem Inneren werden Ströme von lebendigem Wasser fließen. Damit meinte er den Geist, den alle empfangen sollten, die an ihn glauben (Johannes 7,38b–39a).

Eine Frucht des Ruhegebetes besteht darin, dass wir die uns zuströmende Liebe Gottes empfangen können und in ihr die ersehnte Ruhe finden, nach der die Seele des Menschen nach dem Sündenfall verlangt. Es ist wie eine Rückkehr ins verlorene Paradies. Gottes Gegenwart in uns schenkt uns nicht nur unendliche Freude und Erfüllung, sondern auch die Sicherheit, dass es ewiges Leben gibt, weil wir bereits Anteil daran haben. Alle Unruhe kommt in diesem Zustand zur Ruhe, alle Unsicherheit wandelt sich in Sicherheit, jegliche Angst schwindet, und alle Kräfte des Menschen, die natürlichen und übernatürlichen, werden gespeist aus der Quelle ewigen Lebens.

Wer aber von dem Wasser trinkt, das ich ihm geben werde, wird niemals mehr Durst haben; vielmehr wird das Wasser, das ich ihm gebe, in ihm zur sprudelnden Quelle werden, deren Wasser ewiges Leben schenkt (Johannes 4,14).

Anfangs sind es nur Augenblicke, in denen wir unendliche Erfüllung spüren. Der Körper ist entspannt und ruhig, der Geist irrt nicht mehr suchend umher, alle Hoffnungen und Wünsche des Herzens sind erfüllt, und die Seele hat nur ein Verlangen, das göttliche Leben möge in ihr bleiben.

In diesem hohen Zustand ist der Mensch durch und durch geistlich geworden, sein Wille ist zum göttlichen Willen geworden, nicht mehr Vergängliches, sondern Unvergängliches nimmt den ersten Platz ein, alle Gefühle – seien sie leiblich oder seelisch – haben nichts Egoistisches mehr an sich, sondern sind entgrenzt auf Gott hin.

Worte aus erfülltem Herzen

Während des Ruhegebetes wird ein immer tiefer werdendes Schweigen vernehmbar. Es kommt jedoch vor, dass sich in dieses Schweigen ein hörbares Überströmen des Geistes ergießt. Es sind Worte, die von selbst aus einem von Gott erfüllten Herzen aufsteigen. Durch die Hingabe an Gott ist der Betende nicht imstande, diese aus ihm hervorbrechenden Äußerungen zu steuern oder zu verschließen. Der böse Feind versucht jetzt umso mehr zerstreuende Gedanken und abartige Stimmungen einzugeben, um die Glut des Herzens auszulöschen. Das kurze – aber häufig wiederholte – Ruhegebet, mit dem der Herr immer wieder um sein Erbarmen gebeten wird, ist das beste Mittel, nicht vom Herrn getrennt zu werden, sondern mit ihm vereint zu bleiben.

3. Geheimnis des Glaubens

Viele Menschen, die den Weg des Ruhegebetes gehen, sprechen davon, dass ihnen zeitweilig im Gebet ein Zustand großen Glücks zuteil wird. Das Evangelium nennt diesen Zustand «selig». Bei vielen schwindet dieses innere Glück allerdings wieder. Es baut sich jedoch langsam auf und stabilisiert sich mehr und mehr. Wichtig dabei ist, dass wir beim Beten alle Erwartungen ablegen und das Ruhegebet in einfacher Weise beten. Einmal wird es eine Zeit geben, in der der Zustand der Glückseligkeit nicht nur konstant im Ruhegebet erfahren wird, sondern auch außerhalb des Gebetes. Die Wüstenväter sprechen dann von der Vollkommenheit des Gebetes.

Das Geheimnis des Glaubens wird Wirklichkeit

Der Betende sieht ein, dass er ganz und gar aus Gott und in jedem Augenblick aus seiner liebenden Zuwendung lebt. Er weiß, wie durch sein Armwerden und seine Armut vor Gott sich ihm ein begnadeter Zustand der Seligkeit schenkt, der ihn jetzt erfüllt und reich sein lässt. In großer Ruhe nimmt der Betende außerhalb des eigentlichen Gebetes alles, was ihm begegnet, wahr und alles wird für ihn klar, folgerichtig und durchschaubar. Ein Mensch in diesem von Gott und Gottes Gnade durchdrungenen Be-

Sinn und Ziel des Ruhegebetes

wusstseinszustand ist sich absolut sicher, dass Gott auf seiner Seite steht und ihm Böses nichts mehr anhaben kann. In allem erkennt die Wahrheit die Wahrheit – ohne dass der Betende Gefahr läuft, sich selbst zu überschätzen. Alle, die Gottes Namen und sein Erbarmen im Gebet anrufen, können niemals über der Wahrheit, sondern nur in der Wahrheit stehen, wenn sie durch Hingabe die alles umfassende Liebe Gottes in sich spüren.

Allem voraus geht jedoch ein Sterben zusammen mit Christus, um mit ihm aufzuerstehen. Solange wir in dieser Welt leben, wird es für uns immer wieder ein Sterben mit ihm geben, das immer wieder die Auferstehung mit Jesus Christus zur Folge hat. Hier wird das Geheimnis des Glaubens im Betenden Wirklichkeit, da er eingeweiht ist in das Mysterium Jesu Christi.

Sterben um zu leben

Durch die wahrhafte Erfahrung des Geheimnisses des Glaubens, für die das Ruhegebet den Weg öffnet, offenbart sich uns die Heilige Schrift auf neue und wunderbare Weise. *Wer das Leben gewinnen will, wird es verlieren; wer aber das Leben um meinetwillen verliert, wird es gewinnen* (Matthäus 19,39). Diese und viele andere Worte der Heiligen Schrift setzen dem rationalen Denken der gegenständlichen Dimension einen nicht zu überwindenden Widerstand entgegen. Wenn ein Mensch sich nur in dieser Dimension bewegt, wird er die Worte des Herrn vom Sterben, um Leben zu gewinnen, nicht begreifen.

Durch wohlvorbereiteten Empfang der Eucharistie und das tägliche Gebet der Hingabe jedoch, in dem auch ein Sterben und Auferstehen geschieht, erleben wir eine andere Dimension, eine göttliche, die auf uns wartet, um uns überrationales Erfahren und Schauen zu schenken. Die Fülle des Lichtes der Auferstehung ist allem Denk- und Berechenbaren weit überlegen.

Die Praxis des Ruhegebetes führt das Überhandnehmen des Rationalen in eine gesunde gottgewollte Mitte zurück, indem es dem nicht Denkbaren, dem Mysterium göttlicher Liebe, im Herzen des Menschen Raum gibt. Eine tiefe Umstellung, ja, ein Aufbruch, geschieht im Inneren, so dass die durch das Rationale verursachte Verschlossenheit sich auflöst und eine neue Dimension erfahrbar wird.

Sich in Gott fallen lassen ...

Da es beim Ruhegebet nicht um Konzentration geht, muss es langsam eingeübt werden. Die vom geistlichen Begleiter angegebene Gebetszeit sollte eingehalten und eher kürzer als zu lange gebetet werden. Es ist jedoch darauf zu achten, dass täglich regelmäßig gebetet wird. Viele Menschen haben gelernt, sich beim Beten zu konzentrieren und sich bildlich das vorzustellen, was sie gerade beten. Dabei setzen sie ihre Gedanken und Vorstellungskräfte ein.

Das Ruhegebet geht einen anderen Weg, indem es ohne Konzentration der Sehnsucht der Seele folgt, in das Geheimnis des Glaubens und das Geheimnis Gottes einzutauchen. Nicht bestimmte Gedanken, Vorsätze oder Gaben übergibt der Betende dem Schöpfer, sondern sich selbst – wissend, dass Gott den Menschen erneuert. Er tritt durch die Anrufung des Herrn vor Gott in der Gewissheit, dass Gott seine Seele von aller Dunkelheit befreit, sein Herz entlastet und ihn von der Mitte seiner Existenz her neu schafft.

Indem der Betende sich in Gott fallen lässt und sich ihm damit lebenswahrhaftig anvertraut, geschieht etwas überaus Wesentliches und Großes, das von Gott ausgeht und worauf der Mensch keinen Einfluss hat: Gott wendet sich dem Menschen zu; und wenn er gefallen ist, wird er von der liebenden Barmherzigkeit Gottes aufgefordert, wieder aufzustehen. Das Ruhegebet bereitet auf wunderbare Weise die Voraussetzungen für diese Begegnung. Durch die tiefer werdende Ruhe, die mit der Anrufung des Namens Gottes einhergeht, wird der Weg zu Gott von allen Hindernissen befreit und dem Betenden leuchtet etwas ein, das ein Gnadengeschenk Gottes an den Menschen ist.

Da der Betende sich nicht konzentriert auf einen Punkt ausrichtet und an ihm festhält, sondern sich durch Hingabe bedenkenlos Gott öffnet, kann Gott durch seine unendliche Güte, Menschenfreundlichkeit und Barmherzigkeit den Menschen von Grund auf in seinem Inneren erneuern. Das Geheimnis des Glaubens wird Wirklichkeit, indem Wandlung geschieht.

Heilige Schrift

Der tiefe Sinngehalt der Heiligen Schrift wird sich dem Betenden immer mehr eröffnen, je weiter er durch das Ruhegebet auf dem Weg der Reinigung fortschreitet. Wahrheiten werden gleichsam einleuchten, wenn die Augen des Geistes naturgemäß die Heilige Schrift zu schauen beginnen. Bisher verhüllte mehr oder weniger die Decke der Sünden die Augen des Geistes, so dass die Geheimnisse im Dunkel blieben. Wenn diese Decke allmählich transparenter wird, wird uns bereits beim Lesen der Heiligen Schrift die Wahrheit einleuchten und wir benötigen keinen Kommentar mehr. Unter den Auslegern sind deshalb große Meinungsverschiedenheiten und Irrtümer entstanden, weil die meisten – ohne selbst einen Weg der Reinigung und der Erleuchtung zu gehen – von ihrem jeweiligen

Bewusstseinsstand die Bibel interpretiert haben. Das Licht der Wahrheit ist nur zu finden, wenn ein ungesunder Egoismus abgebaut ist und das Herz der Kultur der Reinigung unterzogen wird.

Geheimnis des Glaubens

Im heiligen Messopfer werden wir in das Geheimnis des Glaubens, in den Tod und die Auferstehung Jesu Christi, mit hineingenommen. Was es heißt, mit Christus zu sterben, wird gerade im Ruhegebet besonders deutlich und erfahrbar. Das Sterben und der Tod entsprechen im Ruhegebet dem Loslassen und Abgeben von allem, was uns bindet. Dazu gehören auch unsere Gottesvorstellung und unsere bewusst gesteuerten Gedanken sowie Gefühle, Bilder und Erwartungen, ja, letztlich alle Ich-Strukturen.

Der vorübergehende Tod des eigenen Ego währt im Ruhegebet nur eine kurze Zeit. Durch dieses «Sterben» jedoch bereiten wir dem Entgegenkommen des Herrn den Weg. Der Herr nimmt unser Opfer an und schenkt es einem jeden auf individuelle Weise zurück. Durch, mit und in ihm dürfen wir verwandelt auferstehen, das heißt, nach der Begegnung mit ihm sendet er uns hinaus in das aktive Leben. Für einen jeden von uns hat er einen besonderen Auftrag, der uns erst jetzt in vollem Maß bewusst wird, da wir das Geheimnis des Glaubens sowohl körperlich als auch geistig ein Stück weit erfahren haben.

Zutiefst bereichert, nicht durch unsere eigene Leistung, wird die von Gott geschenkte Gabe uns zur Aufgabe. Sie drängt uns, Geschenktes in die Tat umzusetzen, neue Lebens- und Glaubensimpulse zu verwirklichen und vor allem, die empfangenen Gaben weiterzuschenken.

4. Beten ist Aufbruch in ein neues Geheimnis

Gott sprach zu Abraham: *Zieh weg aus deinem Land, von deiner Verwandtschaft und aus deinem Vaterhaus in das Land, das ich dir zeigen werde* (Genesis 12,1). Dieser Aufruf zum Aufbruch ist das erste Wort in der Heiligen Schrift, das Gott zu einer geschichtlich erkennbaren Person gesprochen hat. Abraham soll Gewohntes verlassen und aus seinen eigenen Lebensentwürfen ausziehen. Er machte sich fest in Gott, vertraute ihm und ging mit ihm seinen Weg, indem er das Sichere, Berechenbare und Überschaubare hinter sich ließ.

Ruhegebet: Aufruf zum Aufbruch

Das Wort Gottes an Abraham ist ein Bild dessen, was im Ruhegebet geschieht. Wer es ernst meint mit seinem Glauben und Gott spüren und ihm näher kommen möchte, sollte darum wissen, dass im Ruhegebet Aufbruch in das Land geschieht, das Gott uns zeigen möchte. Und gleichzeitig erfahren wir in dieser Welt, die es zu bestehen gilt, Sinn, Standfestigkeit, Freude und Erfüllung. Um unseren Auftrag jedoch in dieser Welt auszuführen, benötigen wir immer wieder und täglich neu die Verbundenheit mit Gott, dem Vater, dem Sohn und dem Heiligen Geist. Dies vollzieht sich im Ruhegebet so lange, bis das Leben zum Gebet und das Gebet zum Leben geworden ist.

Das Gebet Jesu am Ölberg

Immer wenn er in Jerusalem war, ging Jesus mit seinen Jüngern über den Kidron-Bach zum Ölberg. Wenn er betete, zog er sich gern in die Einsamkeit zurück. Jesus betete in der Morgenfrühe um Klarheit für seinen Weg (vgl. Markus 1,35) und in tiefer Nacht im Garten Getsemani um das Bestehen des Endes seines irdischen Lebens. Jesus ging ein Stück voraus – etwa einen Steinwurf weit – warf sich auf die Erde nieder und betete: *Mein Vater, wenn es möglich ist, so gehe dieser Kelch an mir vorüber. Aber nicht wie ich will, sondern wie du willst* (Matthäus 26,39). Er betete noch inständiger mit den gleichen Worten, die er drei Mal wiederholte.

Alle Gebete Jesu beginnen mit der Anrede Gottes als Vater. Jesus hat Gott stets mit «mein Vater» angeredet und dabei das aramäische Wort «Abba» verwendet. Er betete sich mehr und mehr in den Willen Gottes hinein und war bis zum Letzten bereit, alles ihm Zugedachte aus der Hand des Vaters anzunehmen. So ging das Gebet Jesu über in die Einheit mit dem Willen des Vaters.

Im Garten Getsemani geschieht in vollendeter Weise, was wir mit dem Ruhegebet schrittweise einüben: die Verwandlung des gesamten Daseins in ein einziges Gebet der Hingabe und Annahme dessen, was geschehen soll.

Aus dem Beten Jesu leiteten die Wüstenväter ihr eigenes Beten und vornehmlich auch das Ruhegebet ab. Die wesentlichen Elemente des Betens Jesu wurden somit zur Grundlage des Ruhegebetes:

- die Notwendigkeit des Betens einsehen und dem Gebet vor allem anderen den Vorrang geben
- sich zum persönlichen Beten morgens und abends an einen ruhigen Ort zurückziehen
- möglichst immer am gleichen Ort und zur gleichen Zeit in die Stille des Gebetes gehen, das heißt Regelmäßigkeit wahren
- vor dem Beten Kontakt mit dem Boden, der Erde aufnehmen – sich körperlich hingebend fallen lassen
- nicht viel Worte machen, die Augen schließen und schweigen
- im Ruhegebet Gott als den Vater oder Jesus Christus als den Herrn ansprechen
- ein kurzes Gebetswort, das die Hingabe an den Willen des Vaters oder das Erbarmen Jesu Christi zum Inhalt hat, innerlich häufig und sanft wiederholen.

In diesem wesentlichen Gebet kommen Körper, Geist und Seele sehr schnell zur Ruhe. In dieser Ruhe spürt der Betende mehr und mehr die Gegenwart und die Nähe Gottes. Durch diese Verbindung und Verbundenheit mit dem Schöpfer hat das Widergöttliche nicht die Chance, in den Menschen einzudringen – es prallt von ihm ab. Zukünftiges kann sich im und durch das Ruhegebet anders und intensiver offenbaren, als wenn der Mensch unter ständiger Spannung und in fortwährender Aktivität steht. Die Auferstehung und die nachösterliche Dimension werden für den Betenden immer mehr zur Gewissheit.

Zwei wesentliche Dinge kommen hinzu: Sowohl im Gebet als auch außerhalb des Ruhegebetes erfahren wir ganz von selbst eine größer werdende Gemeinschaft, in die wir liebevoll aufgenommen sind. Unser Bewusstsein und damit auch unser geistig-seelischer Horizont weiten sich, die

Toleranz nimmt zu, unser Durchhaltevermögen wird größer und eine stärkere Lebenskraft wird erfahrbar.

Ruhegebet und Liebe

Nicht um des Ruhegebetes willen beten wir, sondern um Liebende zu werden: um die Liebe zu Gott und die Gottesliebe zu uns tiefer zu erfahren, die Nächsten- und auch die Eigenliebe. All das, was wir im und außerhalb des Ruhegebetes tun, tun wir, um Liebende zu werden. Darum ist die Liebe in allem maßgebend.

Das Ruhegebet kann mit einem Schiff verglichen werden, das uns auf die andere Seite des Flussufers oder gar des Meeres bringen möchte. Bei aller Freude an der Überfahrt – manchmal kann sie allerdings auch sehr stürmisch und bewegt sein – verlieren wir nicht das Ziel aus unserem Blick und unserem Herzen: das gegenüberliegende Ufer zu erreichen. Das Schiff ist zwar notwendig, es bleibt jedoch zweitrangig in Bezug auf das, wohin wir uns gezogen fühlen: Liebende, Gott Liebende zu werden.

Ist für jemanden das Schiff die Hauptsache, ohne dass er ein Ziel hat, verliert es sich in der Weite des Ozeans und wird niemals «ankommen». Die Konzentration auf das Schiff und seine Funktionsweisen nehmen den Reisenden so in Anspruch, dass es zu keiner auf ein Ziel gerichteten und beschleunigten Fahrt kommt. Wenn der Betende sich analog diesem Beispiel während des Ruhegebetes an dem einen oder anderen Gedanken, an seiner Atmung, seinem Herzschlag oder gar dem Zählen seiner Gebetsworte festhalten würde, käme dies einer Konzentration gleich, die seinen Geist an einem Punkt festhält und ihn nicht freigibt, um sich auf sein Ziel hin zu bewegen. Dieses Ziel ist Gott, und Gott ist die Liebe.

Erfahrung und Wissen gehören zusammen

Nur etwas zum Ruhegebet zu wissen, reicht allein nicht aus, denn es fehlt ein wesentliches Element, nämlich die Erfahrung. Jemand kann noch so viel vom und über das Ruhegebet gehört haben: Ab einem bestimmten Punkt wird er dessen überdrüssig und er möchte das Gebet mit sich selbst in Erfahrung bringen.

Da gibt es zum Beispiel jemanden, der in seinem Leben noch niemals Schokolade gegessen hat. Er hört Vorträge über Kakao und die Zubereitung feinster Schokolade. Doch irgendwann ist der Zuhörer die Theorie leid und er verlangt danach, endlich Schokolade zu schmecken.

Wenn vieles in unserem Leben Theorie bleibt und nicht in die Praxis umgesetzt wird, fühlen wir uns nicht wohl, weil wir unausgeglichen und einseitig belastet sind. Viele Menschen sind mit ihrem Gebetsleben nicht zufrieden, weil sie es als unwirklich und zu verkopft erleben. Der christliche Glaube kann nur bedingt von außen an einen Menschen herangetragen werden. Das Wesentliche ist die Glaubenserfahrung – die Belichtung und Bewusstmachung der uns von Gott eingestifteten Religiosität. Die Ebenbildlichkeit Gottes in jeder Seele – mehr oder weniger verborgen – wird ent-deckt und zum Leuchten gebracht. Das ist unsere vornehmliche und eigentliche Aufgabe: Wir bereiten uns und den Weg dazu, Gottes Gabe zu empfangen, die uns dann in dieser Welt zur Auf-Gabe wird. Auf diese Weise erfüllen wir den Willen Gottes, den wir aus der Erfahrung tiefer innerer Ruhe und dem schweigenden Dasein vor Gott zweifellos klar erkennen.

Das Ruhegebet macht den Weg frei zu diesem vom Menschen sehnsüchtig erwarteten Ziel und lässt ihn unmittelbar die Nähe und die Liebe Gottes spüren. Die jetzt auftretenden Fragen sollten von der Theologie und Spiritualität beantwortet werden. Daher sind geistlich lehrende und Gott nahe Menschen unverzichtbar. Sie zeigen den Suchenden einerseits den christlichen Weg in die Gotteserfahrung, und andererseits sind sie aus eigener Erfahrung in der Lage, Erlebnis und Erfahrungen der Betenden umfassend theologisch zu erklären.

Sowohl die Erfahrungen als auch das Wissen um das, was geschieht, müssen Hand in Hand gehen und sich gegenseitig ergänzen. So kommt es auf der einen Seite zu keiner intellektuellen Verkopfung und auf der anderen Seite darf jemand mit seinen religiösen Erlebnissen nicht alleingelassen werden.

Wenn ein Spaziergänger am Meer noch niemals etwas von Bernstein, seinem Wert und seiner Kostbarkeit, gehört hat, wird er achtlos daran vorübergehen. Ein anderer jedoch weiß um diese Kostbarkeit, die bei Ostwind das Meer an Land spült. Er wird den Bernstein sammeln und eventuell ein Schmuckstück daraus fertigen lassen. So gehört zur Erfahrung, die durch das Ruhegebet entsteht, auch das Wissen um die große Kostbarkeit dieses Gebetsweges, das Wissen, was alles an Reinigendem und letztlich Gutem während des Ruhegebetes und der Zeit danach sich offenbart und offenbaren kann.

Zieh weg aus deinem Land ...

Gott sprach zu Abraham: Zieh weg aus deinem Land, von deiner Verwandtschaft und aus deinem Vaterhaus in das Land, das ich dir zeigen werde (Genesis 12,1). Im Ruhegebet rufen wir unseren aktiven Geist von allem Gegenwärtigen und Sichtbaren zurück, lassen die Gedanken zur Ruhe kommen, indem wir keine neuen bewusst aufgreifen, und geben uns ganz dem anziehenden Strom in die Innerlichkeit hin. Aus diesem unserem Land ziehen wir weg, das heißt aus allem Wahrnehmbaren aus dieser Welt. Mit Verwandtschaft ist all das gemeint, was uns anhängt, all das, woher wir kommen und bestimmte Gewohnheiten, die uns eigen sind und uns immer noch festhalten. Aus deinem Vaterhaus wegziehen bedeutet, alles uns Bindende loszulassen, um für den einen und ewigen Vater offen und frei zu werden. So kann auch Vers 11 in Psalm 45 gedeutet werden: *Höre, Tochter, sieh her und neige dein Ohr, vergiss dein Volk und dein Vaterhaus!*

Im Ruhegebet lassen wir mit Christus zusammen das los, woraus diese Welt und die uns daran bindenden Gefühle bestehen. Indem wir mit unserem Herzen hinausgehen aus diesem sichtbaren Haus, richten sich die «Augen» unserer Seele ganz von selbst auf das «Haus», in dem wir einmal für immer bleiben werden.

Wir wissen: Wenn unser irdisches Zelt abgebrochen wird, dann haben wir eine Wohnung von Gott, ein nicht von Menschenhand errichtetes ewiges Haus im Himmel (2. Korintherbrief 5,1).

VI.
Umgang mit Gedanken

1. Beharrlichkeit im Gebet

Hat das Gebot aus dem Alten Testament für uns noch eine Bedeutung und wenn ja, wie können wir es erfüllen? Verlassen wir die Dunkelheit der Nacht und erwachen vom Schlaf, wird uns hoffentlich durch die Ruhe eine neubelebte Frische für Körper und Geist geschenkt. Bevor wir nun den vor uns sich ausbreitenden Tag aktiv beginnen, bevor wir unser Herz öffnen für die uns erwartenden Aufgaben und Sorge tragen für zeitliche Angelegenheiten, ziehen wir uns für eine angemessene Zeit zum Ruhegebet zurück.

Gott die Erstlinge darbringen

Alles Erste, was uns an jedem neuen Tag begegnet, weihen wir dem Herrn:

♦ Dank dafür, dass er uns in seine Auferstehung hinein genommen hat und wir aus der Finsternis der Nacht in Gottes Lebenslicht zurückgerufen sind.

♦ Alle aufkommenden ersten Gedanken geben wir im

Ruhegebet ab, den Nachhall unserer Träume und alles Denken an Bevorstehendes.

- Alle aufkommenden Bilder und Vorstellungen, Erinnerungen und Planungen für den neuen Tag legen wir in die Hände Gottes.

- Kommen bestimmte Menschen vor unser inneres Auge, empfehlen wir sie dem Herrn und kommen zu unserem Gebet zurück.

- Mit der ersten Bewegung unserer Zunge rufen wir seinen Namen an und bitten um sein Erbarmen, bis das Ruhegebet in ein reines Schweigen übergeht.

- Auch unsere körperliche Bewegung, unsere Schritte, unser Tun wie auch unsere Atmung opfern wir dem Herrn, indem wir uns still zum Gebet hinsetzen.

- Bevor wir körperlich oder geistig etwas leisten, lassen wir uns die Kraft dazu im Schweigen des Gebetes von Gott schenken.

Wenn wir somit alles Erste, das uns an jedem neuen Tag begegnet, dem Herrn opfern, erfüllen wir damit im übertragenen Sinn ein altes Gebot. Durch die Hinwendung zu Jesus Christus am Morgen kommen wir dem Entstehen der ersten Morgengedanken zuvor, die täglichen Sorgen haben noch keine Macht über uns und böse Einflüsterungen verderben nicht im Voraus das Beste unserer Erstlinge. Der Schutz vor allem Unguten ist Jesus Christus, der alle Dunkelheit besiegt und den Tod überwunden hat. Sollten wir uns daher nicht als Erstes an ihn wenden und ihn bitten, uns an diesem und an jedem Tag beizustehen?

Schon beim Morgengrauen komme ich und flehe; ich warte auf dein Wort (Psalm 119,147). *Herr, früh am Morgen tritt mein Gebet vor dich hin* (Psalm 88,14).

Das rechte Maß einhalten

Der Segen des Ruhegebetes wird spürbar, wenn wir es regelmäßig, beharrlich und ausdauernd beten. Man sollte nicht überheblich sein und meinen, das Ruhegebet nicht nötig zu haben oder es nur von Zeit zu Zeit nach «Bedarf» zu üben. Gerade durch die Kontinuität unseres Betens dürfen wir tiefgreifende Veränderungen erwarten. Unsere subjektive Bewertung des Ruhegebetes ist völlig bedeutungslos, denn das, was wirklich geschieht, offenbart sich uns oft viel später.

Sich einer Gruppe von Menschen anzuschließen, die auch das Ruhegebet praktizieren, ist anfangs sehr empfehlenswert – zumal, wenn ein im Ruhegebet ausgebildeter Lehrer der Gruppe vorsteht. Das gemeinsame Beten und der Austausch von Erfahrungen sollten an erster Stelle stehen.

So wie man auf der einen Seite darauf achten muss, beim Beten nicht nachlässig zu werden, so ist auf der anderen Seite jede Übertreibung zu vermeiden. Letzteres ist sogar noch wichtiger zu beachten, denn mit der Zeit verlangen Körper, Geist und Seele von selbst nach mehr und mehr innerer Ruhe, die während des Gebetes erfahren wird. Man ist schnell geneigt, diesem Verlangen nachzugeben und die Gebetszeit zu überziehen oder sich mehr als zweimal am Tag zum Ruhegebet hinzusetzen. Jede Übertreibung bedeutet für Körper, Geist und Seele eine Gefahr. Man darf sich keinesfalls maßlos dem Gebet hingeben und darüber seine täglichen Pflichten vernachlässigen.

Es entspricht zudem auch nicht der menschlichen Natur, sich einer übermäßigen Entspannung und zu langer Ruhephasen hinzugeben. Sowohl nach der Ruhe der Nacht als auch nach dem Ruhegebet benötigen wir Aktivität und damit eine gewisse gesunde Anspannung für Körper, Geist und Seele. Überziehungen der Ruhegebetszeiten machen unfähig zu wahrem Leben. Seelische Krankheiten, die durch Fanatismus und übertriebenes Beten verursacht werden, wiegen schwer und hinterlassen belastende Spuren im Nervensystem und in der Psyche.

Überheblichkeit

Einige, die das Ruhegebet üben, sprechen schon gleich zu Beginn von guten Erfahrungen, die sie machen. Schnell kann sich dann eine gewisse Überheblichkeit einschleichen, und vor lauter Begeisterung, etwas erreicht zu haben, wird dann das Ruhegebet aufgegeben. Hier heißt es ganz streng, das Gebet regelmäßig weiter zu beten, unabhängig davon, ob ein Erfolg eintritt oder nicht. Indem wir immer wieder Gott anrufen, richten wir uns auf ihn aus und sehen für diese Zeit von unserem Ego ab. In der Hinwendung an den Schöpfer liegt unausgesprochen die Bitte, er möge uns Hilfe gewähren, weder überheblich noch stolz zu werden. *Gott tritt den Stolzen entgegen, den Demütigen aber schenkt er seine Gnade* (Jakobusbrief 4,6).

Ausdauer im Gebet

Niemand braucht wegen seines belasteten Gewissens zu verzweifeln und mutlos zu werden. Auch mit einer Belastung kann er das erlangen, was zum Heil und zur Ewigkeit gehört. Durch die Wiederholung des Gebetsverses im Ruhegebet drückt der Betende Beharrlichkeit aus. Der Herr nennt ein solches Beten wegen seiner unermüdlichen Ausdauer «zudringlich». Im Gleichnis vom bittenden Freund bedeutet «zudringlich» die ausdauernde und sich ständig

Umgang mit Gedanken

wiederholende Bitte, die Gott in seiner erbarmenden Liebe beantwortet. *Ich sage euch: Wenn er schon nicht deswegen aufsteht und ihm seine Bitte erfüllt, weil er sein Freund ist, so wird er doch wegen seiner Zudringlichkeit aufstehen und ihm geben, was er braucht* (Lukas 11,8).

Die Form des sich ständig wiederholenden Gebetes muss sich deshalb ohne Misstrauen und Zweifel in Beharrlichkeit und Vertrauen immer neu vollziehen. Da der Herr uns zu Heil und Ewigkeit lenken möchte, fördert und fordert er unsere «Zudringlichkeit», indem er unser beständiges Rufen nicht zurückweist, sondern uns sogar dazu einlädt.

Wesentlicher Beitrag

Um innerlich befreit zu werden von allem, was nicht zu unserem ureigensten Wesen gehört und um gleichzeitig innerlich so stabil zu werden, dass keine neuen unguten Dinge in uns hineinfallen und uns belagern und beherrschen, können wir von uns aus Wesentliches dazu beitragen. Um die Reinheit und Ruhe des Herzens zu gewinnen, achten wir darauf, nicht so viel neue Eindrücke aufzunehmen, wir fasten zu den festgesetzten Zeiten, vor allem aber pflegen wir regelmäßig das Gebet der Ruhe, durch das sich als Erstes alte festgesetzte Eindrücke lösen. Ganz allmählich wird das Herz frei von allen gefährlichen Leidenschaften und von allem, was es in ein geistloses Unten drängt, und mehr Liebe kann sich in ihm entfalten. Wenn wir auf dem Weg des Ruhegebetes Fortschritte machen, werden wir mit der Zeit hellhöriger und sensibler und spüren genau, welchem Gedanken und welchem Tun wir zu welcher Zeit den Vorrang geben müssen.

Erwartungen an das Ruhegebet

Obwohl ausdrücklich und wiederholt von den Vätern gesagt wird, man solle während des Ruhegebetes keine Erwartung haben, kommt es leider immer wieder vor, dass Menschen, die mit dem Ruhegebet begonnen haben, wegen ihrer hohen Erwartungen unzufrieden sind. Sie finden das nicht erfüllt, was sie erhoffen. Bei aller inneren Bewegung oder auch Nicht-Bewegung während des Betens heißt es, weiterzumachen ohne jegliche subjektive Beurteilung. Die Erfolge beim Ruhegebet stellen sich da und dann ein, wenn wir am wenigsten damit rechnen.

Doch durchzuhalten fällt vielen Menschen schwer. Sie meinen, die Gebetsweise ändern zu müssen, damit die neue dann effektiver würde. Wenn man sie fragt, sagen sie, keinen geistigen Gewinn zu spüren. Sie glauben, eine neue Art des Betens, die sie noch nicht kennen, und eine andere Umgebung sei ihrem Fortschritt förderlicher und ihrem Seelenheil zuträglicher. Sie träumen von Gemeinschaften, deren Atmosphäre eine rein geistliche und bleibende ist. Die Unruhe und die Sehnsucht, etwas Besseres zu finden als das Ruhegebet, verleiten sie, diese Gebetsweise aufzugeben und nach neuen Wegen zu suchen.

So sind viele Menschen immer wieder auf der Suche, etwas Besseres zu finden, das sie schneller von allem Fehlerhaften befreit und ihnen baldige Erlösung verspricht. Wie sich im Herbst der Nebel auf tiefer gelegene Wiesen und Felder legt, so wird auch der Geist der ständig Suchenden von einer vernunftlosen Verwirrung umlagert.

Wie viel kostbare Lebenszeit verlieren wir doch, wenn wir einmal in einem Boot sitzen und uns mit allen Gegebenheiten vertraut gemacht und eventuell die Position eines Kapitäns erreicht haben, und dann, weil wir glauben, ein anderes Boot sei schneller, in ein solches umsteigen wollen!

Viele Suchende, die nicht aufhören zu suchen in dem Glauben, jeweils etwas Besseres zu finden, vergeuden damit nicht nur viel Zeit und Lebensenergie, sondern sie verlieren auch ihre eigene Mitte und vergessen dabei, ihre Pflichten zu erfüllen. Sie vergessen, dass nicht an erster Stelle angenehme und erhebende Gefühle stehen, sondern die einfache Hingabe, um zu empfangen. Die von Gott gegebene Gabe wird uns dann zur Aufgabe, zu der wir gerufen sind, sie mitten in der Welt auszuführen. Genau dazu hilft uns das Ruhegebet, bei dem die Stille vor Gott und das Empfangen seiner Weisung an der ersten Stelle stehen. Anstatt sich dem, was uns verlassen möchte, zu stellen, damit wir innerlich frei und gelöst werden, fliehen viele vor der Stille und mischen sich ständig in Angelegenheiten, die im Grunde nichts mit ihnen zu tun haben.

2. Hindernisse auf dem Weg

Da das Ruhegebet ein persönliches und damit ein individuelles Gebet ist, sind entsprechend bei vielen Betenden die Erwartungen sehr hoch. Das Wesen des Ruhegebetes ist Hingabe, die auch die Erwartungen einschließt, die jemand hegt, wenn er mit dieser Gebetsweise beginnt. Erwartungen richten sich auf etwas Bestimmtes und erlauben es dem Betenden nicht, eine größere geistliche Tiefe und Ruhe zu erfahren. Sie halten ihn förmlich an der Oberfläche fest und gefangen.

Erwartungen sind Blockaden

Die Jünger fragten ihren Herrn, wer im Himmelreich wohl der Größte sei. Jesus verwies, um alle engen Vorstellungen zu zerstreuen, auf ein Kind – auf seine Kleinheit, Einfältigkeit und Einfachheit (vgl. Matthäus 18,1–5). In ähnlicher Weise bitten die Lehrer des Ruhegebetes alle, die das Ruhegebet erlernen möchten, keine Erwartungen zu haben und, wenn diese sich bereits aufgebaut haben, sie loszulassen und abzugeben. Jedes Festhalten auf diesem Gebetsweg und jedes Verweilen bedeuten unnötigen Zeit- und Energieverlust.

Auch sollten wir nicht nur wissen, sondern auch beachten, dass wir unser Ruhegebet nicht subjektiv beurteilen.

Umgang mit Gedanken

Das, was von unserer Seite aus durch die immer tiefer werdende Ruhe auf feineren Ebenen für Körper, Geist und Seele geschieht, können wir weder richtig wahrnehmen noch beurteilen. Und wie viel mehr geschieht vom Schöpfer her, der uns sein liebendes Entgegenkommen und seine Gnade in reichem Maße schenkt? Durch das Ruhegebet geschieht Wandlung – immer nur unserer persönlichen Gangart angemessen und uns niemals überfordernd. Keines unserer Gebete ist vergeblich. Es macht als Erstes den Weg frei in eine größere Innerlichkeit, schenkt uns neue tiefere Einsichten und führt uns in die Nähe Gottes. Er gibt uns zu erkennen, was der rechte Weg für uns ist und vermittelt uns die Kraft seines Heiligen Geistes, um diesen Weg auch ungehindert gehen zu können.

Damit all das als Geschenk des Himmels frei fließen und uns bereichern kann, dürfen wir uns weder durch bestimmte Erwartungen noch durch Beurteilungen einmischen.

Überfülle macht krank

Das, was von außen an uns herangetragen wird, hat nicht im Geringsten die negative Wirkung auf uns wie das, was an Schlechtem in uns eingeschlossen ist. Daher ist die zunehmende innere Ruhe so wichtig, weil sie verborgene Spannungen löst und dafür sorgt, dass sie gänzlich entwurzelt werden. Auch geistige Speisen können verdorben oder zu viel sein, so dass der Geist krank oder fett und damit unbeweglich wird. Zerstreuung ist eine Speise, die er sehr liebt, Neid verdirbt ihn mit giftigen Säften, Ruhmsucht beruhigt zwar eine Zeit lang den Geist, doch dann entblößt sie ihn. Immer wieder klagen Betende darüber, dass ihr Geist während des Ruhegebetes maßlos umherschweift und keine Ruhe findet. Wir können vorbeugen, indem wir unserem Geist nicht zu viel oder gar verdorbene Speisen anbieten und dafür sorgen, dass er nicht durch übermäßig viele Eindrücke belastet wird, die wir nicht verarbeiten können. Wenn wir in der Liebe verwurzelt und auf sie gegründet sind, können wir auch die Liebe Christi zu uns verstehen, die alle Erkenntnis übersteigt. Das Ruhegebet schafft einen inneren Freiraum, der mehr und mehr von der ganzen Fülle Gottes erfüllt wird (vgl. Epheserbrief 3,17–19).

Fanatische Einseitigkeit

Erst durch und in tiefer Ruhe können wir entscheiden, ob das, was durch uns Ausdruck finden möchte, vom göttlichen Feuer des Heiligen Geistes gereinigt oder gar in reiner Form Gottes Wille ist. *Traut nicht jedem Geist, sondern prüft die Geister, ob sie aus Gott sind* (1. Johannesbrief 4,1). Gerade im religiösen Bereich gibt es viele überspannte Richtungen, die zur fanatischen Einseitigkeit führen, zu Irrtümern verleiten, die abhängig anstatt frei machen und nicht Heil und Heiligung vermitteln, sondern Betrug. So kann durchaus auch das Ruhegebet, wenn es zeitlich überzogen wird, wegen seiner großen Wirksamkeit nervliche und psychische Störungen verursachen.

Durch die tiefe Ruhe im Gebet – vorausgesetzt, wir halten uns an die relativ kurzen Gebetszeiten – und die uns von Gott zuströmende lichtvolle Gnade werden die dunklen Schatten in unserem Herzen und in unserer Seele bewegt und ausgeleuchtet und somit zum Verschwinden gebracht. Es wird einmal eine Zeit kommen, in der das Christus-Bewusstsein in uns bleibend erfahrbar wird und unser Herz bis zum innersten Grund von Gottes lichtvoller Gnade durchströmt ist.

Durststrecken und Unkenntnis

Alle Menschen, selbst im Gebet weit Fortgeschrittene wie auch Heilige, sind in dieser Welt immer wieder Schwankungen unterworfen, die bis zur äußersten Dunkelheit und zu Abgründen führen können. Mit dem Ruhegebet jedoch währt der Ausschlag in die Dunkelheit nicht allzu lange, da durch die Anrufung des göttlichen Namens Licht in unserer Seele entflammt wird – und sei es auch nur ein kleiner Funke, der aber imstande ist, sich zu einem lodernden Feuer zu entwickeln. Die Sehnsucht eines jeden Menschen geht dahin, möglichst lange in dem inneren Zustand der Ruhe und Erfüllung bleiben zu dürfen. Daher wird jemand, der mit dem Ruhegebet begonnen und erste Erfahrungen in dieser Richtung gemacht hat, unter allen Umständen mit dieser wunderbaren Gebetsweise fortfahren in der Hoffnung und dem Wissen, dass Durststrecken unvermeidbar sind, jedoch schnell wieder von ihrem Gegenteil abgelöst werden.

Der ganz und gar irdisch gesinnte Mensch, der bisher keine Erfahrungen mit der göttlichen Ruhe in sich selbst gemacht hat, lässt sich daher auch nicht auf das ein, was der Geist Gottes uns schenken möchte. Er lehnt einen geistlichen Weg wie das Ruhegebet ab und kann die Menschen nicht verstehen, die diese Gebetsweise üben und erfüllt von ihr sind. Urteilen kann man letztlich nur über das, was man auch erfahren hat, da ja sonst alles nur Theorie bleibt.

Schatten weichen dem Licht

Bei vielen Menschen ist das innere Auge mit Finsternis geblendet. Sie sind somit nicht in der Lage, das geistige und wahrhafte Licht in sich aufzunehmen. Daher können sie weder ein richtiges und klares Urteil abgeben noch einen stimmigen Rat geben. Es kann ein Mensch noch so gelehrt sein: Wenn sein inneres Auge nicht klar sehen kann, nutzt ihm all seine Gelehrsamkeit und Weisheit nichts. Damit uns das innere Licht aufgeht und einleuchtet, sind Demut und Hingabe im Gebet unverzichtbar.

Neid, Zorn, Missgunst, Geldgier, Zügellosigkeit blenden die Augen des Herzens. Es spielt dabei keine Rolle, ob das, was die Augen verschattet und von Gott trennt, aus Gold, Blei oder Blech besteht. Der Wert der Metalle hat nichts mit der Blindheit der Augen zu tun. Die Blockade lässt das Licht der Sonne der Gerechtigkeit nicht in uns einströmen; sie verhindert aber auch, dass sich aus unserem Inneren das, was nicht zu uns gehört, ausdrücken kann. Wir können nur empfangen, wenn wir vorher alles aus der «Hand» gelegt haben. Da durch die Anrufung Jesu Christi in uns Heil entsteht und es das Bestreben Gottes ist, uns zu heiligen, macht das Ruhegebet als Erstes den Weg frei, so dass die göttliche Gnade uns erreichen kann. Im zweiten Schritt sprechen wir dann vom Weg der Erleuchtung. Dies bedeutet, dass uns etwas vom göttlichen Wesen einleuchtet und in uns etwas zum Strahlen bringt, was vorher verschattet war.

Hingabe und Demut

Das Ziel des Ruhegebetes besteht darin, den Geist eine ständige tiefe Ruhe erfahren zu lassen, selbst wenn wir aktiv sind. Das Ruhen des Geistes in Gott – und das nicht nur für Augenblicke, wie es der Anfänger erlebt, sondern dauernd – ist nur möglich, wenn unsere Innerlichkeit von allen Störungen, Hemmungen und Barrikaden befreit ist. Wir können diesen Weg der Reinigung maßgeblich mit

Umgang mit Gedanken

unterstützen, indem wir durch unser Fühlen, Denken, Sprechen und Handeln versuchen, dass sich keine neuen Spannungen und Verkrampfungen mehr in unserem Inneren festsetzen.

Der erste Schritt ist der der Befreiung. Ungeahnt viel Abfälle und tote Trümmer von ausgelebten Leidenschaften haben sich auf dem Boden unseres Herzens angesammelt und belasten unser Leben. Die mit dem Ruhegebet verbundene Hingabe und Demut, die immer tiefer werdende Ruhe und unser Wunsch, dem Schöpfer näher zu kommen und ihm mehr zu entsprechen, sind in der Lage, allen Unrat in uns in Bewegung zu bringen und hinwegzuräumen.

Damit nun nicht zu viel auf einmal von all dem, was wir vielleicht schon viele Jahre mit uns herumschleppen, gelöst wird, müssen wir unbedingt die Gebetszeiten einhalten. Unser Nervensystem ist nur in der Lage, schrittweise diese Abfuhr von dem, was nicht zu uns gehört, zu verkraften. Ist unser Wesensgrund jedoch mehr und mehr befreit von Ballast, wird er wieder zum tragenden Element unseres Lebens. Widergöttliche Anfeindungen werden keinen zerstörerischen Einfluss mehr auf uns haben, weil wir in allem bestrebt sind, unseren Herzensgrund rein zu erhalten. Die täglichen Gebetszeiten für das Ruhegebet sind unabdingbar, wenn wir bedenken, dass durch das Ruhegebet und die damit verbundene göttliche Gnade unsere Innerlichkeit derart gestärkt wird, dass keine Fremdmacht mehr in uns eindringen kann und nicht einmal ein Angriff uns irgendwie beunruhigt.

Mut weiterzugehen

Wenn man den ersten Schritt des Ruhegebetes mit dem Aufspüren des versteckten Feindes in uns vergleicht, gehört durchaus Mut dazu, sich all dem zu stellen, was noch unaufgedeckt in uns gärt. Wenn jemand jedoch nicht den Mut dazu aufbringt, sollte er um ein Gespräch mit seinem geistlichen Begleiter bitten und nicht dazu verführt werden, anderen die Freude am Ruhegebet zu nehmen. *Ist unter euch einer, der sich fürchtet und keinen Mut hat? Er trete weg und kehre nach Hause zurück, damit nicht auch noch seinen Brüdern der Mut genommen wird* (Deuteronomium 20,8).

3. Gedanken während des Betens

Frage: *Was nützt es mir, Höhen während des Ruhegebetes kennengelernt zu haben, wenn der Geist doch immer wieder abweicht, unruhig wird und sich mit unnützen Gedanken füllt? Der vagabundierende Geist besetzt mich mit allerhand Zerstreuungen aus meinem Alltagsleben. Ich habe das Gefühl, zahllose Fesseln machen ihn unfrei. Ist es da nicht sinnlos, von einem geistlichen Weg zu sprechen und ihn gar noch gehen zu wollen?*

Antwort: Wenn man pauschal über das Wesen einer Sache Behauptungen aufstellt, die man vom Grund her noch gar nicht recht kennt, so ist dies vordergründig und birgt die Gefahr in sich, das Ruhegebet vorzeitig aufzugeben. Es wird keiner, weil er selbst nicht schwimmen kann, behaupten wollen, niemand könne wegen seines Gewichtes vom Wasser getragen werden. Von sich selbst ausgehend urteilt er allerdings richtig, wenn er sagt, dass er nicht schwimmen kann. Doch weiß er auch von Beobachtungen anderer, die schwimmen können, dass es sich dabei nicht um etwas Unmögliches handelt.

Blockaden abbauen

Wir selbst sind es, die durch Vorurteile und falsche Erwartungen Blockaden aufgebaut haben oder aufbauen, die uns vorerst noch daran hindern, Erfahrungen tiefer und heilsamer Ruhe zu machen. Wenn wir nicht sofort finden, was wir suchen, so liegt das an unserer Unruhe oder anderer im Wege stehender Faktoren, aber nicht an einer mangelhaften Ausrüstung unserer Natur.

Wohl den Menschen, die Kraft finden in dir,
wenn sie sich zur Wallfahrt rüsten.
Ziehen sie durch das trostlose Tal,
wird es für sie zum Quellgrund
und Frühregen hüllt es in Segen (Psalm 84,6–7).

Es liegt durchaus an uns, dass wir uns immer wieder auf den Weg in die Innerlichkeit machen – gleich einer Wallfahrt – und den Herrn bitten, an unserer Seite oder uns vorauszugehen. Den rechten Einstiegwinkel für das Ruhegebet zu finden, müssen wir lernen und alles Weitere ergibt sich von selbst. Wenn wir uns dann immer wieder – und das auch trotz vieler aufkommender Gedanken – an den Herrn wenden, werden wir durch, mit und in ihm die Ebene der Gedanken übersteigen und uns von ihm weiter führen lassen.

Störende Gedanken?

Viele Menschen stolpern darüber, dass während des Ruhegebetes bei ihnen ein Strom von Gedanken aufbricht, dem sie kaum Herr werden können. Obwohl es unsere Absicht ist, uns im Gebet ganz Gott anzuschließen, indem wir immer wieder um die Liebe und das Erbarmen Jesu Christi bitten, kommen Gedanken, die uns von diesem Ziel ablenken. Nicht selten ergeht es dem Betenden so: Wenn er gerade in die wohltuende Stille eingetaucht ist, muss er sie wieder verlassen, da Gedanken aufsteigen und ihn mit an die Oberfläche seines Bewusstseins nehmen.

Umgang mit Gedanken

Ärgern wir uns nicht darüber, denn der aufsteigende Gedanke ist eine Auflösung irgendeiner Spannung, die sich bei uns festgesetzt hat und nun durch die tiefer werdende Ruhe im Gebet geweckt und ausgedrückt wird. Alle Eindrücke, die wir nicht verarbeitet haben, müssen sich mit der Zeit ausdrücken, damit der Weg in eine größere Innerlichkeit frei wird und Gott uns mit seiner Gnade und Liebe beschenken kann. Die Auflösung dieser Eindrücke erfolgt in Form von Gedanken oder auch in Form irgendwelcher Gefühle, die wir weder bewusst in uns aufnehmen noch erwägen. In dem Bewusstsein, dass während dieses Reinigungsvorganges etwas Gutes mit uns geschieht, kehren wir erneut zu unserer Gebetsweise zurück und setzen sie bedenkenlos fort.

Lass dich also durch rein gar nichts während des Ruhegebetes stören, sondern nimm die Gedanken und Gefühle, Vorstellungen und Bilder einfach an wie sie kommen, schenke ihnen aber keine Beachtung, sondern kehre zu deinem Gebetswort zurück. Kein Gedanke oder kein Bild besetzt dich über eine längere Zeit. Gedanken oder bestimmte Vorstellungen schwinden von selbst wieder, so dass du dein Gebet fortsetzen kannst. Je weniger wir in die ganz von selbst ablaufenden Vorgänge eingreifen, umso schneller machen wir auf unserem geistlichen Weg Fortschritte.

Du kannst zwar auf Erden Gott nicht erkennen, es ist dir jedoch kraft der Gnade möglich, ihn zu empfinden und seine Nähe zu erspüren. Nur allein dies ist wichtig: Alles andere lass unbeachtet beiseite und wende dich immer wieder dem Höchsten zu, damit er dich berühren kann.

Unverarbeitete Eindrücke ...

Wir können es im Ruhegebet nicht abwenden, dass immer wieder «störende» Gedanken kommen, doch wie wir mit ihnen umgehen, liegt bei uns. Indem wir innerlich unser Gebetswort sprechen und wiederholen, erteilen wir ihnen eine Absage und steigen nicht in sie ein. Wir kümmern uns gar nicht um sie, dann schwinden sie am ehesten wieder. Was lassen wir bis in die feinsten Ebenen unseres Bewusstseins nicht alles an unguten Einflüssen und Eindrücken zu? Diese beschweren uns und finden in einer Fülle von Gott abgewandter Gedanken während des Betens ihren Ausdruck. Im Ruhegebet sollten wir alle Gedanken zulassen, denn sie sind ein Anzeichen, dass Reinigung stattfindet. Während des Betens sollten wir keinem Gedanken bewusst nachgehen, sondern dem Gebet in der Ausrichtung auf Gott den Vorrang geben. Durch Übung entsteht langsam ein geistliches Leben, in dem Dunkles immer weniger Raum und somit keine Möglichkeit findet, sich auszubreiten. Reinheit des Herzens ist die Voraussetzung zum Aufstieg in die Nähe Gottes und zur Gottesbegegnung. Auf diesem Weg muss uns alles verlassen, was hinderlich ist. Dazu gehören vor allem alte unverarbeitete Eindrücke.

... wie wilde Tiere

Viele immer wieder im Ruhegebet auftauchende Gedanken bellen den Betenden wie wilde Hunde an. Ungeachtet dieser «wilden Tiere», die den Betenden umlagern, sollte er ganz sanft zu seinem Ruhegebet zurückkehren und es innerlich wiederholen. Sollte die «Meute» jedoch zu stark vertreten sein und sich bemerkbar machen, ist es ratsam, für einen Moment das Ruhegebet zu unterbrechen und zu beten: *Gib, Herr, den wilden Tieren die Seele nicht preis, die zu dir ruft und dich bekennt.* Mit dem Zeichen des Kreuzes wird es uns gelingen, den Ansturm nicht übermächtig werden zu lassen, sondern dem Ruhegebet den ersten Platz einzuräumen.

Bete niemals zu lange

Du sollst nicht erschreckt zurückweichen, wenn sie angreifen; denn der Herr, dein Gott, ist als großer und Furcht erregender Gott in deiner Mitte. Doch der Herr, dein Gott, wird diese Völker dir nur nach und nach aus dem Weg räumen. Du kannst sie nicht rasch ausmerzen, weil sonst die wilden Tiere überhand nehmen und dir schaden (Deuteronomium 7,21–22).

Bestimmt ist dieser Text nicht nur geschichtlich zu verstehen, sondern auch im übertragenen Sinn mystisch – bezogen auf die Gebetskultur. Wisse: Gott ist bei dir; er wohnt in deiner Mitte und ist wie ein mächtiger Fels, an dem alle, die ihn angreifen, zerschellen. Er ist ein «Fels», der mit dir geht und dich niemals verlässt. Durch dein Gebet, vornehmlich durch das Gebet tiefer Ruhe, werden «fremde Völker» in dir geweckt. Sie geraten in Bewegung und du wirst das Gefühl haben, dass sie dich noch beim Verlassen angreifen. Hab keine Angst, der Herr ist bei dir und wird dich beschützen. Damit du nicht innerlich zu stark aufgerieben wirst, geschieht dieses Freiwerden von fremden Mächten nach und nach, dir angemessen, denn du sollst durch das Gebet der Anrufung des Herrn keinen Schaden erleiden.

Daher ist die Anweisung von großer Bedeutung, die von den Altvätern immer wiederholt wird: Bete niemals zu lange, sondern des Öfteren und kurz. Bezogen auf uns und das Ruhegebet bedeutet das zweimal am Tag und nicht länger als zwanzig Minuten. Sollten sich allerdings zu viele «fremde Völker» in dir rühren, gehe sofort zurück auf fünfzehn oder gar zehn Minuten Gebetszeit.

Überlass es der tiefen Ruhe und dem Herrn, wenn er dir nur nach und nach die fremden Mächte aus dem Weg räumt. Er meint es gut mit dir und möchte dich schonen. Du selbst wirst es auf psychologischer Ebene, durch Therapien und Gespräche wohl kaum schaffen, die «wilden Tiere» in dir ganz auszumerzen. Hast du diese und jene einmal geweckt und in Bewegung gebracht, besteht die große Gefahr, dass sie überhand nehmen und dir schaden. Gehst du jedoch diesen Weg der inneren Reinigung zusammen mit einem Gott nahen Menschen schrittweise und an der Hand des Herrn, wird er für dich sorgen, damit du durch ein Übermaß von in Bewegung geratener Schatten keinen Schaden leidest.

Gute und schlechte Gedanken während des Gebetes

An sich ist jeder Gedanke gut, denn er ist der Widerschein des ewigen Lichtes, das von der Kraft Gottes ausgeht (vgl. Weisheit 7,6). Durch Dunkelheit jedoch, die sich in uns angesammelt hat, kann der ursprünglich gute Gedanke entsprechend dunkel gefärbt sein und damit als schlechter Gedanke erscheinen. Im Ruhegebet kümmern wir uns um keinen einzigen Gedanken, der aufsteigt. Wenn wir ihm nachgehen oder ihn gar festhalten würden, unterbrächen wir durch einen Akt des Willens den natürlichen Fluss in eine immer tiefer werdende Ruhe, die letztlich zu der von Gott ausgehenden heiligen Ruhe wird, von der er am siebten Schöpfungstag spricht. Gedanken – gleich welcher Art – kommen und gehen wieder. Wenn sie schwinden, nehmen wir bewusst keinen neuen Gedanken auf, sondern kehren ganz einfach zu unserem Gebetswort zurück.

Mit der Zeit nehmen die Gedankenströme während des Betens ab, so dass wir schneller und leichter in die ersehnte Ruhe gelangen. Bewegt oder beeindruckt uns jedoch etwas, müssen wir damit rechnen, dass Gedanken und Gefühle, die mit diesen Eindrücken zu tun haben, sich in uns ausdrücken. Wir sollten wissen, dass dies ein notwendiger und gleichzeitig wunderbarer Vorgang der Befreiung ist. Die Wüstenväter nennen es Reinigung der Seele. Sollten während des Betens kreative oder gar heilbringende Gedanken aufsteigen, kümmern wir uns auch um sie nicht, denn wir dürfen sicher sein, dass sie sich nach dem Ruhegebet erneut wieder einstellen.

Im aktiven Leben jedoch geben uns die Gedanken lebenswichtige und zum Teil kreative Impulse, die wir keinesfalls unbeachtet lassen dürfen. Wir müssen sie verarbeiten und gegebenenfalls in die Tat umsetzen. Beides gehört zusammen: die Ruhe und die Aktivität. Nur durch einen ausgewogenen Wechsel zwischen beiden erfahren wir unser inneres Gleichgewicht, die damit verbundene Freude und inneren Frieden. Der so Betende und Handelnde übersteigt mit Hilfe der Gnade die ihm von Natur aus gegebenen Grenzen und erhält die Chance, seinen Willen mit dem Willen Gottes zu einen.

Lass jedem im Ruhegebet aufkommenden Gedanken seinen Lauf – sei er nun ein guter oder ein schlechter Gedanke; kümmere dich einfach nicht um ihn, sondern kehre immer wieder, wenn es nicht in deinem Inneren schwingt, zum Ruhegebet zurück. Verfahre mit jedem Gedanken so, selbst wenn er dir als heilig erscheint. Nicht durch Gedanken an Gott, sondern einzig durch Hingabe, nicht durch Tun und Leisten, vermagst du es in diesem Leben, dich zu Gott zu erheben. Und diese Hingabe an ihn hat etwas mit Liebe zu tun, die allein in der Lage ist, uns mit Gott zu vereinen.

Zum Ruhegebet zurückkehren

Wenn man während des Ruhegebetes in Gedanken involviert ist, merkt man nicht, dass man betet. Sobald aber die Gedanken, Vorstellungen und die damit verbundenen Bilder abnehmen und schwächer werden, wird man sich der momentanen Situation bewusst: Man befindet sich im Gebet. Hier ist es wichtig, nicht den Gedanken und Bildern nachzugehen, sondern ganz einfach und leicht zum Ruhegebet zurückzukehren, um es innerlich sanft zu wiederholen. Damit erneuern wir immer wieder die Ausrichtung auf Gott. Wir kümmern uns überhaupt nicht um die aufkommenden Gedanken, sondern erteilen ihnen mit der Anrufung Gottes eine Absage.

Die aufkommenden Gedanken ziehen somit vorüber wie die Wolken vor der Sonne, ohne dass wir in einen Gedanken bewusst einsteigen und ihn weiterdenken. Durch das Ruhegebet und das mit ihm verbundene Nichttun öffnet sich der Betende einer ungeahnten Tiefendimension im Glauben. Auf dieser Ebene der Stille erfährt er mehr und mehr die von Gott geheiligte Ruhe des siebten Schöpfungstages.

Wer in das Land seiner Ruhe gekommen ist, der ruht auch selbst von seinen Werken aus, wie Gott von den seinigen (Hebräerbrief 4,10).

Das Ruhegebet ist wie ein Fahrzeug, in das der Betende einsteigt. Wenn er sich ganz der Führung überlässt, das heißt, weder gedanklich oder willentlich eingreift, wird er von selbst und sicher auf das Ziel allen Betens hin geleitet. Von selbst aufkommende Gedanken, Bilder, Wünsche und Erwartungen haben die Tendenz, den Betenden aus dem Fahrzeug aussteigen zu lassen. Kümmert er sich jedoch nicht um sie, sondern bleibt im Ruhegebet, das heißt, er kehrt zu seinem Gebet zurück, indem er ihm den Vorrang gibt, erfährt er ohne Aufwand und Anstrengung erneut heilende tiefe Ruhe und damit Gottes Nähe.

Denken gehört nicht zum Ruhegebet

Es ist durchaus möglich, mit der Gnade Gottes alles von Gott Geschaffene verstandesmäßig zu erkennen, alle Geschöpfe und alles, was sie tun und vollbringen. Dies alles können wir gedanklich erfassen, doch Gott selbst, den Schöpfer des Himmels und der Erde, können wir weder gedanklich begreifen noch uns in irgendeiner Weise vorstellen. Wir können Gott jedoch lieben und ihn mit unserer Liebe umfassen. Vom Denken her ist dies nicht möglich, wir scheitern. Während des Ruhegebetes muss der Versuch, gedanklich vorzugehen, aufgegeben werden, denn sonst können wir uns dem Göttlichen nicht nähern. Wir bleiben haften in unserer eigenen Gedanken- und Vorstellungswelt. Wenn wir die uns innewohnende Bewegung auf den Schöpfer hin zulassen und mit vollziehen möchten, ist es als Erstes notwendig, die eigenen Grenzen zu überschreiten und weit zu werden.

Sollten dir Gedanken kommen, von denen du glaubst, dass sie dir helfen möchten, Gott zu finden, folge ihnen nicht, sondern vergiss sie. Schenkst du diesen oder ähnlichen Gedanken Gehör, so vermehren sie sich spontan und lenken dich völlig vom Ruhegebet ab. Und plötzlich, du merkst es kaum, erinnerst du dich an Fehler, die du in deinem Leben gemacht hast, oder gar an dein früheres schlechtes Leben. Dieses oder jenes zieht noch einmal an dir vorbei und nimmt dich völlig in Beschlag. Es ist ein großer Fehler, den du während des Ruhegebetes begehst, wenn du den aufkommenden Gedanken Gehör schenkst, auf sie eingehst und ihnen erlaubst, sich frei zu entfalten. Viele, die diesen Fehler im Ruhegebet machen, sprechen dann davon, sie könnten nicht richtig beten, da sie so zerstreut und voll Gedanken sind.

All dies, worüber wir jetzt gesprochen haben, gehört in den Bereich der Betrachtung und nicht zum Ruhegebet. Ohne unser Denken und Wollen zu aktivieren, richten wir im Ruhegebet mehr unser Herz als unseren Verstand in einer leisen und zarten Regung der Liebe auf Gott. Da vielen Menschen hier das Einsehen fehlt und ihnen dieser Schritt schwerfällt, ist es wichtig, den wesentlichen Ablauf des Ruhegebetes mehrmals anzusprechen.

Umgang mit Gedanken während und außerhalb des Ruhegebetes

Frage: *Wie kommt es, dass uns wider unseren Willen und ohne, dass es uns recht bewusst wird, völlig überflüssige Gedanken auf sehr subtile Weise in den Kopf hineingleiten? Wenn ich sie im Ruhegebet nicht bewusst vertreiben oder entlarven darf, wie soll ich mit ihnen umgehen? Wird unser Geist jemals frei von ihnen werden?*

Antwort: Wir können nicht vermeiden, dass vielerlei Gedanken durch unseren Kopf gehen. Einerseits können wir sie annehmen und in sie «einsteigen», andererseits können wir sie aber auch ignorieren. Und genau das Letztere tun wir im Ruhegebet, indem wir unserem Gebetswort den

Vorrang geben und uns nicht um die Gedanken kümmern. Sie kommen und ziehen von selbst wieder ab – wie Wolken vor der Sonne.

Aber auch außerhalb des Ruhegebetes können wir den Vorgang der Reinigung unterstützen. Wir heben das Niveau unserer Gedanken an, wenn wir denen, die uns unwichtig und wertlos erscheinen, eine Absage erteilen und uns den Gedanken zuwenden, die uns aufbauen und anderen und uns Heil versprechen. Redereien, überflüssige Sorgen und vor allem Ängstlichkeit verunstalten unsere Gedanken. Wie wucherndes Unkraut lassen sie das Aufkommen heilsamer Gedanken nicht zu. Unser Geist ist wie ein Mühlrad im Wasserstrom: Unvermeidbar dreht es sich, und ununterbrochen mahlt die Mühle. Doch was gemahlen wird – ob hochwertiges Getreide oder minderwertiges Korn oder gar Unkraut –, das liegt in der Macht des Müllers.

Kommt zu dieser äußeren Kultivierung der Gedanken eine innere Kultivierung durch das Ruhegebet hinzu, werden wir schon nach kurzer Zeit eine wesentlich positivere Ausrichtung unseres Geistes erfahren, als wir es bisher gewohnt sind.

Nochmals:
Viele Gedanken während des Betens

Selbst auf die Gefahr hin, dass dieses Thema bereits besprochen wurde, soll noch einmal daran erinnert werden, wie der Betende während des Ruhegebetes mit aufkommenden Gedanken umgehen sollte. Für viele fällt es schwer, zu verstehen und zu verwirklichen, dass es im Ruhegebet um keine Anstrengung und um keine Leistung geht. Die sanfte intuitive Wiederholung des Gebetswortes fordert keine gedankliche Aktivität – außer dem leisen Impuls, zum Gebetswort zurückzukehren, wenn man bemerkt, dass es einem entglitten ist.

Durch die sich immer tiefer entfaltende Ruhe werden ungute Spannungen gelöst, die sich sowohl im körperlichen als auch im seelisch-geistigen Bereich festgesetzt haben. Auf der körperlichen Ebene zeigt sich eine angenehme Entspannung, die sogar in einen kurzen, erholsamen Schlaf übergehen kann. Auf der seelisch-geistigen Ebene drücken sich im Ruhegebet in der Regel ungelöste Eindrücke in Form von Bildern und Gedanken aus. Im Ruhegebet, das voraussetzt, bewusst keinen Gedanken zu denken, gehen wir den von selbst aufkommenden Gedanken und Bildern nicht nach. Wir wissen, dass damit etwas Gutes und Befreiendes geschieht, in das wir uns keinesfalls einmischen sollten. Selbst wenn wir glauben, kreative Gedanken festhalten zu müssen, tun wir es nicht, in der Gewissheit, dass sie nicht verloren gehen, sondern uns nach dem Ruhegebet umso reicher erfüllen.

All das, was mit den von selbst aufkommenden Gedanken in uns geschieht, hat mit dem Freiwerden von Blockaden zu tun oder – wie die Mystiker sagen – mit der Reinigung, der ersten Stufe eines jeden mystischen Weges. Wenn Gedanken an Vergangenes, Gegenwärtiges oder Zukünftiges auftreten, gehen wir ihnen weder nach noch analysieren wir sie. Im Ruhegebet lassen wir alles geschehen wie es kommt, geben jedoch, wenn wir bemerken, dass wir es innerlich nicht wiederholen, unserem Gebetswort den Vorrang. Damit richten wir uns erneut auf den Schöpfer aus und bleiben somit hellwach.

Kurz zusammengefasst: Den Gedanken während des Ruhegebetes geht man nicht nach, analysiert sie nicht und misst ihnen keine Bedeutung bei. Im Wissen, dass durch

Umgang mit Gedanken

sie etwas Befreiendes geschieht, kehrt der Betende immer wieder durch die Anrufung Gottes und das damit verbundene Loslassen des eigenen Ego zum wesentlichen Vorgang des Ruhegebetes zurück. Entscheidend sind die Früchte des Ruhegebetes außerhalb der Gebetszeit: eine größere geistige Klarheit und mehr Lebensenergie, die durch uns umgesetzt werden möchte.

Türen öffnen

Vieles beunruhigt uns, weil wir wissen, dass Dunkles in uns wohnt, das nicht zu unserer Natur gehört. Wir sollten jedoch Vertrauen haben und spüren, wie der Herr uns an die Hand nimmt und zu uns spricht: *Die Fremdmacht in dir werde ich entwaffnen, um dir die Türen zu öffnen. Kein Tor deiner Innerlichkeit werde ich verschlossen halten. Ich bin bei dir und gehe vor dir her, um alles einzuebnen, das zwischen uns steht. Alles, was sich in dir an Ungutem aufgeschichtet hat, werde ich zerschlagen. Denn noch viel Gutes ist ungenutzt in dir verborgen. Wenn du bereit bist, lasse ich all das Gute dir zuströmen* (vgl. Jesaja 45,1–3).

Möge dieses Wort des Herrn in uns Wirklichkeit werden, indem es uns den Weg durch Unwegsames in unserem Inneren bahnt und uns zu dem führt, was wir eigentlich sind und damit zu Gott. Unwissenheit wird dem Wissen Platz machen und alles wird zerbrechen, was uns die Wahrnehmung des Wesentlichen verschließt. Die in uns verborgenen Geheimnisse werden sich nach und nach offenbaren. *Der Herr wird das im Dunkeln Verborgene ans Licht bringen und die Absichten der Herzen aufdecken* (1 Korintherbrief 4,5).

Glückseligkeit

Der im Ruhegebet Fortgeschrittene wird eine tiefe innere Freude, ja, Seligkeit empfinden, wenn er für eine etwas längere Zeit in das göttliche Schweigen eintaucht. Schmerzhaft erlebt er daher die sich gegen seinen Willen gewaltsam aufdrängenden Gedanken. Er erlebt sie wie einen Gottesraub, gegen den er rein gar nichts unternehmen kann.

Die Gedanken zeigen, dass wir hier auf Erden noch nicht dauerhaft in der Herrlichkeit Gottes leben können, weil wir weder ein reines Herz noch eine ganz von Gottes Liebe durchflutete Seele besitzen. Es darf kein Ärger über die Gedanken aufkommen, da sie doch kundtun, dass mit ihnen noch im Wege Stehendes ausgeräumt wird. Der Betende darf sie jedoch nicht festhalten oder in sie einsteigen, um nicht die von ihm gewählte Ausrichtung auf das Göttliche zu verlieren.

Indem er die Augen seines Herzens erneut auf die Herrlichkeit Gottes richtet und dabei sein Gebetswort innerlich leise wiederholt, nähert er sich erneut dem inneren Frieden und der lichtvollen Gegenwart Gottes. Selbst die kürzesten Finsternisse irdischer Gedanken sind ihm zuwider und er kann sie kaum ertragen, weil sie ihn von dem wahren Licht abziehen: dem Ziel unserer geheimen Sehnsucht.

Während des Ruhegebetes wird es jedoch immer wieder einen Wechsel geben zwischen kurzen Momenten der Glückseligkeit und Gedanken und Bildern der sich ständig verändernden Welt. So gern wir auch in dieser Glückseligkeit bleiben und ganz in sie eingehen möchten, solange wir jedoch in dieser Welt leben, ist es uns nicht vergönnt.

Müht euch mit Furcht und Zittern um euer Heil! Denn Gott ist es, der in euch das Wollen und das Vollbringen bewirkt, noch über euren guten Willen hinaus (Philipperbrief 2,12–13).

Unserem Herrn und Erlöser, Jesus Christus, war es während seines Menschseins vergönnt, ganz in die Herrlichkeit des Vaters einzutauchen, ohne durch störende Gedanken oder Gefühle das Einssein mit dem Vater verlassen zu müssen. Um seine Sendung in dieser Welt jedoch zu Ende zu führen, musste er immer wieder den «Himmel» verlassen, um sich ganz in den Willen des Vaters hineinzugeben.

VII.
Schlüssel zur inneren Kraftquelle

1. *Lebensaktivität durch Ruhe*

 Durch eventuelle Unkenntnis im Religi-
ösen ist niemand von diesem geistlichen
Weg zur Vollkommenheit des Herzens
ausgeschlossen. Ebenso stellt der Mangel
an Bildung kein Hindernis dar, die Rein-
heit des Herzens und der Seele zu erlangen. Dieses Ziel, das
der Herr in jedem Menschen Grund gelegt hat, kann auf
sehr kurzem und einfachem Weg erreicht werden, wenn
wir uns immer wieder neu durch das Ruhegebet auf Gott
ausrichten.

«Der Geist ist unruhig in uns und nimmt gern jede Ablenkung und Zerstreuung an. Im tiefsten Inneren jedoch
sucht er einen bleibenden Glückszustand, in dem er von
all seiner Unrast ausruhen kann. Verstehst du es, zwischen
deinen Aktivitäten immer wieder innezuhalten, erlaubst du
deinem Geist – umso mehr noch deiner Seele – sich von
ihrem ureigentlichen Wesen, das göttlich ist, anziehen zu
lassen. Hier können Körper, Geist und Seele ausruhen und

neue Lebensenergie aufnehmen. Erlaube es daher deinem Geist und deiner Seele, ungehindert den Weg in ihre Heimat zu betreten. Sie kommen erfüllt zurück und beschenken dich mit wundervollen Gaben, die du niemals hättest selbst erwerben können» (Basilius der Große, 313 kurzgefasste Vorschriften, Nr. 306).

Nichts kann davon abhalten, den Weg zu gehen

Der unstete Geist erhält durch das Ruhegebet eine beständige Grundlage, die alles sich Verändernde aus sich entlässt und letztlich wieder in sich aufnimmt. Eines jedoch sollten wir immer bedenken: Das Ruhegebet kann nicht allein für sich existieren, sondern muss in einem guten Wechsel stehen mit einer sinngebenden Arbeit. Somit wird die tief erfahrene innere Ruhe und all das, was sie uns offenbart, abgelöst von Aufgaben, die uns aufgegeben sind. Wenn wir vor ihnen nicht fliehen, sondern sie immer neu mutig angehen, wird auch unsere Erfahrung während des Ruhegebetes eine wesentlich tiefgreifendere sein. Und umgekehrt: Wenn wir das Ruhegebet mit aufrichtigem Herzen, regelmäßig und konsequent beten, das heißt, unabhängig von äußeren Begebenheiten, Stimmungen und Erwartungen, werden wir Leben unterstützende Kräfte empfangen, die uns und unsere Arbeit erfolgreich sein lassen. Nur wenn beides zusammenkommt – die von Gott geschenkte Ruhe und Aktivität – können wir dem Plan Gottes entsprechend leben, unsere eigene Mitte finden oder bewahren und auf unserem Glaubensweg Fortschritte machen.

Das Höchste zuerst

Das Leben bewegt sich zwischen zwei Polen: der Ruhe und der Aktivität. Bezogen auf den geistlichen Weg bedeutet die Ruhe ein Ruhen in Gott, ein bei ihm Zuhause-Sein. Sowohl der notwendige Aspekt der Tätigkeit als auch der des Ruhens in Gott werden am Beispiel der Maria und Marta deutlich. Ganz eindeutig stellt der Herr das Ruhen in Gott an die erste Stelle – ohne den Wert und die Anerkennung der Arbeit zu mindern. Maria setzte sich dem Herrn zu Füßen und lauschte seinen Worten, während Marta für ihn sorgte. Zu ihr sagte der Herr: *Du machst dir viele Sorgen und Mühen. Aber eines ist notwendig. Maria hat das Bessere gewählt, das soll ihr nicht genommen werden* (Lukas 10,41–42).

Im schweigenden Dasein vor Gott sieht Jesus das höchste Gut. Alles andere folgt danach und ordnet sich unter. Obwohl es notwendig und nützlich ist, steht es auf der zweiten Stufe. So lobenswert und fruchtbringend die Tätigkeit auch sein mag: Nicht sie steht an der ersten Stelle, sondern das wahrhaft Einfache und Eine, das Ruhen in Gott. Das Ruhegebet weist den Weg dorthin. Außer dem Lassen des Vielen ist dazu nur die Ausrichtung auf Gott notwendig. Alle Leistungen – auch die wunderbaren und lobenswertesten mancher Heiligen – werden überschritten, um im Nichtun vor Gott ganz offen und bereit zu sein, sein liebendes Entgegenkommen aufzunehmen. Was der Betende hier im schweigenden Sein vor Gott gewinnt, wird für ihn bis in die Ewigkeit Bestand haben. Die Früchte der körperlichen Arbeit können die Ewigkeitswerte zwar einleiten, aber nicht selbst aus sich hervorbringen.

Ruhe und Aktivität im Wechsel

Zusätzlich zum Ruhegebet, das die Klarheit der Seele mehr und mehr einübt, ist eine uns entsprechende Arbeit notwendig. Nur ein ausgewogener Wechsel zwischen Ruhe und Aktivität ist in der Lage, unser inneres Gleichgewicht herzustellen und uns ebenso zu einem äußeren Erfolg zu führen. Bei ausschließlich geistlichem Tun besteht die Gefahr, dass der nur Betende den Kontakt zur Wirklichkeit verliert und krank wird. Die Arbeit hat ein großes Gewicht, das den Menschen wie ein starker Anker mit der Lebensrealität verbindet und ihn zusammen mit dem Gebet gesund werden oder gesund sein lässt.

Bete und arbeite

Es gibt Menschen, die von einem derartigen Arbeitseifer, ja, man darf sagen, von einer regelrechten Arbeitswut angetrieben sind, dass sie sich weder Ruhe gönnen noch finden. Die Ursache eines solchen Nicht-zur-Ruhe-Kommens kann sehr verschiedenartig sein. Wenn man diesen rastlos arbeitenden Menschen begegnet oder ihnen zuschaut, hat man den Eindruck, eine Fremdmacht treibe sie an.

Bei anderen zeigt sich diese Tendenz nicht so stark. Sie müssen einfach immer unterwegs sein und können es nicht einmal am Wochenende einige Stunden zu Hause aushalten: Veranstaltungen, Verabredungen, Besorgungen, Besuche, Feste und Feiern. Selbst im Schlaf können sie sich von dem Vielerlei nicht mehr erholen. Es fehlt ihnen die Erkenntnis und die Erfahrung, dass tiefe Ruhe Voraussetzung für ein erfolgreiches und erfülltes Leben ist. Viele dieser ständig in Unruhe lebenden Menschen halten diese

Einseitigkeit nicht lange aus, werden krank und sterben oftmals einen plötzlichen Tod.

Unser Körper, unser Geist und unsere Seele verlangen nach Ruhephasen, die der Schlaf allein uns nicht vermitteln kann. Die gesamte Schöpfung unterliegt einem bestimmten Rhythmus, der sich im Wechsel von Tag und Nacht, Sommer und Winter, jung und alt, Geborenwerden und Sterben ... ausdrückt. Der Mensch aber bedarf zusätzlich noch einer geheiligten Ruhe, die von Gott am siebten Schöpfungstag und seinem Gebot, den Sabbat zu heiligen, ausgeht. Wenn jemand die Gebote noch so weit von sich weist: Letztlich kann er ohne eine religiöse Zugehörigkeit nicht leben.

In dem kleinen Wort «Bete und arbeite» ist eine tiefe Lebensweisheit enthalten, deren Befolgung uns Freude am Leben finden lässt, Erfolg und Erfüllung bringt, uns vor vielen Krankheiten schützt und langes Leben verspricht. Nur im Wechsel von tiefer geistlicher Ruhe und engagierter Tätigkeit kann sich die Sehnsucht des Menschen erfüllen, dem Schöpfer auf die Spur zu kommen und seine liebende Nähe zu erfahren.

Beginn der Sexualität

Mit den ersten Jahren der Jugendreife beginnt die Sexualität mit ihren zum Teil ungezügelten Forderungen, das Menschengeschlecht anzufechten. Da Körper und Seele in einem engen Zusammenhang stehen, hat auch die seelisch-geistige Gebetsübung, das Ruhegebet, einen beruhigenden und ordnenden Einfluss auf den Körper. Der willentliche Entschluss, sich zu enthalten, ist ein Aspekt, der erfahrungsgemäß nicht von Dauer ist. Die sich entfaltende und Erfüllung suchende sexuelle Kraft kann nicht durch eine willentlich gesteuerte Gegenkraft unterdrückt oder verdrängt werden. Eines Tages wird sie umso heftiger explodieren. Eine seelische Komponente muss vorrangig sein, die diese wertvollen Lebenskräfte nicht abtötet, sondern in geordnete Bahnen lenkt, so dass sie der Entwicklung der gesamten Persönlichkeit dient. Sowohl ein beharrliches Gebet ist dazu unverzichtbar als auch eine kontinuierliche sinngebende Arbeit.

Im Gleichgewicht bleiben

Wie ein Pendel, das nach beiden Seiten gleichmäßig ausschlägt und dabei die ausgewogene Mitte durchläuft, müssen wir uns die beiden Pole vorstellen, in die unser Leben eingebunden ist: Ruhe und Aktivität. Nur wenn wir auf der einen Seite tiefe Ruhe erfahren, können wir auf der anderen Seite höchst kreativ aktiv sein. Nach einer relativ kurzen Zeit tief erfahrener Ruhe drängt es uns, die gewonnenen Einsichten und Kräfte in die Tat umzusetzen.

Sind wir ohne Unterlass aktiv, das heißt, gönnen wir uns keine Phasen der Erholung für Körper, Geist und Seele, werden wir krank, weil etwas sehr Wesentliches in unserem Leben ausfällt. Und genauso ist es umgekehrt. Wir dürfen uns keinesfalls zu lange im Ruhegebet aufhalten und unsere Aktivität zu kurz kommen lassen. Vielleicht noch gefährlicher als sich ausschließlich im aktiven Lebensbereich zu engagieren, ist es, wenn wir die Zeit des Ruhegebetes nicht einhalten und sie regelmäßig überziehen. Die Grenzen, die uns in dieser Welt und Zeit auferlegt sind, müssen wir annehmen und bejahend nach dem Ruhegebet zu ihnen zurückkehren – besonders und gerade dann, wenn wir Entgrenzung erfahren haben. Wir können und dürfen uns nicht einseitig verhalten, damit sowohl die Seele als auch der Körper keinen Schaden nehmen.

Es gibt leider immer wieder Menschen, die ungeachtet der empfohlenen Zeit für das Ruhegebet diese maßlos überziehen und meinen, damit schnellere Fortschritte auf dem Weg des Glaubens zu machen. Doch ist es genau umgekehrt: Sie werden durch Übertreibung in ihrer Entwicklung zurückgeworfen. Dies kann sich in Unlust, Schwindel oder gar in einem vernebelten Bewusstsein äußern. Wenn niemand diese Menschen anhält, Maß zu halten und einen gesunden Ausgleich zwischen Ruhe und Aktivität herzustellen, gerät mit schlimmen Folgen die Koordination von Körper, Geist und Seele in Unordnung.

Damit der Betende nicht durch ein übertriebenes Ruhegebet an seiner Gesundheit und seiner Seele Schaden nimmt, sollte er sich einer angemessenen Gangart bewusst sein, seine inneren und äußeren Grenzen anerkennen und nichts herausfordern.

Bei sich wohnen

Paulus bittet die Gemeinde von Thessalonich, ein ruhiges Leben zu führen und sich um die eigenen Aufgaben zu kümmern (vgl. 1. Thessalonicherbrief 4,11). Das bedeutet, bei sich selbst zu wohnen und sich nicht beunruhigen zu lassen durch Gerüchte, die aus den Wünschen und dem Gerede ewig Suchender entstehen. Durch die Stille im Ruhegebet werden uns der Wert des bei sich Wohnens und vor allem unsere Aufgaben bewusst. Jeder Gedanke an eine Flucht wird als solcher erkannt und zunichte gemacht. Abhängigkeit von anderen, deren Wort wir bisher gefolgt sind, nimmt ab und wir werden freier, unabhängiger und selbstständiger. Haben wir den Weg des Ruhegebetes gewählt, ist ganz besonders darauf zu achten, die Gesellschaft von Menschen zu meiden, die ein ungeordnetes Leben führen (vgl. 2. Thessalonicherbrief 3,6). Im Ruhegebet beginnt unsere Innerlichkeit, sich neu zu formieren und zu ordnen. Auch äußerlich erfahren wir, dass ein hitziger Kopf sich schnell beruhigt und zu einem kühlen Kopf wird mit annehmbaren und kreativen Ideen.

Jemand, der einen unruhigen Lebenswandel führt und mit dem Ruhegebet beginnt, wird schon nach kurzer Zeit erfahren, dass Stille im Gebet nur dann geschenkt wird, wenn er auch einer regelmäßigen Arbeit nachgeht. Durch die Ruhe im Gebet entsteht der Wunsch nach einer geregelten und sinngebenden Arbeit. Dieser Wechsel zwischen tiefer Ruhe und erfüllender Arbeit ist wie ein kundiger Arzt, der die Ursache großer Geschwüre erkannt hat und sie nun von der Wurzel her ausrottet. Ist die Ursache der Hauptkrankheit beseitigt, schwinden auch die vielen unangenehmen Begleiterscheinungen.

Hand Gottes

Meine Seele hängt an dir, deine rechte Hand hält mich fest (Psalm 63,9). Was auch geschieht: Wir dürfen uns dieser Zusage gewiss sein. Doch solange wir noch in diesem Körper sind, gibt es kein Ausruhen auf dem, was schon an Gutem mit uns geschehen ist. Je weiter wir fortschreiten, desto stärker können auch die Versuchungen sein, die an uns herantreten. Lassen wir uns niemals zur Untätigkeit verleiten und damit auch das Ruhegebet nicht mehr ausüben. Der Beherrscher der Welt der Finsternis ist bestrebt, uns das aufgehende Licht zu trüben und es auszulöschen.

2. Auswirkungen des Ruhegebetes

Im Psalm heißt es: *Ich danke dir, dass du mich so wunderbar gestaltet hast. Ich weiß: Staunenswert sind deine Werke* (Psalm 139,14). Dem Staunen über die wunderbaren Werke Gottes geht ein Wahrnehmen, ein Erkennen und ein Einsehen voraus. Wenn Geist und Seele zum größten Teil befreit sind von dem, was sie vielleicht lange besetzt hat, ist der Weg zu einer ganz neuen Wahrnehmung frei. David hat über sie verfügt, denn er durfte Einblick nehmen in die verschiedensten Offenbarungen Gottes und durch Herzenserfahrung weitreichende Zusammenhänge einsehen.

Staunenswert sind deine Werke

Was Gott in seiner unendlichen Freigiebigkeit für uns bereitet hat, kann nur unsere Seele erkennen und wertschätzen. Sie allein ist – wenn wir ihr immer wieder Zeit und einen Raum der Stille gewähren – Zeugin der barmherzigen Liebe Gottes. Es gibt nichts Einfacheres und keinen schnelleren Weg, um durch Stille in die Nähe Gottes zu kommen, als das Ruhegebet. Die Erfahrung, die die Seele des Betenden in dieser von Gott geheiligten Stille macht, ist weder in Worte zu fassen noch gedanklich zu begreifen. Sie übersteigt alle Relationen und Anschauungen, in denen wir normalerweise in dieser Welt zu Hause sind.

Aus der Berührung dieses von Gott erfüllten Schweigens nehmen wir etwas mit, das in der aktiven Welt Festigung und Verwurzelung in Gott bedeutet und uns unser Leben besser gelingen lässt. Wir sollten die Früchte des Ruhegebetes nicht während des Betens suchen und genießen, sondern sie uns außerhalb des Ruhegebetes in unserem Alltag schenken lassen. Wenn sie reif geworden sind, fallen sie uns ganz von selbst zu, ohne dass wir Ausschau nach ihnen halten und sie mühsam suchen müssen.

Ein Staunen breitet sich in uns aus, wenn wir

- Gottes Schöpfung tiefer erleben
- nicht mehr ausschließlich von sexuellem Verlangen gesteuert werden
- anstatt zornig zu werden den Überblick behalten und sanft reagieren
- durch Beleidigungen uns nicht mehr zum Gegenangriff rüsten
- Freude und Großherzigkeit spüren, die sich ausdrücken möchten
- innerlich erfüllt ausrufen: *Ja, das weiß ich: Groß ist der Herr!* (Psalm 135,5)
- statt verschwenderisch enthaltsam werden
- tieferen Einblick gewinnen in die Geheimnisse des Glaubens

Sucht den Herrn, dann werdet ihr leben ... Er verwandelt die Finsternis in den hellen Morgen (Amos 5,6.8).

Der Betende öffnet sich den Liebeserweisen Gottes, die er in jedem Augenblick in sich erfahren kann, wenn ihm durch den Heiligen Geist eine ständige Verbindung und Verbundenheit mit dem Schöpfer geschenkt wird. Augenblicklich kann die bedrückte Seele mit der Heiterkeit eines unverhofften Liebesimpulses zu unaussprechlicher Freude erhoben werden.

Wir verkünden mit Paulus, wie es in der Schrift heißt, was *kein Auge gesehen und kein Ohr gehört hat, was keinem Menschen in den Sinn gekommen ist: das Große, das Gott denen bereitet hat, die ihn lieben* (1. Korintherbrief 2,9).

Liebe zu Gott

Wenn durch Übung und die Gnade Gottes das Ruhegebet in unserem Herzen zu wohnen beginnt, kommen immer weniger ungute und herumschweifende Gedanken, bis sie einmal gänzlich aufhören. Der Boden ist bereitet, so dass Gottes Heiliger Geist nicht nur unser geistliches Leben zum Grünen und Blühen bringt, sondern wir dürfen auch die Früchte ernten. *Die Frucht des Geistes aber ist Liebe, Freude, Friede, Langmut, Freundlichkeit, Güte, Treue, Sanftmut und Selbstbeherrschung* (Galaterbrief 5,22).

Die Auswirkungen des Ruhegebetes sind bei jedem verschieden. Die mit der Gnade Gottes verbundene neu strömende Lebensenergie strömt zunächst dahin, wo wir sie am nötigsten brauchen. Und das ist individuell sehr unterschiedlich. Doch allgemein darf man sagen, dass die Liebe zu Gott und die Nächstenliebe in ungeahnter Weise zu wachsen beginnen. Wenn wir jedoch gegen die Ordnung in der Natur, ja, gegen den Willen Gottes handeln oder unserem Nächsten willentlich oder unwillentlich eine Beleidigung zufügen, empfinden wir unser Tun – gegenüber früheren Zeiten, in denen wir das Ruhegebet noch nicht übten – wesentlich belastender. Wir finden solange keinen Frieden, bis wir uns versöhnt oder einen entsprechenden Ausgleich gefunden haben.

Das Ruhegebet bereitet den Nährboden, damit die Liebe wachsen und sich entfalten kann. Sie, die Liebe, ist die Voraussetzung dafür, weitere Gaben des Gebetes zu empfangen.

Ein weites Herz ...

Diese Weisung führt auf einen geistlichen Weg, der weder einen anderen Weg verdrängt noch mit ihm kollidiert. Enge, Einseitigkeit, Vorurteile und Verkrampfungen schwinden und das Herz wird weit. Diese Weite des Herzens drückt sich auf verschiedene Weise aus:

- Der Betende erfährt innere Sicherheit und Freiheit. Seine Entscheidungen sind eindeutig und stimmig.
- Er gewinnt Einsicht in größere Lebens- und Schicksalszusammenhänge und wird zum Ratgeber für andere Menschen.
- Das Ruhegebet führt zu größerer Geduld und Ausdauer – besonders in bedrängten Lebenssituationen.
- Unrecht und Beleidigungen werden nicht aggressiv beantwortet, sondern sachlich.
- Der mit dem Ruhegebet Vertraute geht mit Schwächen anderer Menschen behutsam und liebevoll um, übt Nachsicht und sucht Wege zu finden, dem anderen zu helfen.
- Er besitzt ein weites und mitleidendes Herz, weiß jedoch, dass er sich nicht verlieren darf, sondern sich beizeiten abgrenzen muss.
- Der Betende spürt eindeutig, wann er schweigen muss und wann für ihn Reden angesagt ist.
- Sowohl Glück als auch Unglück sind nicht imstande, ihn seine innere Mitte verlieren zu lassen.
- Da das Ruhegebet uns von jeglicher Fremdmacht be-

freit, dürfen wir sicher sein, dass wir auch nicht mehr durch unsere Gefühle und unsere Sinnlichkeit beherrscht werden.

- Sollte er sie besessen haben, so fällt Machtstreben und Geltungsdrang vom Betenden ab.
- Das Herz weitet sich. Wir urteilen weder vorschnell über andere noch reden wir schlecht über sie.
- Wir sehen uns im richtigen Licht und im rechten Verhältnis zu anderen und der Welt.
- Das Ruhegebet lässt uns spontan handeln – jedoch wohlüberlegt und klug.
- Durch ein größeres Herz findet auch unser Glaube tiefere Erfahrung, so dass er sich in größerer Fülle offenbaren kann.

Positive Veränderungen und Erfolg bauen sich langsam auf

Das Ruhegebet ist etwas ganz Einzigartiges. Die Bewusstwerdung Gottes, die bis in die Seelentiefe hineinreicht, und die Fähigkeit, seine uns zuströmende Gnade zu empfangen, geschehen durch ein so kurzes und einfaches Gebet wie das Ruhegebet. Durch das innere Dahin-Strömen-Lassen eines einzigen Wortes oder Verses werden wir in die Lage versetzt, alle sichtbare Begrenztheit zu überschreiten und in einen Zustand tiefer Ruhe zu gelangen, in dem wir hellwach, aber nicht aktiv sind. Es ist die von Gott am siebten Schöpfungstag geheiligte Ruhe, in die er uns einlädt, damit wir uns von all unseren Aufgaben und Pflichten erholen und uns seiner ständigen Gegenwart bewusst werden.

Wir sollten wissen, dass diese tiefgreifenden Erfahrungen uns vorerst gar nicht bewusst werden, da sie nur Bruchteile von Sekunden dauern. Wir sollten jedoch darauf vertrauen, dass diese Momente sich immer häufiger einstellen und die Zeit ihrer Dauer zunimmt, so dass wir sie wahrnehmen und bewusst Kraft aus ihnen schöpfen. Jeder Betende folgt dabei seiner eigenen individuellen Entwicklung. Wesentliche Erfahrungen werden zusammengefasst:

♦ Das Ruhegebet lässt ein Gehaltensein von innen erfahren; aus einer Mitte, in deren Tiefe Gott in uns anwesend ist.

♦ Indem wir im Ruhegebet dem eigenen Ego keine Bedeutung beimessen, werden wir – unserer ureigentlichen Sehnsucht folgend – durch die liebende Kraft Gottes angezogen und zuerst in seine Nähe und dann zu ihm geführt.

♦ Inmitten all unserer Aktivitäten und der sie oftmals begleitenden Unruhe wird uns der Ruf der Stille vernehmbar. Wir nehmen ihren Klang wahr und werden sensibilisiert für die leise Sprache Gottes.

♦ Das Ruhegebet fördert in uns die Sehnsucht nach Ganzheit. Es integriert Körper, Geist und Seele und lässt uns nicht nur unsere dunklen Schatten erkennen, sondern löst sie auch auf.

♦ Der Betende findet mehr und mehr zu sich selbst und wird befähigt, konsequent seine eigenen Entscheidungen zu treffen. Belastungen wie im Bild die Ketten des Petrus im Gefängnis (vgl. Apostelgeschichte 12,1–17) fallen von ihm ab und er wird durchlässig für den Geist Christi, so dass er seinen eigenen Weg erkennen, bejahen und gehen kann.

♦ Das Ruhegebet vermittelt nicht nur neue und erfrischende Kräfte für Geist und Körper, sondern es fördert wahrhafte Glaubenserfahrung und somit eine ganzheitliche seelische Entwicklung.

- Diese einfache urchristliche Gebetsweise erschließt den Betenden zu mehr Liebe, die er empfängt und weiterschenkt, und macht ihm damit die Gegenwart und die Nähe Gottes erfahrbar.

- Das Ruhegebet gleicht einem bedenken- und anstrengungslosen Sich-Versenken in die Liebe Gottes. Da die Ebene des Intellektuellen und des Wollens überschritten wird, hat es eine große Verwandlungskraft, wenn wir in ein von Gott erfülltes Schweigen eintauchen.

- Das Ziel dieses Betens besteht darin, die verborgene Tiefe unserer Seele – und damit den Geist Christi in uns – in unser Bewusstsein sowohl während des Betens als auch in unseren Lebensalltag kommen zu lassen.

- Das Gebet der Ruhe berührt den tiefsten Lebensgrund unserer Seele und lebt nicht aus unserem Wollen oder aus unserem Atem, sondern aus dem Heiligen Geist, der in uns hineingegeben ist.

Die Hoffnung aber lässt nicht zugrunde gehen; denn die Liebe Gottes ist ausgegossen in unsere Herzen durch den Heiligen Geist, der uns gegeben ist (Römerbrief 5,5).

Unterbrechung

Frage: *Im Ruhegebet ist oftmals mein Herz von Heiterkeit und einer gewissen unaussprechlichen Freude erfüllt, dass ich dies mit keinem sonstigen Gefühl vergleichen kann. Ich habe den Eindruck, es betet in mir ganz von allein, indem Schwingungen entstehen, von denen ich spüre, dass sie wie im Flug direkt zu Gott gelangen. Im Gegensatz dazu aber gibt es auch Zeiten, in denen mein Ruhegebet von Traurigkeit und Unruhe durchzogen ist, die mich aus unerklärlichen Gründen zu Boden drücken. Ich komme mir wie ausgetrocknet vor, und mein Beten ist unstet, schwankend, so dass mein Geist rein gar nichts von dem erlebt, was mir sonst an Gnade geschenkt wurde. Je mehr ich mich anstrenge, den Geist in die frühere Richtung zurück zu führen, umso mehr schweift er ab und ergeht sich in diesem oder jenem äußeren Geschehen.*

Antwort: Es gibt mehrere Erklärungen für das Ausbleiben der inneren Ruhe und für einen mehr oder weniger erfüllten geistlichen Zustand. Ein naheliegender Grund ist unsere Nachlässigkeit, das heißt wir haben nicht regelmäßig das Ruhegebet gebetet. Alte, ungelöste oder gar neue Eindrücke haben sich breitgemacht und den vorher offenen Weg in unsere Innerlichkeit versperrt. Sie stehen der Erfahrung tiefer innerer Ruhe entgegen und müssen zunächst weggeräumt werden, damit die Verbindung mit unserem Seelengrund und damit zu Gott wieder erfahrbar wird. Dies geschieht nicht intellektuell oder gezielt, sondern durch unbeschwerte neue Aufnahme des Ruhegebetes. Eine andere Ursache ist die göttliche Pädagogik. Wir laufen Gefahr, uns wegen früherer guter Erfahrungen zu überheben und meinen, diesen Zustand bewahren zu können. Gott, der Geber alles Guten, behält sich jedoch vor, was er uns zu welcher Zeit schickt oder zukommen lässt. Wir müssen einsehen, dass wir durch unser eigenes Wollen und Tun im Ruhegebet eher das Gegenteil erreichen, anstatt durch erneutes Lassen von allem und Hingabe einen tieferen Zugang zu unserer Innerlichkeit zu erhalten. Was man leicht aus eigener Kraft wieder erwerben zu können glaubt, das wird nicht so liebevoll gehandhabt und durchaus nachlässiger gepflegt als ein Geschenk des Schöpfers an uns, das nicht in unserer Macht steht.

Mögliche körperliche Auswirkungen

Obgleich die Auswirkungen des Ruhegebetes bei jedem Menschen individuell verschieden sind, gibt es doch Aussagen von Betenden, die immer wieder vorkommen. Man sollte zwar diesbezüglich keine Erwartungen haben, die körperlichen Veränderungen sind jedoch derart Leben unterstützend, dass sie in diesem Zusammenhang genannt werden müssen.

♦ Der Körper, die Organe und das Nervensystem verbrauchen während des Ruhegebetes weniger Energie, was sich schonend und heilsam auswirkt.

♦ Plötzliche tiefe Atemzüge weisen darauf hin, dass im Ruhegebet die Atemfrequenz abgesunken ist.

♦ Erhöhter Speichelfluss im Mund zeigt, dass durch das Ruhegebet die innere Sekretion zunimmt: ein Zeichen für bessere Verarbeitung der Nahrung und gleichzeitig ein Zeichen für die Stärkung und Heilung kranker Organe.

♦ Die Körpertemperatur nimmt ab und es kommt beim Betenden zu einem leichten Frieren. Durch die Veränderung der Stoffwechselrate entsteht eine größere Geordnetheit für Körper, Geist und Seele.

♦ Spannungskopfschmerzen lösen sich, bis sie nach einiger Zeit ganz aufhören.

♦ Die Anfälligkeit für Krankheiten – vornehmlich Grippeerkrankungen – nimmt ab, denn durch das Ruhegebet wird das Immunsystem gestärkt.

♦ Erschöpfungszustände treten nicht mehr so häufig auf wie in früheren Zeiten ohne das Ruhegebet.

♦ Der Zugriff auf nicht vom Arzt verordnete Medikamente lässt nach und hört letztlich auf.

- Der Betende darf mit einer Normalisierung seines zu niedrigen Blutdrucks rechnen.
- Auf der feinen Ebene tiefer Ruhe ist das Erkennen von Krankheiten im Frühstadium möglich.
- Eine sich von selbst einstellende Veränderung der Ernährung führt zu körperlicher Entlastung und zu größerem Wohlbefinden.
- Das Ruhegebet ist in der Lage, uns gänzlich von der Abhängigkeit von Schlaftabletten zu befreien.
- Der Ruhezustand während des Ruhegebetes, der erholt und den Körper heilen möchte, ist tiefer als der während des Schlafes.
- Die Arbeitsleistung des Herzens nimmt ab, so dass es sich schnell und leicht von allen Überforderungen erholen kann.
- Der elektrische Hautwiderstand – ein Zeichen für Stabilität – nimmt während des Ruhegebetes um ein Vielfaches zu.
- Die Gehirnwellen synchronisieren sich. In allen Bereichen des Gehirns zeigt sich eine deutliche Uniformität der Frequenzen und Amplituden der elektrischen Aktivitäten.
- Ein gestörtes Gleichgewicht wird wieder hergestellt, Überspannungen werden abgebaut und neue Energiereserven stehen zur Verfügung.
- Das Ruhegebet lässt Krankheiten und Leiden leichter ertragen und schenkt berechtigte Hoffnung auf Befreiung.
- Die Feinfühligkeit gegenüber biologischen Rhythmen nimmt zu.

Mögliche psychische Auswirkungen

Bei wesentlichen Veränderungen im körperlichen Bereich hat gleichzeitig die Psyche einen positiven Anteil. Zu den hauptsächlich genannten lebensbereichernden Erfahrungen gehören:

- Gute und stabile körperliche Gesundheit fördert unweigerlich die psychische Gesundheit.
- Durch das Ruhegebet baut sich eine größere psychische Belastbarkeit auf und das Bewusstsein weitet sich.
- Der Konsum von Schmerzmitteln, Schlaftabletten, Alkohol und Zigaretten, von starkem Kaffee und starkem Tee verringert oder wandelt sich und löst sich eventuell ganz auf.
- Das Ruhegebet erzeugt einen einzigartigen Zustand tiefer Ruhe, der vor allem für das autonome Nervensystem sehr ausgleichend und heilsam ist.
- Eine übergroße Spannung zwischen Gefühl und Vernunft, zwischen intuitivem und analytischem Denken wird abgebaut.
- Bestimmte psychosomatische Krankheiten können durch die tiefe Ruhe während des Gebetes gelindert oder sogar weitgehend geheilt werden.
- Der Bereich des Gehirns, der für das Wohlbefinden und die Entwicklung des Menschen verantwortlich ist, wird in besonderer Weise durch das Ruhegebet gestärkt.
- Die Grundstimmung des Betenden wird zu einer heiteren, wobei alles Belastende nicht mehr so tragisch und schwer genommen wird.
- Vorurteile werden abgebaut; die Urteile werden gerechter und objektiver.

- Das Selbstvertrauen und die Selbstachtung stabilisieren sich und wachsen.
- Im Verhältnis zum Erfolg der Arbeit ist der notwendige Arbeitsaufwand nicht mehr so hoch.
- Das Durchhaltevermögen und die Ausdauer werden gestärkt, so dass man nicht so schnell und leicht mehr aufgibt.
- Das Alter wird nicht mehr als Verlust erlebt, sondern als Gewinn, denn die Tage sind weitaus erfüllender als in früheren Zeiten.
- Das Alleinsein wird nicht zur Last, da der Betende es kreativ zu füllen vermag.
- Größere Lebensfreude und gesteigerte Vitalität sind ein weiteres Ergebnis regelmäßigen Betens.
- Besonders die unerfüllten Wünsche, die sich in die Vorsehung und den Plan Gottes fügen, gehen in Erfüllung.
- Gutes, das vorher verborgen und nicht zugänglich war, kommt ans Licht und steht uns zur Umgestaltung unseres Lebens zur Verfügung.
- Das Denken wird tiefgründiger, der Wille stärker und die Entschiedenheit eindeutiger.
- Wir können weitaus mehr von uns selbst verlangen, da sich durch das Ruhegebet ungeahnte Kraftquellen auftun.
- Eine bisher unbekannte innere Freiheit breitet sich in Geist und Seele aus.
- Belastendes wird bewusst und kann durch dieses Wissen zu einem großen Teil abgetragen werden.
- Die aus guter Intuition entstehenden Antriebe – Gedanken, Worte und Taten – werden spontan verwirklicht und lösen Freude und Dankbarkeit aus.
- Abnahme von Angst, Erhöhung der Konzentration

und ein klareres Erinnerungsvermögen werden von allen, die das Ruhegebet üben, berichtet.

Mögliche religiöse Auswirkungen

Das Ruhegebet – vorausgesetzt, es wird jeden Morgen und jeden Abend regelmäßig gebetet – zeigt nicht nur körperliche und psychische Auswirkungen, sondern hat auch eine Vertiefung des christlichen Glaubens zur Folge.

♦ Durch Glauben, der infolge des Ruhegebetes zur Erfahrung wird, erfährt der Betende tiefgreifend den Sinn seines Lebens, seiner Aufgaben und Pflichten in dieser Welt und gleichzeitig steigt dabei seine eigene Lebenszufriedenheit.

♦ Eine bisher eher oberflächlich gelebte Religiosität bricht auf und offenbart ungeahnte Tiefen.

♦ Dunkles und Zerstörerisches im Menschen löst sich nach und nach auf und an ihre Stelle tritt eine auf den Schöpfer gerichtete lichte Dankbarkeit.

♦ Die Freude und die Fähigkeit, das Leben stärker im Einklang mit dem Willen Gottes zu gestalten, beginnt zu wachsen.

♦ Der Wunsch, an Gottesdiensten und besonders an der heiligen Messe lebenswahrhaftig teilzunehmen, wird stärker und das Tun erfüllender.

♦ Eine religiöse Ausrichtung des Ruhegebetes besteht darin, dass dem Betenden ein neuer Geist und ein neuer Sinn geschenkt werden.

♦ Glaubensinhalte, religiöse Werte und die Geheimnisse des Glaubens werden höher geachtet und wertgeschätzt.

♦ Die von außen anerzogene religiöse Einstellung mit all ihren Ge- und Verboten und mit ihrer Angst vor Strafe, wird durchbrochen und es entfaltet sich eine neue tiefgreifendere religiöse Sehnsucht, die sich im Raum der Innerlichkeit erfüllt.

- Der Betende wird durch das Ruhegebet empfangsbereiter für das liebende Entgegenkommen Gottes, für seine Gnaden und Gaben.

- Die Botschaft und Verheißung Jesu wird sowohl durch das Wort tiefer einsehbar als auch im Empfang des Sakramentes tiefer erfahrbar.

- Der innere Friede ist weniger Schwankungen ausgesetzt und wird daher dauerhafter wahrgenommen.

- Worte des Evangeliums erscheinen in einem neuen Licht und geben Antworten auf aktuelle Lebensfragen.

- Glaubenszweifel weichen mehr und mehr der Gewissheit, dass Gott existiert – als Vater, Sohn und Heiliger Geist – und das Leben sich nach dem Tod fortsetzt.

- Das sakramentale Geheimnis offenbart zunehmend wahrnehmbar die Wirklichkeit, auf die es ausgerichtet ist.

- Durch religiöse Erfahrung und Erkenntnis erhält das Leben des Betenden einen tieferen und gefestigteren Sinn. Das, woran man glaubt, wird in etwas verwandelt, das man erkennen und spüren kann.

Einsicht in tiefere Zusammenhänge

Was sich im Tiefsten der menschlichen Seele durch das Gebet der Ruhe vollzieht, können wir nicht einsehen – es bleibt letztlich dem Schöpfer vorbehalten. Wenn auch vieles vorerst dem ständig nach dem Grund allen Geschehens fragenden Geist verschlossen bleibt, so wird doch der Schöpfer zur gegebenen Zeit dem Menschen Einsicht in tiefere Schöpfungszusammenhänge gewähren.

Einiges wird jedoch schon – individuell ganz verschieden – beim Betenden nach kurzer Zeit sichtbar:

♦ die dem Menschen eigene Lebensfreude und die Heiterkeit des Herzens, die einem Großteil aller Menschen verloren gegangen ist.

♦ Der Betende hat den Wunsch, sein Leben zu ändern, damit die Stille in ihm und um ihn herum einen größeren Raum einnehmen kann.

♦ Ein stark nach außen gekehrter Mensch findet sein Gleichgewicht, indem er verinnerlichter wird.

♦ Ein eher verschlossener Mensch entschließt sich auf wohltuende Weise und teilt sich anderen mit.

♦ Jemand erlebt, wie Ballast, Gebundensein oder gar unberechtigte Schuldgefühle von ihm abfallen und sich ihm innere Freiheit schenkt.

Ein wunderbares Bild von Befreiung und Erlösung gibt die Apostelgeschichte in dem Kapitel «Petrus in Ketten» (vgl. 12,1–17). Die dem Petrus nahestehenden Menschen wissen um seine Gefangennahme und beten für ihn ohne Unterlass. Der oft wortlose Schrei der gefesselten Seelen, der unerlösten Natur, das Rufen der Kranken und Sterbenden wie auch der gequälten Tiere muss unweigerlich für diejenigen hörbar werden, die sich auf ihrem Gebetsweg dem Wesen der Schöpfung und damit dem Schöpfer nähern. Sofort treten sie stellvertretend, fürbittend und caritativ für die Leidenden ein.

Wandelnde Kraft durch regelmäßiges Beten

Das Ruhegebet kann jeder beten; es verlangt keine inneren oder äußeren Voraussetzungen. Am Herzen erkrankte und psychisch kranke Menschen sollten jedoch nicht ohne Weiteres mit dem Ruhegebet beginnen, sondern zuerst

Kontakt mit ihrem Arzt aufnehmen. Unabhängig davon, in welcher Lebenssituation sich jemand befindet – das Ruhegebet kann für ihn eine richtungweisende Bedeutung haben und damit lebensnotwendig werden.

Mit der sich immer wiederholenden Anrufung bezeugt der Beter, dass er Gott nicht nur als seinen Helfer und Heiland anerkennt, sondern auch ständig neu seiner Liebe bedarf. Da wir mehr oder weniger in einer begrenzten Lebens- und Bewusstseinswelt leben, sind wir, um Entgrenzung auf das Ewige und den Ewigen hin zu erfahren, auf Gottes Hilfe und Barmherzigkeit angewiesen. In bestimmten festgefahrenen, verkrampften und abhängig machenden Situationen dürfen wir durch das Ruhegebet der göttlichen Zuwendung und Hilfe sicher sein. Aber auch bei Freude und Erfolg, Dankbarkeit und Liebe dürfen wir durch das Ruhegebet Dauer erfahren:

- Bin ich in den Konsum verstrickt und suche ich immer größere Befriedigung ...
- Muss ich mich ständig unter großer Anstrengung zum Maßhalten zwingen ...
- Bei ungesteuerten sexuellen Vorstellungen und Wünschen ...
- Ich vernachlässige lebensnotwendige Bedürfnisse meines Körpers und meiner Seele ...
- Hindern mich Müdigkeit oder Kopfschmerzen daran, meinen Pflichten nachzukommen ...
- Kann ich vor Sorgen keine Ruhe finden und abends nicht einschlafen ...
- Vernichtet ein aufloderndes Verlangen meine guten Vorsätze, die ich mir zum Beispiel zu meinem Geschlechtsleben gesteckt habe ...
- Wenn ich spüre, dass ich mich der Gnade Gottes wieder entziehe, aber gern in ihr bleiben möchte ...

Schlüssel zur inneren Kraftquelle

- Beherrscht zu sehr Materielles mein Denken, kann ich nicht mit meiner Aggressivität umgehen, möchte ich ein seelisches Tief überwinden …
- Bin ich versucht, mich für besser als andere zu halten, und möchte ich gern zur Achtung der anderen zurückfinden …
- Fühle ich mich von Menschen und vielleicht auch von Gott allein gelassen …
- Fehlt mir die wahre Hingabe im Gebet und erlebe ich den Empfang des Abendmahles als zu oberflächlich …
- Fehlt mir Konzentrationsfähigkeit und überflutet mich Unbeständigkeit des Herzens …
- Fühle ich mich so sehr in geistloser Trockenheit gefangen, dass ich keine religiösen Empfindungen mehr habe …
- Bemerke ich, dass ich durch Überarbeitung lieblos zu meinen Mitmenschen werde …
- Schenkt sich mir die Kraft des Heiligen Geistes und strömt mein Herz über vor unsagbarer Freude und Dankbarkeit …
- Leuchtet mir vieles ein und offenbart mir der Herr verborgene Wahrheiten …
- Fühle ich mich getragen von der Liebe meiner Familie und letztlich von der Liebe des Herrn …
- Befinde ich mich in einer schweren Krankheit und darf Heilung erfahren …
- Habe ich eine Lebenskrise überwunden und mein Leben neu geordnet …
- Fühle ich mich durch die Zuwendung des Herrn und durch die Begegnung mit ihm in der heiligen Eucharistie so gestärkt, dass ich die dunklen und herausfordernden Kräfte abweisen kann …

Nicht nur in bestimmten belastenden oder gar freudigen und dankbaren Situationen sollte das Ruhegebet gebetet werden, sondern immer, und zwar regelmäßig und beständig, in Zeiten der Belastung zu unserer Befreiung und in glücklichen Zeiten zur Bewahrung dieses Zustandes. Mit dem Ruhegebet besitzen wir eine Leben unterstützende und wunderbare Kraft, die uns vor jeglichen schädlichen Einflüssen schützt. Ein innerer Reinigungsvorgang befreit uns von allem Ballast und macht uns zur Einsicht in himmlische Mysterien fähig. Dieser kurze Vers oder das Wort, das zu deinem Ruhegebet geworden ist, wird zu deinem himmelstürmenden und immerwährenden Gebet.

Die Auswirkungen des Ruhegebetes verstärken

Da im Ruhegebet keine konkrete Bitte Gott vorgetragen wird, sondern sich der Betende dem Schöpfer und seinem Willen öffnet, indem er sich ihm ganz hingibt, besteht die Erhörung des Gebetes in dem, was auch immer geschieht. Die Haltung, die der Betende einnimmt, ist die der dritten Vaterunser-Bitte *Dein Wille geschehe, wie im Himmel so auf Erden.* Je mehr der eigene Wille, die Erwartungen und Vorstellungen im Ruhegebet zurücktreten, umso mehr Raum wird dem Wirken des Schöpfers gewährt. Die guten Auswirkungen des Gebetes können vom Betenden hilfreich unterstützt werden. Er kann den Weg bereiten und Voraussetzungen schaffen, um eine noch größere Gnade aufzunehmen. Er kann den ersten Schritt tun und die Tür seiner Innerlichkeit öffnen, die vielleicht durch Enttäuschungen, Verletzungen, Angst und Zweifel lange verschlossen war. Die folgenden Schritte tragen dazu bei, dass das Gebet wirkmächtiger wird.

- Gemeinsam beten: Wenn mehrere Menschen das Ruhegebet gemeinsam beten, sind die durch die Anrufung Gottes entstehenden Gebetsschwingungen unvergleichbar stärker, als wenn jemand für sich allein betet. Das Bollwerk des Widergöttlichen kann somit schneller und kraftvoller zum Einsturz gebracht werden.

- Beharrlichkeit und Ausdauer: Es kann Zeiten geben, in denen der Betende das Ruhegebet aufgeben möchte, da sich – wie er meint – kein Erfolg einstellt. Gerade hier ist es geboten, ohne jegliche Erwartung bedenkenlos weiterzumachen.

- Geduld üben: Ein Eingreifen in das Ruhegebet, Ungeduld und Neugier hemmen jeglichen Fortschritt. Vieles an Negativem hat sich in unserem Inneren über Jahre hindurch aufgeschichtet. Es braucht wiederum eine entsprechende Zeit, bis es sich im Vorgang der Reinigung, dem ersten Schritt im Ruhegebet, aufgelöst hat.

- Schweigen: Das Gebetswort sollte man, nachdem man es gewählt oder geschenkt bekommen hat, nicht mehr laut aussprechen. Ebenso ist es ratsam, auch mit anderen nicht darüber zu sprechen. Das Gebet gleicht sich immer mehr dem inneren Rhythmus an und wächst in tiefere Schichten unserer Innerlichkeit. Es dürfte daher selbstverständlich sein, dass es durch ein Aussprechen nicht zurück in eine gröbere Ebene geholt werden darf.

- Ein drittes Mal beten: Bei besonderen und vorübergehenden Belastungen kann ein drittes Mal am Tag das Ruhegebet aufgenommen werden, eventuell auch unmittelbar vor wichtigen Ereignissen: ärztliche Untersuchungen und Eingriffe, Warten auf eine Diagnose, Prüfungen, Gerichtsverhandlungen, persönliche oder berufliche Aussprachen …

♦ Voll Vertrauen: Die vertrauensvolle Hingabe wird durch das Ruhegebet eingeübt. Es ist die Haltung Jesu, die er sterbend am Kreuz seinem Vater gegenüber ausdrückte: *Vater, in deine Hände lege ich meinen Geist* (Lukas 23,46). Jesus wusste aus seiner Lebens- und Gebetserfahrung, dass in Gottes Händen und in seiner Vatergüte die Seele immer geborgen ist.

♦ Empfang der Sakramente: Die Gnade, die aus dem Empfang eines jeden Sakramentes strömt, ist umso größer, je mehr wir uns vorbereitet und dem Herrn den Weg zu uns bereitet haben. Das Ruhegebet ist ein hervorragendes Mittel, sich nicht mit sich selbst zu befassen, sondern uns auf Gott hin loszulassen, um uns ganz auf ihn zu verlassen. Der Betende vertraut mit all seinen Fehlern, Schatten und Unfertigkeiten auf die Barmherzigkeit Gottes und gibt sich, ohne viele Worte zu machen, Gott selbst hin.

3. Gebet als Chance, Umwege zu vermeiden

Nicht allein durch das Fasten und die Abstinenz von sich eingeschlichenen schlechten Gewohnheiten, sondern vornehmlich durch eine Gebetsweise der Hingabe, wie sie das Ruhegebet darstellt, und die damit immer neu in Gang gesetzte Reinigung des Herzens wird unser Geist sensibel, aufnahmefähig und beweglich gemacht. Diese geistliche Übung lenkt den Blick und das Herz auf das Unwandelbare und Ewige. Von hier aus kann dann alles Irdische, das sich ständig verändert, flüchtig und vergänglich ist, richtig eingeordnet und eingeschätzt werden. Durch das Ruhegebet werden auf die Dauer Trugschlüsse, Fehleinschätzungen und Fehlentscheidungen ausgeschlossen, weil der Betende klar und eindeutig wahrnimmt, nicht mehr durch falsche Gefühle belastet ist und sein Leben durch die Gegenwart und den Willen Gottes prägen lässt.

Gutes sprechen

Um nicht vom Weg abzukommen – das Ruhegebet wird als ein königlicher Weg bezeichnet –, ist eine ausgewogene Mitte von großer Wichtigkeit. Oft kommt es vor, dass wir uns innerlich überheben und meinen, anderen gegenüber etwas Besseres zu sein. Das Ruhegebet baut alle Überheblichkeit ab und bereitet uns eine gesunde Mitte, in der wir ausruhen können und in die hinein wir uns versenken dürfen, um Gottes Nähe zu erfahren. Selbst bei kleinen Erfolgen besteht die Gefahr, dass wir unser inneres Ausgewogensein verlassen und entweder nach links oder rechts vom Weg abbiegen. Das heißt mit anderen Worten: Wir werden durch geistige und geistliche Erfolge zur Selbsterhebung verleitet. Alle, die das Ruhegebet über eine längere Zeit beten, berichten, dass sie Versuchungen, sich über andere zu erheben, nicht mehr so stark ausgesetzt sind. Das mehr oder weniger allen Menschen anhängende Laster, über andere schlecht zu reden, wird ausgelöscht, wenn wir in unserer eigenen Mitte – und das ist Gott – ruhen und verwurzelt sind. In allem, was uns begegnet, erweisen wir Gott die Ehre: in Standfestigkeit und in Bedrängnis, in der Ruhe und in Zeiten der Unruhe, in der Freizeit und unter der Last der Arbeit, durch ungeheuchelte Liebe und das Wort der Wahrheit, bei Ehrung und Schmähung, bei übler Nachrede und bei Lob (vgl. 2. Korintherbrief 6,4–8).

König Salomo fasst das Bleiben in der eigenen Mitte oder, wie der heilige Benedikt sagt, das Wohnen bei sich selbst, mit den folgenden Worten kurz zusammen: *Bieg nicht ab, weder rechts noch links* (Sprichwörter 4,27).

Sexualität kultivieren

Wenn auch zwischen der Enthaltsamkeit von Speisen und der Sexualität eine enge Beziehung besteht, so reicht das Fasten allein jedoch nicht aus, die sexuellen Kräfte zu kultivieren. Das Ruhegebet, in dem immer wieder der Herr angerufen wird, trägt wesentlich dazu bei, die unsteten Zerstreuungen des Geistes zu ordnen und ungute sexuelle Vorstellungen aufzulösen. Der Widersacher versucht jetzt allerdings umso stärker unser Gebet zu unterbrechen, indem er uns neue sündhafte Bilder vorstellt. Gib in allem dem Gebet den Vorrang und du wirst durch, mit und in Christus Sieger sein.

Kann jemand Maß halten im Essen, so wird es ihm auch wesentlich leichter gelingen, seine sexuellen Wünsche zu steuern. Das Wesen von allem Guten ist ein und dasselbe. Es strahlt in die verschiedenen Richtungen aus, denn alles steht wiederum mit allem in Verbindung. So ist es auch mit dem Wesen des Goldes, das eins ist, obwohl sich das Gold in mannigfaltigen Ausformungen zeigt – je nach dem Willen und der Gestaltung des Künstlers. Umgekehrt gilt aber auch die Tatsache: Eine noch so gut durch Mauern und fest verschlossene Tore befestigte Stadt kann durch die verräterische Übergabe nur einer kleinen Hintertür völlig zerstört werden. Entscheidend ist also, wie der Verderben bringende Feind in unser Inneres eindringt. Allein durch irgendeine Schwächung kann dies geschehen. Die durch das Ruhegebet frei werdende Kraft strömt als Erstes in die Bereiche unseres Körpers, unseres Geistes und unserer Seele, die besonders gefährdet sind.

Durch Hingabe, wie sie im Gebet der Ruhe geschieht, werden die zum Teil noch ungeordneten sexuellen Kräfte kultiviert, so dass die ungezügelte Lust, die unter dem Einfluss bestimmter Speisen und Gewürze noch viel übermütiger wird, ihre vorherrschende Kraft verliert. Wir sollten unseren Tagesablauf so einrichten, dass wir zweimal am Tag uns Zeit nehmen – empfohlen wird jeweils zwanzig Minuten –, das Ruhegebet innerlich zu sprechen. Achten wir darauf, dass uns nichts von dieser geistlichen Gebetsübung abbringen kann. Alles, was uns von diesem heilbringenden Gebet abhält, sollten wir versuchen zu meiden. Wenn wir dem Wesentlichen nachkommen und der Sehnsucht des Geistes mehr Raum und Zeit gewähren, erlangen wir die Fähigkeit, Wesentliches vom Unwesentlichen zu unterscheiden. Obwohl wir in dieser sich ständig verändernden Welt leben, erfahren wir durch die Hingabe im Gebet, dass es eine sich nicht verändernde Welt gibt, die für uns Glückseligkeit bereithält.

Im Feuer seiner Liebe

Nehmt mein Joch auf euch und lernt von mir; denn ich bin gütig und von Herzen demütig; so werdet ihr Ruhe finden für eure Seele. Denn mein Joch drückt nicht und meine Last ist leicht (Matthäus 11,29–30).

Die Wahrheit dieses Wortes Jesu offenbart sich erst vollends durch eigene Erfahrung. Wenn wir es lediglich denken oder erörtern, zieht es an uns spurlos vorüber. Durch das Gebet der Hingabe jedoch werden die Worte Jesu auf einmal lebendig und lebenswahrhaftig. Je weniger vom Wesen der Vergänglichkeit, je weniger Schatten und Spuren der Sünde in uns zurückbleiben, umso mehr erfüllt sich dieses Wort Jesu, so dass der Feind keine uns belastende Macht mehr über uns hat.

Durch immer tiefer werdende Ruhe im Gebet öffnen wir uns der heilenden und heiligmachenden Gnade Jesu Christi, die er für einen jeden bereithält. In dieser demütigen Hingabe werden wir uns nach und nach unserer Vergehen gegenüber uns selbst, unseren Mitmenschen und Gott bewusst. Angesichts der uns entgegenkommenden Liebe, des unendlichen Erbarmens und der Vergebungs- und Erlösungsbereitschaft Jesu Christi schmerzt uns umso mehr unsere Sünde.

In der Anrufung des Höchsten und in der Bitte um sein Erbarmen, das wir oftmals innerlich wiederholen, liegt der

Wunsch, frei zu werden von allem, was uns belastet. Da wir im Ruhegebet unseren Willen ganz in die Hände Gottes legen und stillschweigend bitten, dass sein Wille an uns geschehe, öffnen wir dem Herrn in uns einen Raum, den er betreten möge. Er wird in seiner übergroßen Liebeszuwendung zu uns Menschen bei uns einkehren, unsere Last mittragen und durch sein Erlösungswerk unsere Sünden für immer tilgen.

Wenn wir nun sein «Joch» auf uns nehmen und – wie er es tat – beten, fasten und arbeiten, die Worte der Bergpredigt versuchen zu erfüllen und den Weg in seiner Nachfolge gehen, werden wir erfahren, dass Christus nicht nur unsere Last mit trägt, sondern sie auch im Feuer seiner Liebe gänzlich tilgt. Dieses überaus große Geschenk, das er uns macht, spiegelt sich in der Ruhe unserer Seele wider.

Im Vergleich zu all dem, was uns zuvor an Schwerem schmerzhaft belastete und Ursache unserer völligen Erschöpfung war, ist der «Aufwand» zum Beispiel für das Ruhegebet gering. Es ist zudem nur ein zeitlicher «Aufwand», da wir nichts leisten müssen. Unsere Herzensruhe kann nicht mehr gestört werden, wenn der Herr ständig in uns wohnt und wir im Gebet seinen Willen erkennen und ihn in die Tat umsetzen.

Rückzug

Das Ruhegebet kommt einem Rückzug aus der aktiven Welt gleich, die von uns immer neue Leistungen fordert. Körper, Geist und Seele wird erlaubt, sich für die Zeit des Gebetes auszuruhen und nichts leisten zu müssen. Durch die Anrufung des Herrn richtet sich der Geist immer wieder auf Gott aus und durch die sanfte Wiederholung des Gebetes bleiben wir wach. Von Zeit zu Zeit jedoch sollten wir uns erlauben, uns für ein paar Tage oder gar Wochen in die Einsamkeit zurückzuziehen. Hier wird der zum Teil sehr belastete Geist davor bewahrt, immer neue Eindrücke aufnehmen zu müssen. Alte unverarbeitete Eindrücke können sich in der Ruhe für Körper, Geist und Seele langsam auflösen und stellen keine Belastung mehr da. Die leise Sprache des Schöpfers und die Botschaft, die er an uns richtet, werden vernehmbarer und es wird uns leichter fallen, das Angebot des Herrn anzunehmen, im Einklang mit seinem Willen zu leben.

Schwerelosigkeit der Seele

Die Seele ist mit einer Flaumfeder zu vergleichen. Wenn sie ihrem Wesen entsprechend nicht durch Äußeres, wie zum Beispiel Nässe, Fett oder Schmutz, beschwert ist, wird sie sich beim leisesten Windhauch nach oben erheben. Ist die Feder jedoch verklebt und damit schwer geworden, hat sie ihre natürliche Beweglichkeit und Flugkraft verloren und fällt zu Boden.

Dieses Bild können wir leicht auf unsere Seele übertragen. Wenn unsere Seele nicht durch übermäßige Sorgen, durch Anhänglichkeit an Menschen und Dinge oder durch unlautere Wünsche beschwert ist, sondern über die natürliche Gabe ihrer Reinheit verfügt, kann sie sich beim leisesten Gebetsimpuls vom Niederen zum Höheren bewegen. Sie wird vom Himmlischen und Unsichtbaren angezogen und getragen.

Ohne jegliche Willensanstrengung erfährt die Seele im Ruhegebet durch die sanfte Wiederholung des Gebetswortes einen solchen leisen geistlichen Impuls, dass sie sich in die Richtung bewegt, die ihr vom Schöpfer eingestiftet ist. Sollte sie allerdings durch Fehlentscheidungen und Sünden beschwert sein, besteht gerade durch das Ruhegebet und das Sakrament der Versöhnung die Wahrscheinlichkeit, dass Beschwerliches sich auflöst und Jesus Christus unsere Schuld hinwegliebt. Dadurch wird unsere Seele zu ihrer naturgemäßen Erhabenheit zurückgeführt und unser Gebet kann unbeschwert zu Gott aufsteigen. Der Herr selbst mahnt uns, darauf zu achten, dass unsere Seele weder durch Gift noch durch die Sorgen des Alltags beschwert und verwirrt wird (vgl. Lukas 21,34).

Was hinzu kommen muss ...

Wir bewegen uns, wenn wir das Ruhegebet beten, natürlicherweise zwischen zwei Polen: der Ruhe und der Aktivität, dem Beten und dem Arbeiten. Beten wir, so wird die Spannkraft unserer Seele erhöht und sie vermag sich zu immer größeren Höhen aufzuschwingen. Haben wir aus der Quelle ewigen Lebens durch den Empfang der Sakramente und durch unser Ruhegebet getrunken, so fließen uns neue Lebenskräfte zu, die wir auf die von Gott uns gegebene Art und Weise kreativ und erfolgreich umsetzen möchten. Hierdurch werden unsere geistigen und körperlichen Kräfte aktiviert und zu hohen Leistungen aufgefordert.

Doch ist neben dem Gesagten noch ein drittes Element lebenswichtig. Eine kleine Parabel soll davon Zeugnis geben. Als der heiligmäßig lebende Johannes sanft mit seinen Händen ein Rebhuhn streichelte und ihm dabei liebe Worte zusprach, erblickte er plötzlich einen Mann im Jagdanzug hinter sich, der zugeschaut hatte. Er wunderte sich, dass ein Mann von solchem Ansehen und Ruf wie Johannes sich zu so unbedeutender Beschäftigung und Unterhaltung herabließ und sagte: «Bist du nicht jener Johannes, dessen Vorbild und geistliche Lehre auch mich ergriffen und zur Umkehr bewogen hat? Warum gibst du dich mit einer so geringfügigen und nichtigen Beschäftigung ab?»

Johannes fragte: «Was hältst du in deiner Hand?» Die Antwort war: «Einen Bogen.» «Warum», sprach der Heilige, «trägst du ihn nicht immer als gespannten Bogen?» Jener antwortete: «Das geht nicht, denn sonst würde durch die beständige Krümmung die Kraft der Spannung nachlassen, erschlaffen und aufhören. Die Treffsicherheit des Pfeiles wäre dann nicht mehr gegeben, weil kein Kraftpotenzial mehr hinter ihm stünde.»

«Ja», sprach Johannes, «nachdem du mir das gesagt hast, kannst du auch keinen Anstoß mehr daran nehmen, dass ich das Rebhuhn gestreichelt und mit ihm gesprochen habe.» Es ist wichtig, dass wir uns auch in kleinen Dingen, die wir lieben, entspannen und Leib und Seele sich dadurch erholen. So wird es nicht geschehen, dass unser Geist beim Gebet ermüdet und erschlafft. Er wird seine Spannkraft dadurch noch weiter erhöhen, um einmal die Erde mit dem Himmel zu verbinden. Ebenso zeigen die körperlichen Kräfte nicht voreilig Ermüdung, wenn wir zwischenzeitlich Dinge tun, die uns Freude machen, aber auf den ersten Blick anderen als sinnlos erscheinen.

4. Gegenwart Gottes im Menschen

Die Sehnsucht Gottes ist der Mensch, sagt Augustinus. Gott möchte uns ganz nahe sein, ja, in uns wohnen. Er klopft bei uns an, drängt sich uns nicht auf, sondern fragt, ob er eintreten darf. Am Beginn des Christusereignisses steht Maria, die vom Engel Gottes gefragt wurde, ob sie bereit sei, die Mutter des Herrn zu werden.

Annäherung an den Schöpfer

Die Annäherung Gottes an uns geschieht im Geist, auch dann, wenn wir für die Begegnung mit ihm bereit sind. Sowohl die Annäherung als auch die Begegnung sind für die Augen des Körpers unsichtbar, die Augen der Seele jedoch können sie wahrnehmen und die inneren Kräfte der Seele sie erspüren.

Die Erfahrung dieses heiligen Mysteriums ist so groß und tief, dass sie zum Mittelpunkt unseres geistigen Lebens wird. Daher ist es verständlich, dass all diejenigen, die diese Erfahrung machen, auch mit Festigkeit, Sicherheit, Kraft und Überzeugung darüber sprechen können. Doch weitaus wesentlicher ist es, nicht nur über das Gebet der Ruhe zu sprechen, sondern es täglich mit Festigkeit, Kraft und Überzeugung zu üben und nicht müde zu werden, im Gebet den Namen Gottes anzurufen.

Im Gebet alles loslassen ...

Wer bewusst erfahren hat, wie nahe der Schöpfer seinem Geschöpf ist, ja, dass Gott im Herzen des Menschen wohnt, der wird motiviert genug sein, das Ruhegebet auch in einer scheinbar unfruchtbaren Zeit fortzusetzen. Eine Dimension beglückender Tiefe muss sich nicht immer offenbaren. Oft ist der Weg dahin versperrt und wir müssen warten oder der Herr lässt es aus einem für uns nicht einsehbaren Grund einfach noch nicht zu. Dieses Gebet zielt jedoch immer auf den wahren Grund allen Seins, auf Gott, der die Liebe ist. Ohne Zweifel schenkt uns Gott auch außerhalb des Gebetes unzählige Gelegenheiten, in denen unser Misstrauen, unsere Schläfrigkeit und unsere müden Herzen durch seine Gnade aufgerüttelt und auf ihn hin entgrenzt werden.

In dieser Entgrenzung liegt das Wesen des Ruhegebetes. Wenn wir uns im Gebet regelmäßig auf den Schöpfer ausrichten und eine Beziehung zu ihm aufnehmen, dürfen wir sicher sein, dass wir in eine tiefere und erfüllendere Ebene des Betens, ja, unseres gesamten Lebens geführt werden.

Das Ruhegebet vermittelt intuitive Erkenntnis der Einfachheit und führt letztlich zu einem eindeutigen Wissen um Gott und zu einer Begegnung mit ihm. Wenn im Gebet aller «Besitz» aufgegeben und alles losgelassen wird, dann steht der Betende in absoluter Einfachheit vor Gott. Der Geist schwingt leicht und ohne jegliche Anstrengung in der strengen Armut einer kurzen Gebetsanrufung, bis jener Glückszustand erreicht ist, den das Evangelium «selig» nennt. *Selig sind die Armen im Geiste, denn ihrer ist das Himmelreich* (Matthäus 5,3).

Im Ruhegebet leben, ja, atmen wir diese Armut immer mehr. Es ist die einfache, in sich schwingende Ruhe, die den Reichtum der gesamten Schöpfung in sich enthält. Die meisten Menschen, die auf das Ruhegebet aufmerksam werden, können nur sehr schwer begreifen, dass die Wahrheit und das Wesentliche so einfach sind. Es liegt an der Kunst des Lehrenden, diejenigen, die das Ruhegebet erlernen möchten, zunächst da abzuholen, wo sie mit ihren Alltagserfahrungen stehen und die Ziele nicht zu hoch anzusetzen.

... auch das Bild von Gott

Viele Menschen haben sich ein festes Bild von Gott gemacht, an dem sie sich ständig – vor allem im Gebet – festhalten. Menschliche Strukturen und menschliche Begriffe werden einfach auf Gott übertragen und man glaubt, dass die Erkenntnis des Göttlichen nur nach der Vorstellungsweise des Menschen vergegenwärtigt werden kann. Die unermessliche, unbegreifliche und unsichtbare Größe Gottes kann jedoch nicht durch etwas bestimmt werden, was menschliche Augen erfassen sowie menschlicher Geist denken und beurteilen können.

Beginnt jemand, der ein festgeprägtes Gottesbild besitzt, mit dem Ruhegebet, so wird er zunächst in eine für ihn noch unbekannte Glaubensdimension geführt. Dabei fühlt er das menschenförmige Bild Gottes, das er gewohnt war sich im Gebet vorzustellen, aus seinem Inneren schwinden. Durch das Ruhegebet wird der Betende zu einem für ihn völlig neuen Gebetsverständnis geführt und lernt dabei, sein von menschlichen Vorstellungen geprägtes Gottesbild aufzugeben und alle Bilder, Gefühle und Vorstellungen auf Gott hin loszulassen. Etwas Bekanntes und Vertrautes aufgeben zu müssen, ist jedoch oft sehr schmerzhaft und vorübergehend irritierend. Es sollte dem Betenden daher ein geistlicher Begleiter zur Seite stehen.

Wenn Körper, Geist und Seele durch die strenge Armut eines einzigen Gebetsverses in eine immer tiefer werdende Ruhe versetzt werden, so kann dies nur geschehen, wenn der Betende alle Vorstellungen von Gott, alle Gedanken und Gefühle aufgibt. Der Geist und die Seele des Menschen, die sich mit Gott durch das Gebet vereinen wollen, müssen gleichzeitig aus dem Fühlbaren und Erkennbaren heraustreten und all dies hinter sich lassen, um zur Vereinigung mit Gott zu gelangen. Durch die Aufhebung enger Grenzen steht der Betende jetzt in absoluter Einfachheit vor Gott. In dieser auf den Schöpfer hin ausgerichteten empfangenden Haltung wird Gott sich dem Menschen zuwenden und ihm das zukommen lassen, was er für sein Heil am notwendigsten braucht.

Wenn im Ruhegebet Gott nicht vorgestellt und ein Gedanke, der kommt, bewusst nicht weiter gedacht wird, treten Verwandlung und innere Erfüllung schneller und tiefgreifender ein als nur bei bloßer Betrachtung oder Kontemplation. Innerhalb des Ruhegebets hat jegliche Vorstellung von Gott keinen Platz, da sonst der Betende Gefahr läuft, in eine Sackgasse zu geraten.

Durch die Menschwerdung Gottes jedoch kommt Gott uns in menschlicher Gestalt entgegen. Christus nimmt menschliche Züge an, die uns den Weg zum Vater erleichtern. Außerhalb des Ruhegebetes benötigt der Christ durchaus leibhaftige Bilder und Vorstellungen, um seinen Glauben aktiv zu verlebendigen.

Kein Gebetswort, keine Gedanken

Im Ruhegebet wird Gott, der Schöpfer des Himmels und der Erde, angerufen und angesprochen. Der Betende öffnet sich seinem Herrn und Heiland und schenkt ihm

Zeit, ein Aufmerken seiner Seele und opfert ihm sein Schweigen, seine Gefühle, Gedanken und Worte. Daher wird das Ruhegebet auch Gebet der Hingabe genannt. Gott steht im Mittelpunkt und nicht das Ego des Betenden, der mehr und mehr die Haltung eines Empfangenden einnimmt.

Es gibt jedoch Menschen, die Angst vor diesem Versenkungsvorgang haben. Wenn ihnen doch bewusst wäre, dass sie durch dieses Loslassen im Ruhegebet nur in die Hände Gottes fallen können und dabei unendliche Liebe und Geborgenheit spüren!

Ziel des Ruhegebets ist es nicht, ständig mit dem gleichen Vers zu beten, sondern entweder im Schweigen Gott zu erfahren oder außerhalb des Gebetes – je nachdem wie der Herr es für uns vorgesehen hat. Um in tiefere Ebenen der Ruhe und des Schweigens zu kommen, dürfen wir nicht an unserem Gebetswort festhalten, sondern müssen es ebenso wie unser Ego opfern, das heißt loslassen, wenn es sich verflüchtigen möchte. Das Eigentliche des Ruhegebetes ist eine Hinführung in die Nähe Gottes, in einen Bereich, in dem wir nicht mehr mit uns selbst beschäftigt sind und wo es auch kein innerliches Sprechen des Gebetswortes mehr gibt. Auf der Erfahrungsebene kann man sagen, es ist ein Zustand ruhevoller Wachheit, in dem weder Gedanken noch das Gebetswort präsent sind.

Oft vergehen während unserer Gebetszeit nur Bruchteile von Augenblicken, in denen wir diese Erfahrung machen, die uns meist nicht einmal bewusst wird. Wir dürfen jedoch sicher sein, dass sich im Laufe der Zeit diese Momente ohne Gebetswort und ohne Gedanken mehren und zur inneren Erfüllung auch außerhalb des Ruhegebetes beitragen. Es ist daher wichtig, dass wir unser Beten nicht subjektiv beurteilen, sondern wissen: Das Ruhegebet ist immer wertvoll, ganz gleich, wie wir diese oder jene Gebetszeit erleben.

In den Momenten des wahrhaften Schweigens vor Gott, in denen auch kein Gebetswort mehr gegenwärtig ist, werden wir zu Empfangenden der Liebe und der Gnade Gottes. Kann es etwas Größeres und Höheres in unserem Leben geben?

Vielleicht hilft ein einfaches Bild, diese Zuständlichkeit, auf die das Ruhegebet ausgerichtet ist, besser zu verstehen. Ich besteige ein im Hafen liegendes Schiff, das nach kurzer Zeit ablegt und mich zu einem fern gelegenen Ziel bringen möchte. Das Schiff, in das ich eingestiegen bin, ist mit meinem Gebetswort gleichzusetzen. Ich lasse den Hafen, meinen Lebens- und Aufgabenbereich in dieser Welt, zurück und bewege mich auf etwas zu, das mir vielleicht noch fremd ist. Da jedoch das Ziel der Reise das Bewusstsein des Kapitäns ganz und gar ausfüllt – Gottes Heiliger Geist –, besteht in keiner Hinsicht die Gefahr, Angst haben zu müssen, verloren oder unter zu gehen.

Das Schiff bringt mich sicher zum Ziel an das jenseitige Ufer. Ist es mir vergönnt, für Momente oder gar eine längere Zeit hier aussteigen zu dürfen, verlasse ich damit das Schiff und somit mein Gebetswort. Die jetzt auf mich zukommenden Erfahrungen sind so individuell und gleichzeitig so zart und leise, dass sie kaum in Worte zu fassen sind. Sie haben mit der mir entgegenkommenden Liebe Gottes, der Strahlkraft des unendlichen Lichtes, mit Erlösung und Heiligung zu tun.

Die Verheißung, in das Land seiner Ruhe zu kommen, gilt für jeden Menschen und niemand braucht Angst zu haben, zurückzubleiben (vgl. Hebräerbrief 4,1). Doch so lange wir in dieser Welt leben, müssen wir immer wieder in unseren Heimathafen zurück, um nicht nur unsere

Aufgaben und Pflichten zu erfüllen, sondern auch anderen Menschen von der Existenz der jenseitigen Welt Kunde zu geben und sie teilhaben zu lassen an der Liebe, die wir von dort empfangen.

Der Himmel berührt die Erde

Das Ruhegebet ist ein entgrenzendes Gebet, das alles menschliche Denken übersteigt. Dieses Gebet artikuliert sich nicht – weder durch den Ton einer Stimme noch durch eine Bewegung der Lippen –, nicht einmal durch bestimmte Denkinhalte. Einen solchen Gebetszustand durchlebte auch Christus, als er – zurückgezogen in die Einsamkeit – auf dem Berg schweigend betete (vgl. Lukas 5,16; 6,2) wie auch – seinen Tod vor Augen – in völliger Hingabe an den Willen des Vaters im Garten von Getsemani (vgl. Lukas 22,44).

Der Mensch hegt in sich eine Unruhe, bis er die in Gott gegründete Ruhe gefunden hat, eine Liebe, die ihn dauerhaft erfüllt und seinem Leben einen Sinn gibt. In diesem Zustand einer ruhevollen Wachheit, zu dem das Ruhegebet führt, geht das Tun in ein Nichttun über, das Sprechen in ein Schweigen und jegliche Gedankenaktivität hört auf.

Der Betende darf sich glücklich schätzen, wenn sich auch nur für Augenblicke bei ihm dieser alles erfüllende Zustand einstellt. Es ist nicht möglich, Worte zu finden, die diese Momente der Seligkeit beschreiben. Diese Seligkeit ist ein Teil der göttlichen Kraft, die das Wesen Gottes im Menschen hinterlässt. Zum einen ruht der Mensch in sich selbst und zum anderen spürt er eine lebendige Verbundenheit zu Gott, zu Jesus Christus und zum Heiligen Geist. *Wir alle spiegeln mit enthülltem Angesicht die Herrlichkeit des Herrn wider und werden so in sein eigenes Bild ver-*

wandelt, von Herrlichkeit zu Herrlichkeit, durch den Geist des Herrn (2. Korintherbrief 3,18).

Der Beter erfährt die Stelle in seinem Herzen, wo der Himmel die Erde berührt und Gott offenbar wird. Gott vergegenwärtigt sich dem Beter und wird von ihm in seiner unbegrenzten Nähe erkannt. Der Weg zu dieser Erfahrung ist jedem wahrhaft Betenden möglich, jedoch für Anfänger vorerst noch zu wenig nachvollziehbar. Das Ziel des Ruhegebetes ist die Beständigkeit der Ruhe der Seele und die bleibende Gottverbundenheit im immerwährenden Gebet. Beides führt zu dem, was Gottesbewusstsein genannt wird.

In Gott ruhen

Ist der Glaube, der sich langsam aus der Erfahrung des Betenden aufbaut, ganz und gar in Gott gefestigt, dann fühlt er ständig die Gegenwart Gottes und weiß, dass Gott ihn anschaut und in allem, was er fühlt, denkt, spricht und tut, unterstützt. Das Sein und Agieren des Gläubigen entspricht jetzt dem Wesen und dem Willen Gottes. Auf dieser Ebene wird der Betende in allem erhört und Erfüllung wird ihm zuteil. Jegliche Dunkelheit ist ausgeleuchtet und Zweifel kommen nicht mehr auf.

Auf dieser Ebene und in vollendeter Form lebte Jesus während seines irdischen Daseins in der unmittelbaren Nähe zum Vater. Aus dieser inneren Haltung und innersten Gewissheit der Gottverbundenheit gibt er denen, die sich in den Willen Gottes fallen lassen, die Zusage: *Alles, worum ihr betet und bittet – glaubt nur, dass ihr es schon erhalten habt, dann wird es euch zuteil* (Markus 11,24).

Durch die Praxis des Hingabegebetes wird das Christus- und Gottesbewusstsein sich auch in uns verankern, bis es zu einem dauerhaften Bestandteil unseres Lebens geworden ist. Immer neu möchte Jesus Christus den Menschen in seine eigene Vater- und Gottesliebe mit hineinnehmen und zum Himmel erheben. Durch das Ruhegebet geben wir ihm die Möglichkeit, uns nicht nur zu berühren, sondern auch uns zu ergreifen, uns auf unsere eigenen Füße zu stellen und uns himmelwärts auszurichten. Er möchte, dass wir mit entwickeltem Gottesbewusstsein die gesamte Schöpfung in einem neuen und göttlichen Licht erleben.

Dem Gebet im Namen Jesu wird Erhörungsgewissheit zugesprochen. *Alles, um was ihr in meinem Namen bittet, werde ich tun, damit der Vater im Sohn verherrlicht wird* (Johannes 14,13). Der Betende übernimmt in seiner Nachfolge Christi dessen besondere Mittlerfunktion, die Erde wieder mit dem Himmel zu verbinden. Ihm wird alles gelingen, wenn er in Christus bleibt, im Bereich der göttlichen Liebe, der zum Beispiel durch das Ruhegebet den Menschen entweder neu vermittelt oder wieder zugänglich gemacht wird. Wenn jedoch der Betende Gott nichts gibt – gemeint ist das Vertrauen und die liebende Hingabe –, so hat er auch nichts von Gott zu erwarten.

Gottesbewusstsein

Je weiter und tiefer wir uns im Ruhegebet in das göttliche Schweigen und damit in die Nähe Gottes fallen lassen, umso weniger können wir unsere Erfahrung in Worte fassen. Hat jemand noch niemals in seinem Leben die sanfte Süße des Honigs gekostet, kann man sich noch so anstrengen, den Geschmack in Worte zu fassen, um ihn zu beschreiben und begreiflich zu machen, was den Honig auszeichnet: All das Reden ist vergeblich, wenn er nicht geschmacklich mit dem Mund den Honig wahrnimmt und kostet. So ist es dem im Ruhegebet Erfahrenen kaum möglich, all das, was er in der Stille auf dem Weg zu Gott wahrgenommen hat, einem anderen zu vermitteln. Voll staunender Bewunderung bewahrt er alles in seinem Herzen.

Eines der überaus großen bewundernswerten Werke Gottes besteht darin, dass wir bereits in diesem Leben, das heißt, in einer Welt der ständigen Veränderung, einen sich nicht verändernden und bleibenden Zustand erleben dürfen, der von der Liebe Gottes durchflutet ist. Was einem auch zustößt – seien es körperliche oder seelische Schmerzen, Not, Elend oder gar der Tod –: Wir sind und bleiben fest verwurzelt in der Liebe Gottes und wissen, dass uns nichts mehr von ihr trennen kann.

Unter all den sich verändernden Bewusstseinszuständen befindet sich der eine, alles tragende, durch den Gott in uns wirkt und uns erkennen lässt, was das eigentlich Wesentliche und Zeit überdauernd Ewige ist. Wie sollten wir uns bei diesem großen Wunder, das ständig neu in uns geschieht, noch aufregen oder je beleidigt sein!

Das Ruhegebet, das sich weder im Bereich des Denkens oder gar im Vorstellbaren aufhält, findet – vorausgesetzt wir lassen ihm freien Lauf – spontan und zielgerichtet die Gegenwart Gottes in uns. Hier, am Ziel des Betens, berühren wir die lebendige Stille des unbewegten Bewegers, die er am siebten Schöpfungstag geheiligt hat. Von hier aus werden wir wieder in die sich ständig verändernde Welt geschickt, um unseren Auftrag und unsere Aufgaben zu erfüllen.

Das Ruhegebet – Geist des geistlichen Lebens

Mit der Zeit wird das Gebet in unserem Inneren, ja, in unserem Herzen heimisch. Alle Neigungen und Absichten des Herzens werden durch das Gebet geformt, gefiltert und somit gereinigt. Du kannst dieses daran ablesen, dass deine Freude in Gott immer größer wird und du mehr und mehr aus ihr lebst. Auch weitet sich dein Herz zu größerer Nächstenliebe, und deine Fähigkeit, Leben unterstützend zu wirken, nimmt zu.

Durch deine immer erneute Hinwendung zum Herrn befreist du dich von allem Unguten und bereitest ihm in deinem Herzen eine Wohnung. Damit bittest du, ohne viel Worte zu machen, um seine göttliche Anwesenheit in dir. Wenn der Herr deinen Wunsch erfüllt, spürst du in dir die göttliche Kraft, die von dem Namen Jesu Christi ausströmt. Diese Kraft schenkt dir Freiheit und Ruhe in Gott. Bleibe demütig und dem Herrn hingegeben, damit du diesen Zustand nicht wieder verlierst.

Der Geist selber tritt für uns ein, wenn wir nicht wissen, worum wir beten sollen (Römerbrief 8,26). Das Einzige, was wir im Ruhegebet tun, ist ein Ausrichten auf Gott, indem wir seinen heiligen Namen anrufen und diesen oftmals wiederholen. Durch diesen zarten geistlichen Impuls bleiben wir wach und gleichzeitig in der empfangenden Ausrichtung auf Gott. Wenn wir durch Gedanken abgleiten sollten, kehren wir ganz einfach zur Anrufung seines Namens zurück – ohne uns jedoch zu konzentrieren oder uns in irgendeiner Weise anzustrengen. Nur im Loslassen und Geschehenlassen von allem lernt unsere Seele, ihr ureigenes wahres Leben, das von immaterieller Natur ist, wieder zu leben. Im Wege Stehendes, sowohl im körperlichen, geistigen und seelischen Bereich des Menschen, wird durch tiefe Entspannung und Ruhe abgebaut, so dass Gottes Gnade, seine liebende Strahlkraft, uns durchdringen kann. Mehr und mehr erhalten wir Anteil an seinem göttlichen Leben und damit an der Gemeinschaft der Heiligen.

Das Ruhegebet – und damit ist die Hingabe jeglichen Tuns und Denkens gemeint – wird mit der Zeit zum Geist unseres geistlichen Lebens. Vergleichen wir das geistliche Leben mit einem Körper, so ist dieser nur lebendig und aktiv, wenn er beseelt ist. Die Seele wiederum wurzelt in Gott und wird durch ihn genährt. Ist unsere Seele jedoch besetzt mit dem, was nicht Gott ist, kann sie keine göttliche Nahrung aufnehmen und das geistliche Leben verkümmert. Durch seine Einfachheit, seine reinigende Wirkung und geistige Höhe führt das Ruhegebet den Betenden auf leichte und anstrengungslose Weise nicht nur auf den Weg zu Gott, sondern auch in seine Nähe. Es macht die Seele zu einem auf Gott hin offenen Gefäß, das die Gnaden- und Liebeszuwendungen Gottes in seiner Fülle mehr und mehr aufnehmen kann, so dass der ganze Mensch durchströmt und durchglüht wird von geistlichem Leben. Sollte somit das Ruhegebet nicht Geist des geistlichen Lebens genannt werden?

Empfang der heiligen Kommunion

Das Ruhegebet bereitet den Weg, damit sowohl das Wort Gottes als auch der Empfang des Abendmahles beim Menschen in rechter Weise ankommen kann. Das Brot, der Leib Christi, möchte sich mit uns vereinigen, die wir zu Gottes Eigentum geworden sind und an seinem Wesen, an der Geistigkeit Gottes Anteil haben. Gott möchte den Menschen lehren, mehr für die Speise der Seele Sorge zu tragen als für die leibliche Speise: das Essen und Trinken. Das Brot, das die Seele nährt und den Geist stärkt, ermöglicht es uns, am Wesen Gottes teilzuhaben.

Wenn auch der Mensch im Ruhegebet für Augenblicke Raum und Zeit hinter sich lässt, wenn er seinem geistigen

Fassungsvermögen entsprechend Schöpfungszusammenhänge erleben und tiefe innere Ruhe in Gott spüren darf,
so bekommt er doch nur eine Ahnung von der unendlichen
Größe und Liebe Gottes. Das Ruhegebet ersetzt nicht den
Empfang der heiligen Kommunion, es bereitet lediglich
den Weg zum Herrn, nachdem es die Sehnsucht in uns
geweckt oder gestärkt hat, ihm auf mystische Weise zu
begegnen.

Erfahrung der Ewigkeit

In Bezug auf die Ewigkeit ist die Zeit eines Menschen-
lebens fast ein Nichts. Und doch ist jeder Mensch für Gott
so wichtig, als gelte Gottes Sorge nur diesem einen Menschen. Taucht der Betende im Ruhegebet in Bereiche immer größeren Schweigens ein, erfährt er eine zunehmende
Glückseligkeit, die weder an einen Ort noch an die Zeit
gebunden ist. Dies sind Momente tiefster Erfahrung der
Stille, in denen alle Relationen überschritten sind und wir
Nähe zum Unendlichen spüren. Seelisches und körper-
liches Leid haben in diesen glückseligen Momenten keinen Bestand mehr für uns, das heißt wir nehmen nichts
Schmerzhaftes mehr wahr. Alles Veränderliche, zu dem
auch Leid und Schmerzen gehören, hat sich wie Rauch zu
einem Nichts aufgelöst.

Wenn diese Erfahrungen vorerst nur Bruchteile von Sekunden dauern, so dürfen wir doch durch sie wahrnehmen,
dass es Seinsformen gibt, in denen alles Leid und alles
Schwere ein Ende hat. Diesem Zustand, den die Schrift
«Seligkeit» nennt, ist beständige Ruhe und immerwährende Freude eigen.

Bibelstellenverzeichnis

Bibelstellenverzeichnis

Literaturverzeichnis

Johannes Cassianus, Von den Einrichtungen der Klöster. In: Sämtliche Schriften des ehrwürdigen Johannes Cassianus. Übersetzt von Antonius Abt. Bibliothek der Kirchenväter. Kempten 1879. 1. Band, 17–271.

–, Vierundzwanzig Unterredungen mit den Vätern. Übersetzt von Karl Kohlhund. In: Sämtliche Schriften des ehrwürdigen Johannes Cassianus. Bibliothek der Kirchenväter. Kempten 1879. 1. Band, 280–600. 2. Band, 9–428.

–, Sieben Bücher über die Menschwerdung Christi. Übersetzt von Karl Kohlhund. In: Sämtliche Schriften des ehrwürdigen Johannes Cassianus. Bibliothek der Kirchenväter. Kempten 1879. 2. Band, 433–631.

–, Collationes XXIV. Sanctorum Patrum Opuscula selecta. Series Altera III. Edidit et commentariis auxit H. Hurter S. J. Deniponti. Libraria Academica Wagneriana. Parisis, Londini, Neo-Eboraci & Cincinnati. (Fr. Pustet) 1887.

–, Gesamtausgabe der Werke Cassians. Herausgegeben von Michaelis Petschenig. In: Wiener Sammlung lateinischer Kirchenschriftsteller. Band XIII (1886) und Band XVII (1888).

–, Unterredungen mit den Vätern (Collationes patrum). Teil 1: Coll. I–X, eingeleitet, übersetzt und mit Erläuterungen versehen von Gabriele Ziegler. Quellen der Spiritualität Bd. 6, Münsterschwarzach 2011.

Basilius der Große, Dreihundertdreizehn kurzgefasste Vorschriften in Fragen und Antworten. Übersetzt von

Dr. Valentin Gröne. In: Bibliothek der Kirchenväter. Hrsg. von Dr. Valentin Thalhofer. Ausgewählte Schriften des Hl. Basilius des Großen. 2. Band. Kempten 1877, 163–364.

Origenes, Des Kirchenschriftstellers Origenes Schrift: Vom Gebete. Nach dem Urtext übersetzt von Dr. Jos. Kohlhofer. Bibliothek der Kirchenväter. Kempten 1874.

–, Vom Gebet (Peri Euches). Aus dem Griechischen übersetzt von Dr. Paul Koetschau. Bibliothek der Kirchenväter. München 1926.

Altvater Poimen: In: Apophthegmata Patrum (Weisung der Väter). Eingeleitet und übersetzt von Bonifaz Miller. Freiburg 1965, 228–229.

Zum Autor

DR. PETER DYCKHOFF, 1937 im westfälischen Rheine geboren, studierte Psychologie und war viele Jahre als Geschäftsführer eines mittelständischen Unternehmens tätig. Mit vierzig Jahren wagte er den Neuanfang und studierte Theologie an den Universitäten Münster, Innsbruck und Brixen. 1981 zum Priester geweiht, war er als Gemeinde-, Wallfahrts- und Krankenhausseelsorger tätig. Im Bistum Hildesheim übernahm er den Aufbau und die Leitung der bischöflichen Bildungsstätte «Haus Cassian» im Weserbergland. Seit 1999 lebt Peter Dyckhoff in Münster und ist als Referent und Exerzitienleiter in zahlreichen Bildungseinrichtungen tätig. Er ist anerkannter Experte für das christliche Ruhegebet und wurde 2006 über dieses Thema zum Doktor der Theologie promoviert. Seine reichen Erfahrungen als Leiter spiritueller Kurse gibt er durch Fernsehsendungen und als Autor von zahlreichen Büchern und Publikationen zur christlichen Gebets-, Meditations- und Exerzitienpraxis an seine Leserinnen und Leser weiter sowie in der Ausbildung von Lehrerinnen und Lehrern des Ruhegebetes.

Der Autor ist im Internet erreichbar unter:
www.PeterDyckhoff.de

Peter Dyckhoff im Verlag Herder

Auf dem Weg in die Nachfolge Christi
Geistlich leben nach Thomas von Kempen
352 Seiten | Gebunden mit Leseband
ISBN 978-3-451-28502-8

365 Tage im Licht der Liebe
Geistlich leben nach Johannes vom Kreuz
400 Seiten | Balacroneinband mit Goldprägung und Leseband
ISBN 978-3-451-29358-0

Im Feuer deiner Liebe
Gebete auf dem Weg des Glaubens
240 Seiten | Balacroneinband mit Goldprägung und Leseband
ISBN 978-3-451-32502-1

Sonnenuntergänge · Vom Abschied aus dieser Welt
280 Seiten | Flexcover mit Leseband
ISBN 978-3-451-33145-9

Henri Nouwen | Peter Dyckhoff
Bilder göttlichen Lebens · Ikonen schauen und beten
160 Seiten | Gebunden mit Schutzumschlag | Sieben farbige Ikonen-
Abbildungen | ISBN 978-3-451-29652-9

Michael Blum | Peter Dyckhoff
Im Licht des Segens · Heilvolle Betrachtungen
Mit Farbbildern von Michael Blum | 88 Seiten | Gebunden mit Gold-
prägung | ISBN 978-3-451-32229-7

HERDER

© Verlag Herder GmbH, Freiburg im Breisgau 2011
Alle Rechte vorbehalten
www.herder.de

Umschlagmotiv: © photocase / Hannes Tietz
Umschlaggestaltung: Finken & Bumiller, Stuttgart

Satz: post scriptum, Emmendingen / Hinterzarten
Vignette: post scriptum, nach einer Vorlage der
Dombibliothek Hildesheim
Herstellung: fgb · freiburger graphische betriebe
www.fgb.de

Gedruckt auf umweltfreundlichem,
chlorfrei gebleichtem Papier
Printed in Germany

ISBN 978-3-451-32397-3